これからの公共政策学

7 政策人材の育成

佐野亘・山谷清志 監修
足立幸男・窪田好男 編著

刊行のことば

　公共政策（public policy）を対象とする研究は，政策科学（Policy Sciences）に
その起源を持つ。20世紀半ばのアメリカで行動科学やシステム論の影響を受け
て誕生した政策科学は，日本でも1970年代に関心を集め，1980年代から2000年
代にかけて各地の大学が政策系の学部・大学院を設置した。その際，さまざま
な研究分野から政策を「科学的」かつ「学際的（multi-disciplinary）」に考察す
る領域であるため，「政策科学」や「総合政策」の名称を選択することが多
かった。そうした政策科学，総合政策の研究が制度化され，「学」としての可
能性に期待が寄せられた中で，研究は二つの方向に分かれていった。

　一つは長い歴史を持つ，経済政策，金融政策，中小企業政策，教育政策，福祉
政策，農業政策，環境政策，外交政策などの個別分野の政策研究を踏襲した方向
で，経済学部，商学部，教育学部，社会福祉学部，農学部，法学部などの伝統的
な学部の中で成長した。また科学技術政策，政府開発援助（ODA）政策，都市防
災政策，IT政策，観光政策，スポーツ政策など，社会の要請に対応して生まれ
た政策領域の研究もある。さらにグローバルな喫緊課題として，宇宙政策の構築，
自然災害対策，外国人労働者対応，サイバー社会の倫理対策，「働き方改革」の
課題など，公共政策研究者が考えるべき対象は増え続けている。

　二つめの研究方向は，政策過程（policy process）とそれを分析する方法に着
目した研究である。この研究は政策分野を横断して，政策形成，政策決定，政
策実施，政策修正，政策評価，政策終了など，政策の各ステージを見ている。
政治学と行政学が主に取り組んできた分野であるが，公共事業分野ではすでに
1960年代に政策を費用便益，費用対効果の視点で事前分析する取り組みが行わ
れている。また教育分野では教育政策の形成的評価・総括的評価方式が1970年
代より成果を残してきた。さらに，政策の事前分析と予算編成の実務を結合す

i

る試みも見られ，1960年代〜1970年代初めにかけて国際的に流行した。PPBS（Planning Programming Budgeting System）と呼ばれた方式である。2003年の経済財政諮問会議の提言を受けて，これとよく似た事前評価方式を日本では再度採用した。21世紀にはいってからは政策過程をたどる方法として「ロジック・モデル」が政策実務で使用され，このロジックを支えるエビデンスを入手するために科学的な手法ばかりでなく，実務の現場に参加して観察する方法，そしてオーラル・ヒストリーの方法も使われるようになった。以上の研究方向の特徴は，政策の背景にある規範や思想，その規範をめぐる政治，市民や行政機関など政策に関与する者の責任，政策過程で使う情報，政策活動の現場の「地域」などを見てアプローチするところにある。

　ところで，公共政策の研究はアカデミズムの中だけにとどまらず，実務でも行われた。例えば行政改革会議，いわゆる「橋本行革」の最終報告（1997年）を受けた中央省庁等改革基本法（1998年）は，中央省庁に政策評価の導入を求め，それが政策評価の法律「行政機関における政策の評価に関する法律（2001年）」に結実し，評価を通じた政策研究志向が中央省庁内部で高まった。他方，政策に直接には関わらない制度の改変だと思われていた「地方分権推進法（1995年）」は，地方自治体が政策研究に覚醒するきっかけになった。多くの知事や市町村長が「地方自治体は中央省庁の政策の下請機関ではない」「地方自治体は政策の面で自立するべきだ」と主張したからであった。この改革派の首長たちが意識したのが地方自治体の政策責任（policy responsibility）であり，またその責任を果たすツールとして政策評価が注目された。そこで地方自治体の公務員研修では，初任者や課長などさまざまな職位を対象とした政策形成講座，政策評価講座が流行した。研修の講師はシンクタンク研究員や大学教員の他に，市民の目線に立つNPO・NGOのスタッフが担当する機会も増え，政策ワークショップを通じた協働の場面が多く見られた。これはまさに時代の要請であった。

　アカデミズムの側もこうした改革と同じ時代精神を共有し，それが例えば日本公共政策学会の設立につながった（1996年）。日本公共政策学会は，その設立趣旨において，当時の日本社会が直面していた問題関心をとりあげて，グロー

バルな思考，学際性と相互関連性，新たな哲学や価値を模索する「理念の検証」，過去の経験に学ぶ「歴史の検証」を重視すると謳っている。「パブリックのための学」としての公共政策学なのである。

　さて，新シリーズ「これからの公共政策学」は，こうした日本公共政策学会の理念，そして前回のシリーズ「BASIC 公共政策学」が目指した基本方針を踏襲している。すなわち高度公共人材の養成，その教育プログラムの質保証への配慮，実践の「現場」への視点，理論知・実践知・経験知からなる政策知に通暁した政策専門家の育成などである。ただし，今回はこれらに加えその後の社会の変化を反映した新しいチャレンジを試みた。それが新シリーズ各巻のタイトルであり，例えば，政策と市民，政策と地域，政策と情報などである。とりわけ政策人材の育成は重要なテーマであり，その背景には改正公職選挙法（2016年6月施行）もあった。選挙年齢が18歳に引き下げられて以来，公共政策教育が高校や大学の初年次教育でも必要になると思われるが，これは新シリーズが意識している重要な課題である。

　もっとも，ここに注意すべき点がある。公共政策の研究は1970年代，インターネットやパーソナル・コンピューターが存在しなかったときに始まった。しかし，21世紀の今，政策情報をめぐる環境は劇的に変化した。世界各地の情報が容易に入手できるようになったため，公共政策研究はおおいに発展した。ただその一方でソーシャル・ネットワーキング・サービス（SNS）を通じてフェイク・ニュースが氾濫し，それに踊らされた悪しきポピュリズムが跋扈するようになっている。

　公共政策学の研究と教育によって，人びとに政策の負の側面を示して，回避し克服する手がかりを提供したい，それによって高度公共人材を養成したい。これが「これからの公共政策学」シリーズ執筆者全員の願いである。

　2020年2月

　　　　　　　　　　　　　　　　　　　佐野　亘・山谷清志

は し が き

　本書のテーマは公共政策学教育と政策人材の育成であり，それは公共政策学にとって特別な重要性を有していること，大学はもちろん，実務でも行われていること，そして多様で魅力的な手法で行われていることを示すことを目的としている。

　本書は筆者，足立幸男，福井秀樹，新川達郎，村上紗央里，池田葉月，永田尚三，玉井良尚による共著であり，足立幸男と筆者が編著者を務めている。わが国の公共政策学を代表する学会である日本公共政策学会は1996年に設立され，またその頃から政策系の学部・大学院の開設が相次いだ。筆者は公共政策学会で教育を扱うセッションを積極的に企画したり，2008年から京都府立大学公共政策学部に勤務し，アドミッション・ポリシー，カリキュラム・ポリシー，ディプロマ・ポリシーを策定したり，ケースメソッドやゲーミング・シミュレーションといった新しい教育手法を取り入れた授業を実施したりしてきた。公共政策学にとって，公共政策学教育や政策人材の育成は重要なテーマであり，筆者としてはもっと多くの書籍がこれらのテーマで出版されることを願っていた。公共政策学会で公共政策教育や政策人材の育成をテーマとして研究発表を行い，大学等で工夫を凝らした教育の実践にあたってきたのは筆者だけではないことは言うまでもない。本シリーズ「これからの公共政策学」の一冊として本書が企画され，筆者も編著者を務めることになったとき，本書の執筆者として名を連ねているメンバーがすぐに思い浮かび，問題意識を共有するメンバーが世代を超えて集まり，本書を完成することができた。足立と新川は日本公共政策学会の会長経験者であり，学会の発展に多大な貢献をしてきた。福井と永田は筆者と同世代であり，福井は大学から国土交通省に2年間出向して現在は再び大学で研究教育に従事しているという経験を持っており，大学と実務の双

方を経験している。永田は政策ディベートを用いた教育に精力的に取り組みつつ，コロナ禍における公共政策学会の事務局長という難事を努めた。村上と池田と玉井は若い世代，研究生活を開始した時にはすでに公共政策学があったという世代に属する研究者であり教育者であるが，それぞれ PBL（Problem-Based Learning：問題解決学習，または Project-Based Learning：プロジェクト学習）やケースメソッドやシミュレーション・ゲーミングといった教育手法を積極的に実践している。すばらしいメンバーに恵まれて本書を完成させることができたと喜んでいる。

　シリーズ「これからの公共政策学」は政策系の大学院や学部の授業で教科書として用いることが想定されている。公共政策学教育や政策人材の育成をテーマとする本書は，一見すると教科書には使いにくいようにも思われるが，必ずしもそうではないと考えている。公共政策学とは何か，公共政策学をどのように教えるか，公共政策学をどのような人に学んでほしいか，学びをどのように活かしてほしいかといったことが本書のテーマに深く関わっている。公共政策学入門，公共政策学概論，公共政策論といった講義でぜひ本書を活用してほしい。

　政策系の学部・大学院，公務員研修など実務における政策人材の育成を行う機関で教育・研修に従事する関係者にはぜひ本書を手に取っていただき，政策人材の育成をより充実させてほしい。また，本書で取り上げられなかった，より新しいより充実した学びの場や手法について，発信してほしいと期待している。

　政策人材の育成は，よりよい教育・研修をやりたいという供給の側だけでは成立しない。身につけなければならないこと，おもしろいこと，役に立つことを学びたいという需要の側がいて，双方向の関係があって成立する。実務における政策人材の育成に関わる研修等を受けるかもしれない政治・行政・非営利部門の実務家はもちろん，政策系の学部の学部生・大学院の院生にも，そして政策系の学部に興味を持つ高校生や中学生にも本書を手に取ってもらいたい。

　本書は大きく三つのパートに分かれている。最初から最後まで通読するのが

はしがき

一番であるが，興味に応じてどのパート，どの章から読んでもらっても問題がないように工夫してある。

　ここで類書との違いについて述べる。公共政策学とは何か，政治家や公務員といった実務家のための教育・研修のための本はそれなりの数があるが，両者を架橋するような本はなかった。政策系学部・大学院における公共政策学教育と，公務員研修や政治塾といった実務家向けに行われる教育・研修を統一的に扱う点に本書の新しさの一つがある。また，今日，政策系学部・大学院のディプロマ・ポリシー，カリキュラム・ポリシー，アドミッション・ポリシーの充実，それらの元での必要性・有効性・魅力を兼ね備えた授業科目の整備と授業運営が求められるが，そうした期待に応え得る本は乏しい。政策人材育成の場についての情報について，以前は数年ごとにそれを扱う本が出ていたが，最近は見られない。政策人材の育成について，何をどこでどうやって教えるかを統一的に扱うのは本書をおいてほかにないと考えている。

　本書では，筆者にとってもかけがえのない師である足立幸男先生とともに編者を務めることができた。足立先生は長年にわたり理論的な業績を蓄積してこられたが，実務能力を持った政策人材の育成の必要性も唱えてこられた。喜寿を迎えられた足立先生とそれを一冊の本として世に送り出すことができた。これからも足立先生とともに新たな分野を開拓し続けていきたい。

　本書の完成にあたってはミネルヴァ書房の水野安奈氏にたいへんお世話になった。記して感謝申し上げる。

2024年12月

編著者を代表して

窪田好男

政策人材の育成

目　次

刊行のことば

はしがき

序　章　公共政策学がつなぐ政策教育と実務教育 …… 窪田好男 … 1

　1　公共政策学における
　　　政策人材の育成と教育の特別な重要性 ………………………… 1

　2　本書のねらいと構成 …………………………………………… 4

第Ⅰ部　政策人材の育成の意義

第1章　政策人材とポリシーマインド ……………………… 足立幸男 … 13

　1　公共政策学教育の究極の目的とは何か ……………………… 13

　2　政策人材の業務 ………………………………………………… 15

　3　民主主義の政治過程における政策人材の役割 ……………… 21

　4　政策人材に求められる
　　　ポリシーマインドの4つの構成要素 ………………………… 23

　コラム①　政策環境の変化への対応はなぜ遅れるのか？　27

第2章　専門知識と政策実務を架橋する人材育成の必要性
　　　………………………………………………… 福井秀樹 … 37

　1　専門知識と政策実務の間に横たわる溝 ……………………… 37

　2　公共政策学教育の二つの柱 …………………………………… 43
　　　──サイエンス（因果推論）とアート（合意・妥協形成）

　3　政策立案の基礎となる科学的推論 …………………………… 46
　　　──因果的推論とは何か

　4　専門知識と政策実務の相互作用がもたらすもの …………… 54

コラム②　追試のすすめ　48

第Ⅱ部　政策人材の育成現場

第3章　日本の公共政策系大学院における政策人材の育成
………………………………… 新川達郎・村上紗央里 … 67

  1　公共政策系大学院の設置 ……………………………………… 67

  2　公共政策系大学院におけるポリシー ……………………… 75

  3　公共政策系大学院における
　　カリキュラム・ポリシーとカリキュラム ……………… 78

  4　これからの公共政策系大学院教育 ……………………… 82

  コラム③　同志社大学大学院総合政策科学研究科の教育紹介　81

第4章　日本の公共政策系学部における政策人材の育成
………………………………… 村上紗央里・新川達郎 … 89

  1　公共政策学教育の背景 ………………………………… 89

  2　公共政策学教育の共通構造 …………………………… 92

  3　公共政策学教育における教育実践 …………………… 97

  4　学士課程段階でのこれからの公共政策学教育 …………… 100

  コラム④　地域公共人材を養成する「地域公共政策士」プログラム　96

第5章　実務における政策人材の育成 ……………… 窪田好男 … 107

  1　総務省自治大学校における政策人材の育成 ……………… 107

  2　公益財団法人全国市町村研修財団による政策人材の育成 … 111

  3　地方自治体の公務員研修における政策人材の育成 ………… 117

  4　共通する特徴と課題 ……………………………………… 124

コラム⑤　藩校における人材の育成　123

第Ⅲ部　政策人材の育成における多様な実践的手法

第6章　政策コンペとPBL …………………………… 池田葉月 … 133

1　政策コンペの特徴 ……………………………………………… 133

2　政策コンペの事例と出場までのプロセス ………………… 136

3　公共政策学教育における政策コンペの意義 ……………… 142

4　政策コンペにおける審査基準の重要性 …………………… 145

コラム⑥　政策コンペにおける競争の意味と効果　149

第7章　PBLとケースメソッド ………………………… 窪田好男 … 155

1　公共政策学教育におけるPBL ……………………………… 155

2　公共政策学教育におけるケースメソッド ………………… 164

3　ケースメソッドとPBLの相違 ……………………………… 168

4　模擬的手法を支える実証研究 ……………………………… 170

コラム⑦　教育訓練における模擬的手法の歴史と広がり　171

第8章　政策ディベートの有効性 ……………………… 永田尚三 … 177

1　政策ディベート教育とは何か ……………………………… 177

2　政策ディベート教育の実施事例 …………………………… 180

3　政策ディベートの方法 ……………………………………… 184

4　政策ディベートの活用可能性と今後の課題 ……………… 191

コラム⑧　映画『候補者ビル・マッケイ』での政策ディベート　193

目　次

第❾章　公共政策学教育とゲーミング・シミュレーション

……………………………………………… 玉井良尚 … 199

1　ゲーミング・シミュレーションで公共政策学を学ぶ意義 … 199

2　ゲーミング・シミュレーションの実践 ……………………… 201

3　ゲーミング・シミュレーションの評価と教育効果 ………… 213

4　ゲーミング・シミュレーションの課題と可能性 …………… 216

コラム⑨　オンライン講義とゲーミング　212

終　章　政策人材の育成と公共政策学教育の発展に向けて

……………………………………………… 窪田好男 … 221

1　公共政策学教育と政策人材の育成に関わる課題 …………… 221

2　研究テーマの広がり ………………………………………… 223

索　引　227

序　章
公共政策学がつなぐ政策教育と実務教育

1　公共政策学における政策人材の育成と教育の特別な重要性

公共政策学の目的

　本書は政策人材の育成とそれに関わる範囲の公共政策学教育をテーマとしている。どの学問・専門分野であれ教育は重要であろう。教育は研究成果を学習者に伝えて理解させ，研究方法を習熟させる。公共政策学においてもそれらは同様であるが，さらに公共政策学では教育は特別な重要性を有している。現代社会では質の高い公共政策と政策人材が必要とされており，それに直接的に取り組んでいるのが公共政策学だからである。

　政府部門の公共政策は持続可能な社会とその中における個々の市民の幸福の実現のために必要であり，特別な重要性を有している。公共政策は市場部門を成立させ，市場の失敗に対応し，政府が非営利部門を育てつつ協働し，自然や社会を適切に管理するために大きな役割を果たしている。それゆえ，その公共政策を担う人材，国や地方自治体や非営利部門での公共政策の企画立案，決定，実施，終了に関わる人材である政策人材もまた特別な重要性を有している。

　公共政策学の目的は政策人材の育成だけではない。公共政策学の目的には，さまざまな社会現象の中から公共政策という現象を特定し，科学的に解明すること，学問によってあるべき社会のビジョンを提示すること，学問による政策提言を行うこと，そして公共政策決定システムを科学的に解明し改善することがある。それらの中でも，公共政策決定システムの科学的な解明と改善，とりわけ公共政策決定システムの改善は特別な重要性を有している。

　公共政策学の誕生に決定的に重要な役割を果たしたラスウェル（Harold D. Lasswell）は，公共政策学は公共政策の決定過程についての知識である「of の

知識」と公共政策の決定過程において個別具体的な公共政策をデザインするために用いる知識である「in の知識」に関わるものであると定義した（Lasswell 1971）。今日的な意味での公共政策学の礎を築いたドロア（Yehezkel Dror）は，公共政策学の古典的名著である『公共政策決定の理論』において，公共政策学は，個別具体的な公共政策をデザインしたり評価したりするよりもむしろ，公共政策を生み出す公共政策決定システムを検証するものであるとした（ドロア 1968＝2006）。公共政策決定システムの構成要素はさまざまであるが，その中に政策人材が含まれる。

政策人材に求められること

　政策人材という言葉はまだ広く一般に用いられている言葉ではないかもしれないが，公共政策の研究や実務では用いられるようになってきている言葉である。本書では，政策人材を，国や地方自治体や非営利部門での公共政策の企画立案，決定，実施，終了に関わる人材と定義する。類似する言葉としては政策プロフェッショナルや地域公共人材といった言葉もある。政策プロフェッショナルとは公共政策に関わる高度職業人，公共部門の職業に就いている高度職業人を意味している。一方で地域公共人材という場合，政策プロフェッショナルもその中に含まれるが，国・中央政府の関係者は含まれにくく，地域の非営利部門と市場部門を股にかけ，セクターの違いをあまり意識することなく地域に必要な財やサービスを生み出す活動を柔軟に行うような人材を意味している。こうしたことから，本書では政策プロフェッショナルや地域公共人材も意識しつつ，政策人材という言葉を用いる。

　政策人材に求められるのはポリシーマインドである。ポリシーマインドは政策型思考や政策的思考，政策マインドと呼ばれることもある。法曹関係者にとってのリーガルマインドのように，実務家にも研究者にも共有されるべきものである。その内容について，公共政策学においてもまだ完全に定まっていないが，足立幸男の議論を参考に筆者なりにまとめれば，①公共決定の当事者としての自覚を持つこと，②社会と市場と公共の関係を知ること（公共政策決定

システムまたは政策形成システムの総体的理解），③政策は正解を発見するものではなくつくるものという認識を持つこと，④よい政策の見分け方・つくり方を知ること，⑤特定の政策分野・地域・属性や専門分野を偏重しないバランス感覚を養うこと，⑥政策と法と政治の関係を知ること，がその内容となる。ポリシーマインドとはいうものの単なるマインドではなく，認識でもあり，専門知識でもあり，技能でもある（足立 2005）。

　ポリシーマインドの内容が前述のようなものであるとするならば，それを身につけた政策人材の育成手法はサイエンス（Science）だけではなく，アート（Art）も必要となる。公共政策学は社会科学の一種と認識され，公共政策学を学ことができる大学の学部や大学院は，便宜上，社会科学系に分類されることが通常であるが，実際にはサイエンスだけではなく，アートも必要であるため公共政策学教育と政策人材育成の手法は独特なものになる。公共政策学には土台となる関連専門分野として経済学，法学，政治学などがあり，公共政策学教育においては，これらの関連専門分野の基礎を学習者に教育する必要がある。また，さまざまな政策分野における公共政策の起源や限界，現状と課題といったことはサイエンスの範疇であり，座学が基本となるのは経済学部や法学部と変わらない。

　一方で，ポリシーマインドには，どの課題を取り上げるか，何を政策目的とするか，どのような政策手法をとるか，どのように支持の調達や合意形成を図るかといったことに代表されるようなアートの範疇となるものも多く含まれており，これらを教育するには座学だけではなくアクティブラーニング（Active Learning）が重要と考えられている。政策人材の育成には，座学・暗記だけではなく，アクティブラーニングの反復による習熟が求められるのである。もっとも，公共政策学教育・政策人材の育成については，アクティブラーニングに過度に頼らずとも，政策人材として経験を積んだ社会人を学習者として，主に大学院レベルで公共政策学教育と政策人材の育成を行えばよいという考え方もあり得る。しかし，それは，国や地方における政策過程がポリシーマインドのアートに関わる部分を完全に身につける場として機能しているならば成り立つ

考え方である。もしそうであるなら，あとは不足している専門知識や最新情報を学習すればよいとも考えられる。だが，実際には，特に，よい政策の見分け方・つくり方を知ることや，特定の政策分野・地域・属性や専門分野を偏重しないバランス感覚などは社会人としてもそう簡単に十分な経験を積むことはできないものであろう。

またこれは研究が待たれるところであるが，多くの実務家にとっても，公共政策をデザインするというのは日常的なことではなく，十分な経験を積むに足るだけの数をこなすことも滅多にないのではないだろうか。そこで，学びの場が大学院であれ学部であれ，学習者が社会人経験者であってもなくても，アクティブラーニングで政策人材の育成につながるよい体験や疑似体験をすること，それも反復的に体験することが公共政策学教育・政策人材の育成では必要となり，実際にも大学や実務で行なわれつつある。

公共政策学の主要な目的の一つが国や地方の公共政策決定システムの診断と処方であるとするならば，政策人材は公共政策決定システムの重要な構成要素であるから，公共政策学教育による政策人材の育成は公共政策学の重要な課題であることを指摘した。実務においても，政治家，行政職員，民間企業，非営利団体といったさまざまな部門で，さまざまな組織で，より質の高い政策人材が期待されている。安全で安心な社会，持続可能な発展を続けられる社会，人々が夢と希望を描きそれを叶えることができる社会，そうした社会を実現するため，市場部門と政府部門と非営利部門の守備範囲を適切とし，よい公共政策を企画立案し，決定し，実施し，終了させることができる，政策人材が必要とされている。

2　本書のねらいと構成

本書のねらい

本書がねらいとするのは，まず，公共政策学の主要な柱として政策人材の育成が必要であるという認識を社会に広く知らせたいということである。また，

政策人材の育成の場として大学や実務にどのような場があり，どのようなカリキュラムで何が教えられているかをまとめる。そうした場でどのような人が学び，学んだ後どうなっているか，活躍しているかについてもできる範囲でまとめたい。さらに，公共政策学教育の手法，それは政策人材を育成する手法でもあるが，そうした手法としてどのようなものがあるかを紹介したい。これらを通じて，公共政策学にとっては政策人材の育成の必要性が確認され，学習者にとってはどのような場でどのようなことが学べるのかが明らかになり，教育者にとってはカリキュラムポリシーづくりや授業づくり，研修の企画にあたってどのようなことを教えるとよいのかが明らかになるだろう。本書を契機に，多くの人が公共政策学とその教育手法に興味を持ち，取り組むようになってくれたらと願っている。公共政策学を学びたい，教えたい，学べる場を増やしたい，学べる場同士をつなげたいと思う人を増やす，これらが本書のねらいである。

　本書の対象として想定しているのは，公共政策の教育や研修に関心を持つ全ての人である。特に，政策系の学部・大学院の教職員，法学部や経済学部等で政策系の科目を持つ教員，公務員研修の施設の職員，政治塾の関係者等，公共政策学教育を行う側の人，政策人材の育成を行う側の人にはぜひ本書を手に取っていただきたい。また，政策系学部・大学院の学部生・大学院生に代表されるところの公共政策学教育を現在受けている人，政治家や行政職員，そして高校生や中学生のように公共政策学教育を将来的に受けてみたいという人にもぜひ本書を手に取っていただきたいと願っている。

「第Ⅰ部　政策人材の育成の育成の意義」について

　本書の第Ⅰ部は公共政策学による政策人材育成で何を教えるかを扱う。第Ⅰ部は第1章と第2章からなり，構成する章は二つと少ないが，公共政策学の重要な目的の一つが人材育成であること，人材が送り出される社会や時代についての認識，人材が持つべきポリシーマインド，人材の育成が社会・利害関係者（ステークホルダー）とともに行われること，といった重要な事項を論じる。

　足立幸男による「第1章　政策人材とポリシーマインド」は本書全体の要と

なる章であり，以下のようなことを論じる。公共政策学においては公共政策決定システムを研究することに格別の重要性がある。個別具体的な公共政策それ自体を研究したり提言したりする研究も確かに必要であり重要であるが，政策分析・評価の手法開発や諸々の制度や人材など政策を産出する公共政策決定システムを研究し，その改善を不断に試みることが公共政策学では格別に重要である。また公共政策決定システムの改善においては政策人材の育成に重要性があり，政策人材にはポリシーマインドが必要でる。ポリシーマインドとはあらためて何か，ポリシーマインドを身に付けた政策人材を育成する上で教育や研修にできること／できないことは何か。

　福井秀樹による「第2章　専門知識と政策実務を架橋する人材育成の必要性」は，わが国の中央政府における政策過程において専門知識と政策実務がどのように架橋されているのか，架橋され得るのかということを論じる。福井は政策分析を専門とする研究者として活躍した実績を認められて国土交通省に職員として迎えられて勤務したという貴重な経験を有している。その経験を活かし，政策分析を大学院生や学部生，研修を受講する公務員にどのように教えるか，政策過程で政策分析をどのように活用するかということを論じる。

「第Ⅱ部　政策人材の育成現場」について

　本書の第Ⅱ部は，第3章から第5章までの三つの章からなり，公共政策学による政策人材育成について，誰が，何をねらって，どこで，何を教えているかを説明する。日本における政策人材の育成が政策系大学院，政策系学部，研修機関・政治塾等の実務で行われているという前提に立ち，それぞれがどのようなポリシーなり認証基準のもと，どのようなカリキュラムでどのようなことを教えているのかをまとめる。学習者の状況については，どのような人が学び，修了後にどうなっているのか，学びは活かせているのかを示す。さらに，それぞれの場における政策人材の育成がどうなっているのか，それぞれの相違を説明する。そして，日本における政策人材の育成が政策系大学院，政策系学部，研修機関・政治塾等の実務でバラバラに行われていることを確認しつつ，それ

を課題として捉える。最後に，関係する全ての機関で完全に統一するということは困難かもしれないが，政策人材の育成を行う機関同士，もう少し交流し連携できないものかという問題提起を行う。

新川達郎と村上紗央里による「第3章　日本の公共政策系大学院における政策人材の育成」は政策系大学院の概況をまとめる章である。わが国の大学院レベルの公共政策学教育と政策人材の育成は専門職大学院である公共政策大学院と一般の政策系大学院で行われている。公共政策大学院のカリキュラムの特徴と一般の政策系大学院のカリキュラムの特徴をそれぞれ説明し，公共政策大学院と一般の政策系大学院の相違および政策系大学院の特徴について論じる。どちらも政治学・行政学，経済学，法学の基礎を教えた上で，さまざまな政策分野における過去から現在までの展開と最新の事例を中心に教えているという点では類似していることを説明する。

村上紗央里と新川達郎による「第4章　日本の公共政策系学部における政策人材の育成」は，日本の政策系学部における公共政策学教育と政策人材の育成を論じる。新川が日本公共政策学会会長として策定に尽力した「学士課程教育における公共政策学分野の参照基準」についても紹介する。政策系学部における公共政策学教育と政策人材の育成については大学院との相違がポイントとなる。既述のように，公共政策学は「大人の学問」であり，社会で経験を積んだ者でないと学べないという見方もある中で，学部生に何を，どのような手法で教えるかということが重要な論点となる。また，経済学，法学，政治学などの公共政策学のいわば土台となる関連分野を，経済学部でも法学部でもない政策系の学部でどこまで教えるのか，それらをどう総合するのか，卒業生の進路はどのようなものがあるのか，卒業生は学びを活かせているのかといった論点もある。

筆者による「第5章　実務における政策人材の育成」は，大学以外の実務における公共政策学教育・政策人材の育成を論じる章である。それが公共政策学教育と言えるかはともかく，わが国において，政策人材の育成は大学以外でも行われている。自治大学校や地方自治体が設置している公務員研修所，いわゆ

る政治塾などがその主な場である。それぞれについて，どのようなポリシーの
もと，誰にどのようなことを教えているのかをまとめる。その上で，大学の政
策系学部・大学院における公共政策学教育・政策人材の育成との相違を論じる。
どのようなカリキュラムかということはウェブサイト等で公表されているが，
政策系学部・大学院や世界の政策教育との比較の視点はこれまでなかったと考
えている。

「第Ⅲ部 政策人材の育成における多様な実践的手法」について

　本書の第Ⅲ部は第6章から第9章までの四つの章からなり，公共政策学教
育・政策人材の育成の手法を扱い，公共政策学教育ならではの手法を紹介して
いる。各章に共通する事項として，大学の政策系学部・大学院や実務における
公務員研修機関等が各手法に興味を持ち，導入できるよう，そして現在と未来
の政策人材・学習者が各手法に興味を持ち，学習したいと思うよう，それぞれ
の手法について内容，背景，事例，普及状況，実施の手順，注意点，期待され
る効果，課題を説明している。各章はそれぞれが扱う手法についての概論の
パートと事例を紹介するパートに分かれるが，章ごとにそれぞれのパートにど
れくらいの比率を割り当てるかは異なっている。

　池田葉月による「第6章 政策コンペとPBL」は，各地で開催されている
政策コンペと政策系学部・大学院で多用されている政策コンペとPBLについ
て論じる章である。事例として，PBLについては京都府立大学公共政策学部
の授業科目である公共政策実習Ⅰを，政策コンペについては「京都から発信す
る政策研究交流大会」等を取り上げる。公共政策学教育・政策人材の育成は
PBLと相性がよい。大学教育のさまざまな分野で広く普及しつつあるPBLに
ついて論じる章である。公共政策学教育・政策人材の育成におけるPBLには
どのような特徴があるのか，他の分野との違いはあるのかを論じる。また，公
共政策学教育・政策人材の育成ではいわゆるコンペがいくつも開催されており，
大きな存在感を持っている。主要な政策コンペについて紹介し，目的の違いな
どについても論じる。公共政策学教育・政策人材の育成におけるPBLと政策

コンペでは，公共政策のデザインや評価の技能を含むポリシーマインドが前提となっており，学習者がそれを身につけることを目的とする手法であることを論じる。

筆者による「第7章　PBLとケースメソッド」は，第6章に続いて再びPBLと，そして医学や経営学で専攻して導入されている教育手法であるケースメソッドについて論じる章である。大学における公共政策学教育・政策人材の育成，特に大学院の多くで重視されている手法としてケーススタディあるいは事例研究がある。このケーススタディとケースメソッドは混同されることが多いが，ケースメソッドはケーススタディよりもむしろPBLとの関係が深いということを論じる。PBLが政策過程の全体を完全に体験するものであるのに対し，ケースメソッドは政策過程の一部を切り取って疑似的に体験するものであることを指摘し，そこにそれぞれの手法の特徴，強みと弱みがあることを論じる。事例としては京都府立大学公共政策学部の授業科目である公共政策実習Ⅰとケースメソッド自治体政策を取り上げる。

永田尚三による「第8章　政策ディベートの有効性」は，永田らが長年にわたって取り組んできた政策ディベートについて論じる章である。関西大学社会安全学部における実践を事例として取り上げる。政策ディベートはディベートの一種であり，実在または仮想の個別具体的な公共政策をテーマとするディベートである。このようなディベートが政策人材の育成はもちろん，政策デザインの現場・実践においても有用であるということを論じる。政策ディベートを公共政策学教育・政策人材の育成の場で用いる場合，政策デザインの現場・実践で使用する場合，どのような注意が必要なのか，そのポイントについて経験を踏まえて説明する。

玉井良尚による「第9章　公共政策学教育とゲーミング・シミュレーション」は，国際政治学の教育で専攻して用いられてきた教育手法であるゲーミング・シミュレーションについて論じる。ゲーミング・シミュレーションは，トーク，ボード，カード，デジタルなどさまざまな形式のゲームを教育・研修や研究等に使用するというものであり，30年以上の歴史を有している。ゲーム

を教育等に用いることについては，その有用性や可能性を否定する議論はない
ものの，楽しみが伴うことについてその必要性があるのかという議論がある。
また公共政策という社会現象は複雑であることが通常であるが，ゲームとして
成立させる都合上，単純化が必ず伴う。それに関して，政策デザインや決定，
実施，評価，終了に伴って政治家や行政職員等の実務家が直面する苦悩，それ
らの影響を直接的に受ける市民が時に現実社会で感じる苦痛といったものは，
ゲーミングシミュレーションでは捨象されてしまう危険もあるという議論もあ
る。事例として京都府立大学公共政策学部の授業等を取り上げる。

　なお，筆者が担当する「終章　政策人材の育成と公共政策学教育の発展に向
けて」は，公共政策学教育と政策人材の育成についての困難や課題を論じ，さ
らに今後の展望や研究課題について論じる。

引用・参考文献

秋吉貴雄（2017）『入門 公共政策——社会問題を解決する「新しい知」』中央公論新
　　社。

ドロア，イェヘッケル（2006〔1968〕）『公共政策決定の理論』足立幸男監訳・木下貴
　　文訳，ミネルヴァ書房。

足立幸男（2005）「政策研究」北川正恭・縣公一郎・総合研究開発機構編『政策研究
　　のメソドロジー——戦略と実践』法律文化社，12-29。

Lasswell, H. D., (1971), *A Pre-View of Policy Sciences*, New York, American Elsevier
　　Publishing.

（窪田好男）

第 I 部
政策人材の育成の意義

第1章
政策人材とポリシーマインド

── この章で学ぶこと ──

　政策人材とは国や地方自治体，非営利部門で公共政策の企画立案，決定，実施，終了に関わる人材である。持続可能な社会を実現するためにはよい公共政策が必要で，よい公共政策がつくられるようにするには，ポリシーマインドを身につけた政策人材が求められる。ではポリシーマインドとはどのような思考のモードであり，知識であり，スキルであり，倫理なのか。それを説明するのが本章である。

1　公共政策学教育の究極の目的とは何か

ポリシーマインドの獲得

　公共政策学教育の究極の目的は政策人材の育成である。政策人材とは，政策決定へのフォーマルな権限を有すると同時に有権者に対して説明責任を負う国会あるいは地方議会の議員，あるいは議会で可決され予算措置を講じられた政策を施策さらには事業へとブレークダウンし執行管理することへのフォーマルな権限を有すると同時に議会ひいては国民・住民に対して説明責任を負う国や地方自治体の行政職員，はたまた政府機関，シンクタンク，民間営利企業（とくにコンサルタント会社），社会的企業（ソーシャル・ビジネス），非営利団体（NPO），非政府機関（NGO），公益団体をも含む各種利益集団，マス・メディア，大学・研究機関等に所属し，自発的あるいは所属組織の業務の一環として（政策のデザイン，提唱，勧告をもその不可欠の一部として含む）政策分析，政策実施，政策評価等の政策関連業務を行う「政策知識人」等，「職業としての政策」[1]に従事する政策人材[2]として自らのキャリアを形成し，政策過程において有為な

第 I 部　政策人材の育成の意義

役割を果たすことが出来るような人材である。より具体的には，高度な政策業務の遂行にとって不可欠な多岐に亘るディシプリン（座学）と，ケースメソッド，PBL，インターンシップ，政策ディベート，政策コンペなどの実践的なトレーニング・プログラムを組み合わせたカリキュラムの履修を通して，政策人材に要求される思考のモードや知識，スキル，倫理などを修得させること，この点にこそ，公共政策学教育の究極の目的がある。

ポリシーマインドに裏付けられた公共政策学教育の必要性

　もとより，学部レベルの公共政策学教育には，卒業生の全員を即戦力の政策人材として社会に送り出すことまでは期待できないかもしれない。政策人材としての業務を高いレベルでこなす能力すなわち「政策力」を不断に鍛錬・向上させる，そうした機会を提供しても政策人材のヒヨコ，あるいは卵を産むだけにとどまるかもしれない。とはいえ，学部レベルのカリキュラムの設計と実施は，大学院レベルのカリキュラムや，政府機関・府省付属の研究所・企業系もしくは独立系のシンクタンク・政党や（松下政経塾をはじめとする）政治的リテラシーの向上と政治家養成を主要な目的として設立された民間の政治塾など，政治あるいは政策に関わる多様な機関や団体における職員研修あるいは教育プログラムの設計・実施の場合と全く同様に，前述の公共政策学教育の究極目的を常に念頭に置きつつなされるものでなければならない。各々のレベルの公共政策学教育においてこの究極目的の実現に向けてどのあたりまで近づくことが出来るか，到達（獲得）目標をどのあたりの高みに設定することが数々の制約条件に照らして現実的であるかは，決して一様でない。公共政策学教育に携わる各機関が直面する各々に異なる制約条件を冷静かつ周到に検討・考慮し，各々に戦略を構想し決定する他ない[3]。とはいえ，ある程度の一般妥当性を有する大雑把なガイドラインがない訳ではない。この点については，本章に続くいくつかの章において詳しく論じられるであろう[4]。

　以下，政策人材が従事している業務，民主主義の政策過程における政策人材の役割，政策人材に求められるポリシーマインド（思考のモード，知識，スキル，

倫理），という三つのテーマを検討する。

2　政策人材の業務

政策人材の主要業務の一つとしての政策分析

　政策人材が従事している業務は，政策分析，政策実施，政策評価の三種に大別される。もとより，これら三つの業務すべてを高いレベルでこなすことが出来なければ政策人材とは認められない，という訳では決してない。少なくともそのいずれか一つの業務について政策人材というプロフェッショナルの名に恥じないだけの高度な理論知と実践（経験）知を有しているのであれば，ひとかどの政策人材としての社会的認知と処遇を与えられてしかるべきであろう。ただ，本章では，政策決定者は言うに及ばず，もっぱら政策実施や政策評価の業務に従事している政策人材にとってもまた，決して無縁でない――いや，それどころか，政策の決定者，実施者，評価者が各々優れた仕事をし社会の負託に応えたいと願うなら，その大前提として，それについての高いリテラシーと遂行能力を修得していることが要求される――政策分析に焦点を絞り，それがどのような要素やプロセスから成る業務であるかを解説することとしたい。

　政策分析とは何か，その射程をどこまで広げるべきであるか，より具体的には，解釈や，政策論議に参加する多種多様なアクターが各々に意識的あるいは無意識のうちに依拠しているところの価値前提の解明・明確化，さらには政策代替案の相互比較／順位付け／政策提唱／政策勧告など実証主義的政策研究が意図的に排除してきた問題領域にあえて足を踏み入れるというリスクを政策分析者は冒すべきであるか否か，については，政策分析の黎明期以来様々な考え方が提起され，相互間で激論が闘わされてきたのであるが，それらは以下の三つのアプローチに大別されよう。すなわち，①ミクロ経済学の政策分析へのストレートな適用としての費用便益分析や費用有効性分析，ランド研究所の数学者と政策科学者によって開発されたシステムズ・アナリシス（Systems-Analysis）などのフォーマルで合理主義的な解析手法を駆使することによって問題解

第Ⅰ部　政策人材の育成の意義

決のための最適解を発見し，その解を政策決定者に提言するという点に知的・実践的営為としての政策分析の存在理由を見出そうとする（政策分析黎明期の60年代における支配的アプローチであった）《合理主義》，②政策分析の射程を手段的で技術的な最も狭い意味における「分析」に限定しようとする（70年代にその最盛期を迎えた）《実証主義》，③解釈と価値前提の分析・解明に政策分析の主要な役割を見出す一方で政策勧告にまでは関与すべきでない（複数の政策代替案を政策決定者に提示するところまでは許容されるが，代替案の順位付けそれ自体はあくまで民主主義の政治過程ひいては政策決定者に委ねるべき）と主張する《ポスト実証主義》——厳密には，その一ヴァリエーション——である。

　注目すべきは，近年，とりわけ21世紀に入ってからというもの，《政策デザインとしての政策分析》あるいは《政策分析へのデザイン・アプローチ》とでもいうべき考え方が台頭し，急速にその影響力を増大させつつあるということである。このアプローチは，《ポスト実証主義》の流れを汲みつつも，そこにおいて長年支配的地位を享受してきた前述の（解釈と価値前提の分析・解明に政策分析の射程を留めようとする）禁欲主義的ヴァリエーションとは異なり，《合理主義》と《実証主義》の分析枠組みをもその重要な一部として取り込もうとする。既存の三つの枠組みの各々を，喫緊の政策的対処が求められている複雑な政策課題の様々に異なる側面をより深い次元において理解するための有益かつ相互補完的なツールとみなし，コンテクスト適合的な「解決」策を発見・同定するためにそれらを適宜組み合わせ総動員しようとする。その意味で，既存の三つの分析枠組みの止揚を目指し，政策代替案のデザイン，相互比較，順位付け，政策提唱，政策勧告にまで政策分析者が踏み込むことを当然視する統合的分析枠組み（モデル）と言えよう。このアプローチは，政策プロフェショナルに対して，以下のような一連の作業に従事することを要請する。

問題の分析

　政策デザインは，政策によって対処すべき問題の認知とともに始まる。何も問題がなければ，あるいは問題はあってもさしあたりどうしようもない（しば

16

らく様子見をするしかない）のであれば，政策の必要もない。一見深刻であって
も，「時」が解決してくれそうな問題であれば，急いては事を仕損じる。また，
喫緊の対処を要求する問題が一つだけではないとすれば，どれから手を着ける
かの選択を迫られる。更にその解決が理論的には可能であっても，政治・経済
の現状や，人々の生活や思考のスタイルひいてはその根底にある価値観や世界
観との関係で，現実には途方もない困難が予想される，その種の問題と格闘す
ることは，その勇気は買えるとしても，賢明な判断とは言えない。かくして，
政策によって対処すべき問題を発見・同定するというこのプロセスは，観察者
の意図や解釈から独立した客観的実在として存在する問題を分析の俎上に載せ
るといった類の，価値中立的なプロセスではない。むしろ，現在の状態と望ま
しい将来の状態との間にとてつもなく大きなギャップが存在するという状況を
問題として認知するという，すぐれて主観的なプロセスであると言わねばなら
ない。それゆえ，問題を同定するというこの作業の核心は，政策によって実現
しようとする将来の状態が実際に魅力的であるだけでなく努力次第でその実現
も決して夢ではないこと，現在の状態がどれほど惨めで耐え難いものであるか
を，人々に強く印象づける点にあるといえよう。

　次になすべきは，喫緊の対処を要する深刻な問題であると同定されたその問
題を多面的な角度から分析し，その原因を探るという作業である。もとより，
この作業は簡単なものでない。政治・経済・社会問題などの領域においては原
因と結果の間に１対１の対応が見られることは滅多にないからである。原因の
探索をどこまでやれば十分であると言えるのか。時間やエネルギー等の希少な
資源をどの程度その作業に割り当てるべきであるのか。当の問題を発生せしめ
たコンテクストと，類似の諸問題へのこれまでの政策対応の（主として）失敗
の事例に緻密な分析を加えることなく，直接的な契機に過ぎない出来事を問題
の根本的な原因と混同して対策を講じても，或いは対症療法的な措置をいくら
積み重ねても，事態は一向に改善しない。それどころか，事態をかえって悪化
させ，問題の解決をいっそう困難にするだけかもしれない。かといって，確か
に「これだ」と思えるような原因を突き止めるまではクリティカルな一歩を踏

第 I 部　政策人材の育成の意義

み出さない，何も決定せず何も実行しないというのでは，改善の好機を逃してしまう。問題の原因がどこにあるか，あれやこれや思いを巡らしているうちに，問題そのものが風化あるいは変質し，折角の努力が水泡に帰してしまうかもしれない。原因探索をどこで打ち切るべきかについての「正解」は，殆どの場合，これら両極を排した中間点にあろうが，その中間点がどのあたりであるかについては一義的な解はない。その都度その都度のケース毎に考える他ない。

　問題分析のプロセスにおける最も重要な作業は，問題の発生や深刻化・長期化に対して如何なる政府行動がどの程度関与ないし寄与しているかを分析すること，そしてそのことを通して適切な（問題の発生や深刻化・長期化に対して何らかの責任を免れることが出来ない）政府行動を同定することである。この作業は，現状分析を現状変更へと繋げる，決定的に重要なプロセスである。問題の発生や深刻化・長期化に政府の活動が関与しているというとき，それには二つの場合が考えられる。①ある政府活動が問題発生の主要な原因あるいはその重要な一つであるという場合と，②問題それ自体は政府活動に起因する訳ではないが，その問題への対処を目的として実施された政府の政策が的外れなものであったため所期の目的を達成できなかった，あるいはかえって問題をこじらせ深刻化・長期化させてしまったという場合である。政府が早めに手を打っていれば問題の発生を食い止めることが出来た，少なくとも問題をそこまでこじらせることはなかったと考えられる場合にも，政府はその（不作為の）責任を問われよう。

　以上の一連の予備的分析のプロセスに続いて，いよいよ局面打開に向けた政府活動すなわち公共政策の構想（デザイン）という，いわば「モノづくり」のプロセスが始まる。政府活動が問題発生の主要な原因あるいはその重要な一つである場合には，政府活動の全面的見直しが求められる。政府以外のアクターによって惹き起こされた問題の解決のために政府が実施した政策が問題をかえってこじらせてしまったのであれば，問題の分析・同定の段階へといま一度立ち返り，政策転換もしくは撤退や大胆な規制緩和等の軌道修正を迫られよう。政府の不作為によって問題が発生あるいは深刻化・長期化したと推定される場

合には，その問題に対処するための有効で適切な活動を探索するという作業が
要求されよう。

政策目的の明確化

　問題の分析から政策のデザインへと至る一連の知的・実践的活動には，因果
関係についての推論に加えて，政策介入によって実現しようとする望ましい将
来の状態を思い描き，その状態に到達するための道筋をデザインするという，
豊かな構想力と想像力を要求する思考のプロセスが含まれている。さらにまた，
その望ましい将来の状態の実現が努力次第で決して不可能でないことを説得力
ある議論によって論証するという，コミュニケーション行為的な考慮もまたそ
こには含まれている。現状のどこにどのような問題があるかが明らかになり，
政府活動をどのような方向へと軌道修正すればよいかについての大まかな方向
性が定まれば，あとはその具体化つまり肉付けである。肉付けのこのプロセス
は，①政策目的すなわち政策の実施によって実現しようとする望ましい状態の
定式化と，②その目的を実現するための具体的処方箋の探求─選択という，
二つの連続的フェーズから成る。

　およそ政策の究極（最上位）の目的は，自由，平等，経済発展，福祉，環境
保全，市民生活の安全・安心等，その実現・増進に寄与すればその分だけ政策
は望ましく，その逆であればその程度に応じて望ましくないと大方の社会構成
員が判断するところの価値──すなわち，ある公共的価値もしくは（こちらの
方がより一般的であるのだが）公共的諸価値のある組み合わせ──の実現・増進
である。政府活動を導く指針かつ政府活動に対する評価の尺度として十全な機
能を果たすことが出来るためには，ある特定の公共的価値もしくは公共的諸価
値のある組み合わせの実現という政策の究極目的は，それが達成されたか否か，
どの程度達成されたかについての「客観的」な判定を可能ならしめる程度にま
で具体化・操作化されねばならない。[9]

　政策目的の設定という活動の核心は，どのような公共的価値をいつまでにど
の程度実現もしくは増進しようとするかを確定するという点にある。その確定

第Ⅰ部　政策人材の育成の意義

は，しかし，簡単なことでない。その最大の理由は，公共政策のデザイン及び
政府政策の決定／執行／評価に際して考慮すべき公共的価値が一つだけではな
いこと，しかもそれ自体としては各々に社会的正当性を有するこれら公共的諸
価値はしばしば相互に全く相容れない政府活動を要請するということである。
従って，各々の公共的価値は，その実現・増進に寄与する政策が公共的観点か
らして望ましいものであることを条件付きで保証するものでしかない。政策の
望ましさを保証するにしても，それは，さしあたり（他の事情が等しいと仮定し
た場合，すなわち異なる評価を正当化するより一層強力な理由がない場合に限って）の
ことでしかない。だが，他の事情がすべて等しいようなことは現実には殆どな
い。

　一般に，政策の目的をより高いところに設定すればするほど（ある特定の価
値の実現もしくは増進に深く関与すればするほど），他の公共的諸価値との軋轢はい
よいよ深刻で調停困難なものとなる。たとえば，市民に対して保障しようとす
る安全や安心の水準がある閾値を超えると，自由やプライバシーが脅かされる
ようになる。その逆に，自由やプライバシーを不可侵の「人権」として崇める
ことには，市民生活の安全や安心の水準を低下させかねないという深刻な副作
用がある。同様に，目的それ自体がどれほど重要なものであろうと，それを短
期間で達成しようとすればするほど，他の公共的諸価値の要請を充たすことが
より一層困難になる。その逆に，時間をかけてじっくりとコトにあたればあた
るほど，価値相互間の調整と合意の達成がより容易になる。政策目的をどのあ
たりの高さに設定するか，目的達成のタイムテーブルをどのように設定するか，
この点についての一義的な解など，もちろんありはしない。その都度その都度
の具体的な状況に即して判断を下し，その結果に対する責任を潔く引き受ける
しかない。[10]

具体的処方箋の構想・選択

　政策をデザインするという作業は，政策によって対処すべき問題の周到な分
析を通して政策の目的をまずは確定し，しかる後にその目的を達成するための

最適手段を探索するという二段階の，一方を済ませないと他方に進めないような単線的プロセスではない。もとより，達成すべき目的についてある程度のイメージがあればこそ，手段の探索も可能になるのだが，一般に政策目的を政策デザインの早い段階で発見し確定することは容易なことでも賢明なことでもない。実際には，ジグザグのコースを辿った末に，最後の最後になってようやく目的と手段が同時に決まる，そうしたことは決して稀でない。いや，むしろ常態であるといってもよい。それほどまでに目的と手段は離れ難く結びついている。具体的処方箋の構想—選択という活動はそれ故，確定済みの政策目的の達成に最も有効な手段を探索するという，価値中立的で目的合理的な活動ではない。思いつく限りの「目的と手段の組み合わせ」の各々を実施した結果として如何なる社会的帰結がどの程度の確率で発生するかをシミュレートし，最もましな帰結をもたらすと期待される目的と手段の組み合わせを幾度もの試行錯誤の末「発見」あるいは「同定」し，それを政策過程に発信（提唱）するといった，一連の高度な構想力と判断力が要求されるプロセスなのである。

　政策提言をしようと思えば，政策人材は，自らが構想—選択した処方箋の，他の実在もしくは理論的に可能な競合的処方箋に対する優位性を，説得力ある言説によって論証することを求められる。この比較（順位付け）は社会構成員の間で広く受け入れられている基準に基づいてなされるものでなければならない。そのための基準として特に重要であると思われるのは，合憲性・合法性／有効性／費用対効果／複雑性と不確実性への備え（Resilience）／倫理的妥当性／実行可能性／公共マインド強化の可能性，である。

3　民主主義の政治過程における政策人材の役割

民主主義の政治と財政

　政治のアリーナにおいて政治アクターが追及し実現しようとする利益や価値には多種多様なものがあるが，民主主義の下でその組織化と政治化が進展し，その結果として政治を通しての調整の必要性が高まれば高まるほど，団体相互

第 I 部　政策人材の育成の意義

間の監視と牽制が厳しくなる。その結果，繰り返しゲームの当事者である各ア
クターは，その利己的要求をある程度抑制した方が長い目で見れば得になると
いうことを学習するようになる。この「自己中心的相互調整」（Partisan Mutual
Adjustment）のプロセスが円滑に機能するようになればなるほど，特権的圧力
団体の跳梁跋扈と傍若無人は疑いもなく大幅に減少しよう。[11]

　市民が政治主体としての自覚に目覚め，様々な団体を介して政治過程に活発
に参加するようになる時，言い換えれば，民主主義が成熟すればするほど，政
策決定へのフォーマルな権限を有する政治家はアンフェアだとのそしりを何に
もまして恐れるようになる。確かなカネと票をあてに出来る（政治家にとっての
最も大切な顧客である）特定の集団ばかりを優遇しているというイメージがつく
ことを極力避けたい，集団間のバランスをとる必要がある，と考えるようにな
る。それはそれでもちろん非難されるべき筋合いのものではないのだが，問題
は，その際のバランスのとり方である。そのための最も安易な手法は，顧客の
利益の実現に最大限留意しつつも，同時にまた残余の諸集団にもいくばくかの
おこぼれに与らせること，有権者一般に受けのよいリップサービスを惜しげも
なく振りまくことである。有権者の支持つまりは人気に権力の究極の正当性根
拠を見出さざるを得ない民主主義国家の政治家は，可能な時にはほとんど常に
この手法に訴えようとするだろう。

　だが，その結果として，公共支出は止め処なく膨張する。その弊害は，「現
在世代をその主要な受益者とする政策のツケを将来世代に転嫁しない」という[12]
財政均衡の理念が国政の大原則の一つとして堅持されている限りは，さほど顕
著なものとはならないかもしれない。だが，その理念が単なる「お題目」に成
り下がるとき，民主主義は公益を見失った「利益集団自由主義」（Lowi 1969），
さらには節操無き「取引民主主義」（Hayek 1960）へと堕落し，その近視眼に
よって自壊の道をたどる可能性がある。民主主義の正規の手続きに則って，
（将来世代の福利をその不可欠の構成要素の一つとして含む）社会の長期的利益を損
なう近視眼的な決定が次から次へとなされる，そうした可能性を民主主義は完
全に排除することは出来ない。

22

「政治的弱者」の声を届けること

　前述したこととも一部重なるが，加えて，民主主義の下では，何であれ政治的主張や要求を有する者は「声を挙げること」（組織を結成し政府に圧力をかけるとともに，広く社会に対してその主張や要求の正当性を訴えること）を期待されている。その権利を行使しようとしない者は何一つ主張も要求ももたない者とみなされる。むろん，このこと自体には，悪しきパターナリズムを排し，政治家と官僚に対する監視者（民主主義の担い手）としての市民の自覚と矜持をうながし高めるという絶大な効用があるのだが，深刻な副作用もある。大きな声を挙げることが著しく困難な者や声を挙げたくてもその術がない存在は，配慮が後回しにされたり犠牲にされたりしてしまう。代理人を通してレトリカルな意味での間接的な仕方でしか声を挙げることが出来ない，言葉の真の意味での「政治的弱者」の福利や運命に十分な配慮がなされない。民主主義にはこうした負の側面が付きまとっているのである。

　ここに，民主主義の政治過程における政策人材の究極の社会的使命と存在理由がある。民主主義の近視眼を監視し矯正するとともに，民主主義の政治過程においてその福利や運命への配慮がともすれば蔑ろにされがちな政治的弱者の「声」（というより，「悲鳴」）を全ての政策アクターとりわけ政策決定者と実施者に届けること，そのことを常に念頭に置きつつ，政策人材は日々の業務に勤しまねばならない。

4　政策人材に求められるポリシーマインドの４つの構成要素[13]

各政策案を実施した場合についての精度の高い予測の能力

　ある政策案を実施した場合にどのような種類の，どの程度の効果を期待することが出来るか。その政策の実施にどの程度の費用を覚悟せねばならないか。どのような種類の，どの程度の弊害が発生する可能性があるか[14]，その正確な予測は至難の業である。というより，どれほど優れた政策人材にとっても，また利用可能な最新の知識と解析（計算）ツールを駆使したとしても，ほとんど不

第Ⅰ部 政策人材の育成の意義

可能である。そしてそうである以上，効果と（弊害を含む）費用の予測にあたっては，慎重なうえにも慎重な態度が求められる。

予測の狂いはもとより小さければ小さいほどよい。莫大な出費を伴い，市民生活に重大かつ長期的な影響を及ぼすことが確実に予想されるような政策であれば，なおさらである。この種のケースにおいては，予測の致命的失敗だけは何としてでも避けねばならない。結果として効果が予想される最小のレベルに留まる一方で，費用は恐れていた最大レベルに達するかもしれないという最悪のシナリオをも予め想定し，そのことに対する備えをしておくことも時として必要になる。にもかかわらず，現実には必ずしもそうはなっていない。

楽観的な予測（政策の効果を大きめに，政策実施に要する資源費用や政策実施に伴う弊害を小さめに見積もるような予測）に基づいて政策分析，政策決定，政策実施を行い，結果として耐え難いほどの社会的損失を発生せしめてしまった，そうした事例も残念ながらわが国には少なくないのである。このような愚を犯すことだけは何としてでも避けねばならない。精度の高い費用と効果の予測を常に心がけること，日々の事態の推移に照らしてもし必要があれば不断に予測を見直すという謙虚な姿勢が，政策人材には強く求められる。

それにしても，わが国において予測の致命的失敗がかくも頻繁に繰り返されてきたのは何故か。精度の高い将来予測の能力を育成・強化しようとする姿勢が致命的なまでに欠如していたこと，政策人材の専門知と実践（経験）知を最大限に活用しようという政治文化，いや，活用せねばならないという政治文化が未成熟であったこと，ここに，その究極の原因があるのだが，より直接的には，政策分析，政策決定，政策実施の実質的主体である機関（国の場合であれば当該事業の所管省庁，自治体の場合であれば事業実施部局）が同時にまた，将来予測を含む政策分析のための専門的知識やスキル，倫理についての特別な教育や訓練を受けたスタッフをそれほど擁している訳でもないのに，費用対効果の予測の主要な担い手となり，その（概してあまりに楽観的な）予測に基づいて政策案の作成と相互比較（順位付け）を行ってきたからである。

繰り返しになるが，政策分析，政策決定，政策実施の実質的主体による将来

予測は，その業務に携わる機関内職員組織が十分な独立性を保証されている——所属機関の既定の方針を支持し正当化するような費用対効果の見積書を作成し提出せねばならないという（しばしば無言の）圧力に全くさらされていない——という稀有な場合を除いて一般に，客観性に欠けた，およそ考えられ得る最も楽観的な将来見通しになる傾向がある。自らが行った将来予測の妥当性を客観的かつ批判的に，また状況の推移に照らして不断に検証するというスタンスを維持し続けること，「不都合な真実」をも直視することは，政策分析，政策決定，政策実施の実質的主体となる機関にとって容易なことでない。というより，そもそもそのようなインセンティブをもってはいないのである。[15]

政策環境の変化や新たに発見された事実への迅速な対応

政策環境が政策分析と政策決定を行った時から大きく変化したり，政策の抜本的見直しを不可避とするような新たな事実が判明したり，画期的な科学的発見がなされたりした場合には，それら新たな情報を踏まえた（再度の）政策分析を直ちに行い，いかなる軌道修正（政策変更）が必要かつ適切であるかを議会，当該政策の所管省庁・部局，ステークホルダーに進言し，「軌道修正やむなし」と感じさせるほどに説得力あるデータを彼らの眼前に突き付ける，その能力と気概を政策人材はもたねばならない。

それというものも，何であれ，ある政策についての政策分析，政策決定，政策実施の当事者（所管官庁や部局の官僚）たちは，政策分析と政策決定以降に生じた変化を直視しようとしない。そのような変化を全く予期できなかったというか ともしがたい事実を事実として受け入れようとはしない。己の失敗や判断ミスを認めようとしないからである。理屈ではわかっていても，いざとなるとどうしても腰が重くなる，改革をできれば避けたい，少しでも先延ばししたい，という「性」が染みついている。大臣がどれほど強く望んでも，官僚の消極的サボタージュ（面従腹背）のために，改革の「野心」はしばしば頓挫を余儀なくされるのである（Curtis 2002：3-5）。

こうした場合には，行政に対する監視・統制を制度上期待されている官邸・

第Ⅰ部　政策人材の育成の意義

首長と議会がリーダーシップを発揮し，社会的使命を終えた政策を政治主導で
ストップさせたり，新たな事態や科学的発見に政策を適合させるための改善策
の検討を政策所管官庁や部局に強く指示したりすべきであるが，（事業を継続す
べきか中止すべきかの判断に際しては本来無視されるべき）「埋没費用」（sunk cost）
を「溝に捨てる」ことへの躊躇，当の政策にゴーサインを出したことの誤りを
公然と認めることへの心理的抵抗，既存政策の変更に伴うリスクへの恐れ等か
ら，政治家・議会もまた自ら進んで政策転換のイニシアティヴをとろうとはし
ない。だからこそ，政策人材の役割がますます重要になるのである。

最悪のシナリオへの備え

　発生の確率は限りなくゼロに近いとはいえ，ひとたび発生すればその被害が
耐え難いものとなるような最悪シナリオ——例えば，原子力発電所での過酷事
故——だけは何としても避けねばならない。そのために，われわれは，可能な
最大限の備えをしておく必要がある。

　いくつかの要因が重なり最悪のシナリオが現実に起きてしまった場合に，事
業者，中央政府，自治体政府，自衛隊，警察，NPO・NGO，近隣住民団体等
の関係諸団体の各々がどう行動すれば被害を最小限に抑えることが出来るか。
最悪シナリオが発生することなど理論的にはともかく現実にはあり得ないと高
をくくっていたためか，これまで長きに亘ってわが国の官邸も議会も，政党も
官僚組織も，民間企業も市民団体も，この問題に真剣に取り組んではこなかっ
た。先見の明ある政策人材から発せられる警鐘にもほとんど耳を貸そうとして
こなかった。このことを，われわれは，2011年の福島第一原子力発電所での炉
心溶融事故の「悪夢」の体験を通して，否定しようにも否定しようのない戦慄
すべき事実として思い知らされた。優秀な政策人材を早急に育成し，彼らの智
慧を最大限活用せねばならない，その所以である。

システミックな政策思考

　多種多様な公共問題に対処するために構想され実施される公共政策は，同一

第1章　政策人材とポリシーマインド

―― コラム①　政策環境の変化への対応はなぜ遅れるのか？ ――

　中海は島根県と鳥取県にまたがる湖である。西隣にある宍道湖とともに汽水湖であ
る。かつて，中海の一部を干拓し，残る部分を淡水化して農業用水として利用しよう
という公共政策があった。その公共政策を中海干拓・淡水化事業（正式名称は国営中
海土地改良事業）という。中海干拓・淡水化事業を政策環境の変化や新たに発見され
た事実への対応が遅れた典型例として紹介したい。

　中海干拓・淡水化事業は，1954年6月の島根県による計画発表を受けて1963年4月，
国営事業としてその実施が決定された。その目的は，干拓によって水田約2,230ヘク
タールを造成すること，その干拓地と沿岸周辺農地約7,300ヘクタール分の農業用水を
確保するために，もともと汽水湖であった中海を淡水化することであった。背景となる
政策環境としては第二次世界大戦の戦中，戦後の食糧，特に主食のコメの不足があった。

　1968年から中海干拓・淡水化事業は本格的工事が開始されたが，そのころにはすで
に日本全体としては「コメ余り」現象が顕在化し社会問題となっていた。「コメ余り」
への対策の一つとして1971年，農林水産省は減反政策を開始した。減反政策とは，米
作農家に作付け面積の削減を求めることによりコメの生産を抑制しようという公共政
策である。米作農家にコメを作らないよう求めることは難しく，反発も強かったが，
コメの価格を維持し，米作農家を守るためにも必要な公共政策として進められた。こ
こに，一方で干拓事業で農地と農業用水の確保を進めつつ，他方で既存の農地で「コ
メをつくらない」ことを農業従事者に強要するという，矛盾した公共政策が同時に行
われることとなった。

　1970年代初頭の時点で中海干拓・淡水化事業を見直していれば，その後約30年もの
歳月を空費し，約720億円もの大金を「溝に捨てる」ことはなかったのだが，農林水
産省は，水田造成という当初計画を1984年には断念しつつも，畑地造成を目的として
事業それ自体はあくまで続行しようとした。しかし，水質汚染や環境破壊を懸念する
漁業者等による淡水化反対運動が激化，それを受けて島根県と鳥取県も方針を転換，
1985年5月，農林水産省に淡水化施行の延期を申請した。その後も小規模の干拓は続
けられたが，最終的に2002年農林水産省は，当初計画の2割強の面積の干拓を終えた
のみで事業中止の正式決定を余儀なくされた。

　こうしたことがどうして起きるのか，さまざまな問題が考えられるが，そうした問
題の一つとして，中海干拓・淡水化事業の企画立案や決定，実施に関わった人々のポ
リシーマインドが十分でなかったことがあるのではないだろうか。ポリシーマインド
を身につけた政策人材が中海干拓・淡水化事業の企画立案や決定，実施に関わってい
れば，より適切に政策環境の変化に対応できたのではないだろうか。

第Ⅰ部　政策人材の育成の意義

分野および他分野の数多くの政策と政策リンケージを通して複雑な仕方で緊密に連関し，全体として一つの精巧なシステム（公共政策体系）を形成している。そしてそうである以上，およそ政策に携わる人間には何にもましてシステミックな思考の能力が要求される。

　研究者や実務家として長年関わってきたある一つの分野の，しかもそのごく一部のことしか解らない，視野の狭い政策の「専門」家に，「よい」政策案——問題「解決」にとって有効であるのみならず，費用対効果が大きく，法的・倫理的にも問題がなく，不確実性と複雑性への備えも十分に講じられており，実行可能で，しかも他の重要な諸政策に深刻で不可逆的な悪影響を与える恐れが殆どないような政策案——の構想・立案を期待することは出来ない。当たり前といえばあまりに当たり前であり，そう——言うのはいかにも容易い。だが，どうすればよいのか。

　システミックな政策思考とは，実際のところ，どのようなものであるのだろうか。紙面の制約上，ここでは，システミックな政策思考の特に重要であると思われる二つの要素ないしフェーズのみを取り上げる。

　この世の中にタダで手に入るものなど，そうそうありはしない。何であれ自分にとって大切なあるものを手に入れようと思えば，自分にとってやはり大切な他の一つあるいは幾つかのものを——お金であれ，時間であれ，その他何であれ犠牲にする，その覚悟がなければならない。政策も例外ではない。

　ある政策が実施されることで我々は数多くのものを手に入れるが，その見返りとして多くのものを失う。便益の享受には常に機会費用が伴う。ある政策にある一定量の資源を投入すれば，その資源を政府はもはや他の政策に活用することは出来ない。そもそも，政府は厳しい資源制約の下にある。公共部門は社会にとって利用可能な資源の消費を巡って（市場セクターと市民セクターから成る）民間部門と競合関係にあり，前者による過大な資源消費（大きな政府）は後者の活動を阻害し，ひいては国民経済のパフォーマンスを悪化させる恐れがある。しかも，政府にとって利用可能なその限られた資源を，各々に重要で喫緊の対処が必要な多種多様な分野の多種多様な政策に割り振り，全体として最も

28

大きな政策効果を達成することを，政府は期待されている。そのため，所期の政策効果を可能な最小費用で達成すること，それどころかしばしば政策目的を他の政策への配慮から可能なレベルよりも低いものに抑えることをさえ余儀なくされる。

　ある分野である目的を達成するためにある政策を実施する時，その正あるいは負のインパクトは同一分野のみならず他の様々な分野の様々な政策にまで及ぶ。複雑な経路をたどって当初全く予想さえしていなかったところに思いもかけない形で深刻な影響が現れることも，稀でない。これら多種多様なインパクトをどこまで周到に予測し検討したうえで政策立案を行ったか，これによって，政策過程に出力される政策案の質は決定的に左右されよう。

　とりわけ，重大な政策転換を進言しようとするときには，その政策転換が社会構成員の間に惹き起こす動揺やショックを幾分なりとも和らげるという効果を期待できる一群の措置を，進言しようとする政策案の不可欠の構成要素あるいは政策パッケージの一部として組み込む，といった類の格別の配慮が政策人材には求められるのである。

政策人材にさらに求められる4つのこと

　政策人材に求められるのは，以上の四つだけではない。他にも，①政策デザイン活動とりわけ可能な選択肢集合の構想に対する制約条件（技術的制約，世論制約，財政制約，制度的制約，倫理的制約，国民経済の現状，総人口及び人口構成の現状と今後の推移，議会の勢力図，政治家や官僚の資質，気候変動に代表される地球規模での環境劣化，グローバル／リージョナルな合意，国際政治や国際経済の動向など）についての的確な理解，②「もし己が『悲劇的選択[16]』を下すという責任を免れることが出来ない立場にもし置かれていたとすれば，どのように考えるだろうか」という「思考実験」を行う能力，③政策過程に働くダイナミズムについての知識，④説得力ある議論を構成するための知識（議論論理学）とスキル，等が政策人材には要求されるのであるが，これらについては注(13)に提示した文献をご参照いただきたい。

第Ⅰ部　政策人材の育成の意義

注

(1) 「職業としての政策」という表現は言うまでもなくマックス・ウェーバーの名著
『職業としての政治』（ウェーバー　1980＝1919）をもじったものであるが，誤解を
避けるためあらかじめ以下の点に注意を促しておきたい。政治を生業とする職業政
治家である以上，政治家としてその仕事量の多さと難しさに見合った，多くの人々
から見ればかなり高額の収入を得ることは，決してやましいことでない。いや，当
然の権利である。とはいえ，単にそれだけのものではないし，またそうであっては
ならない。職業政治家にとって政治とは何にもまして「そのために生きるところの
もの」「全身全霊を傾けてその大義に奉仕するところのもの」即ち「使命」でなけ
ればならない。それだけの覚悟がない人間は政治屋であっても言葉の真の意味での
政治家ではない，政治家を標榜することは許されない，とウェーバーは力説してい
る。

　現代民主主義社会では，政策の分析，決定，実施，評価等の一連のプロセスから
成る政策過程に一人でも多くの「啓蒙された」市民が公共的責務を果たそうとして
（ほとんど報酬を受け取ることもなしに）積極的に参加することが求められており，
筆者もそのことの意義はもとよりどれほど強調しても強調しすぎることはないと考
えている。

　本章では，「政策人材」という用語をプロフェッション（高度専門職）としての
政策業務に従事し，そこから一定程度の収入を得ることが出来る人材という意味で
用いている。市民が政策過程にほぼ無償の積極的な参加を求められる一方で，政策
人材が政策過程に関わることを生業とし，生計の主要な手段とすることは，おかし
くもないし矛盾もしていない。むしろ，政策が一つのプロフェッションとして確立
されていないこと，政策人材に十分な社会的活躍の場が与えられていないこと，そ
の高度な仕事と能力に見合った収入を得ることが出来るような人材があまりに少な
いこと，ここにこそ，民主主義を発育（機能）不全に貶める主要な要因，少なくと
もその一つが存するのではないか。政策人材がプロフェッションとして今後も確立
されず，政策系学部の卒業生や政策系大学院で MPP（Master of Public Policy）や
MPA（Master of Public Administration）に相当する学位を取得した者のせいぜい
20〜30％程度しか中央政府や地方政府の職員，シンクタンク・政党・（公益団体を
も含む）各種利益団体・民間の調査機関やコンサルタント会社等の研究員や調査員
等になれず，公共政策学教育によって修得した知識，能力，スキルを生かすことが
出来るような職業に就けない，というようなことでは公共政策学教育を行う学部や

第1章　政策人材とポリシーマインド

大学院に未来はないと筆者は強く危惧している。

　民主主義の社会は政策過程への市民参加によって成り立つ。ウェーバーが論じる職業としての政治のように，職業としての政策人材は，その名に値するだけの「素人離れした」仕事をやり遂げることでその仕事に見合った収入を得る。これらを両立させることに公共政策学教育の未来はかかっているのである。

⑵　以下，本章では，本書を構成する他の全ての章と同様，特に断らない限り，「政策」（Policy）という用語を，個々人や個々の企業・団体などの個別（部分）社会のリーダーが彼らを悩ます様々な短・中・長期的な問題に的確かつ時宜に叶った対処をなそうとして熟考の末選択・採用した基本的な戦略ないし行動指針という意味では用いない。ローカル，ナショナル，リージョナル，グローバルな社会が直面する多種多様な公共問題に社会として取り組み，その文字通りの意味での「解決」など望むべくもないとしても，せめてその深刻さを幾分なりとも緩和することを目的として各々のレベルの社会の決定機関において審議の末選択・決定され，予算措置を講じられ，公共セクター（政府・行政機関），NPOやNGO等の市民セクター，市場セクター（社会的企業をも含む営利企業）によって実施される（あるいは，そのことを究極の目標として様々な政策アクターによって構想・提唱されるところの）具体的な施策のパッケージ，即ち「公共政策」（Public Policy）という意味で用いる。

⑶　制約条件として特に重要であると思われるのは，以下の三つである。すなわち，①履修者の数と「質」（政策の学習・研究にとって不可欠な数多くの関連ディシプリンについての習熟度・リテラシーの水準，政策の現場に数ヶ月あるいは数年程度のごく短い期間であっても身を置くことによってしか得られない経験知・実践知の有無と程度，公共マインドの強さ，学習意欲など），②専任教員の数と質（研究・教育力），専攻分野の分布，実務家教員の割合，③規制官庁である文部科学省からの個別的指導や政策系の全ての研究・教育機関に等しく適用される指針や要綱，である。

⑷　本章では，本書に収録された他のいくつかの章と同様に，政策系学部がすでに全国各地で矢継早に設置され数多くの卒業生を輩出しているという現実に鑑み，その設置・存在を自明のこととして論を進めるが，率直に言って筆者は，法学部，経済学部，商（経営）学部，教育学部，文学部，外国語学部，医学部，理学部，工学部，農学部等の伝統ある既成学部に加えて，なぜ新たに，学部名称において政策学部，政策科学部，総合政策学部，政策創造学部，公共政策学部等のヴァリエーションが

第Ⅰ部　政策人材の育成の意義

ある政策系の学部を設置し，学生募集せねばならないのか，そのことに果たして，またどの程度の妥当性と成算があるのかについて，当初から懐疑的（アンビバレント）な感情をいだいてきた。今なお，そうした思いを完全に払拭することが出来ない。いくつかの既成学部をスクラップ・アンド・ビルドし，政策系学部へと再編成しようというのであれば，まだしも理解できないではないが。日本では，他のアジア諸国も似通った状況にあるようだが，他の西欧諸国とは大きく異なり，大学入学者の圧倒的多数（恐らくは90％以上）は20歳以下である。その年頃の自分が，どれほど大人びた言辞を弄していようとも，実際には人間としていかに未成熟であった（幼かった）か，謙虚に思い返していただきたい。ごく一握りの早熟な（老成した）若者も皆無ではないが，大半の若者は，大学で何を学び，どのような知識とスキルを修得し，どのような職業を通して社会貢献したいのか。本当のところは，まだほとんど何も解っていない，そうした状態で大学に入学してきたのではないだろうか。受験のためのいわば受動的な勉強しかしてこなかった生徒に，入学志願書提出の際に志望学部を一つに絞らせるという，入学後の学びと卒業後の進路・人生設計のありようを決定的に左右する選択・決断を強要することは，余りに酷というものではないか。むしろ，アメリカの大学のように，全ての入学生をあらゆる学問分野（ディシプリン）をカバーする共通の学びの場（リベラルアーツ・アンド・サイエンス）で受け入れ，各自がその都度多少なりとも興味を抱いたあれやこれやの科目を自由に選択・履修することを許容し，またキャンパス内外での社会貢献活動をも含む様々な現場（体験）学習や留学（異質な文化の下での学習・生活体験）を奨励・指導することを通して，各自の自己発見と知的成熟を大学の教職員が一丸となって支援する，そしてそのうえで，2回生を終えたあたりで各自に主専攻（Major）と副専攻（Minor）を選択させる（が，それ以降の専攻の変更をも許容する）という柔軟なシステムの方が，大学での学びをより一層有意義で主体的なものとするのではないか，筆者はかねてよりそう考えてきた。

(5)　これが，カリフォルニア大学バークレー校の政策大学院（Goldman School of Public Policy）の創設者の一人であり初代研究科長であったウィルダフスキーの "Speaking Truth to Power" である（Wildavsky 1979）。

(6)　「分析」を，ある特定の目的を，その是非・妥当性を問うことなく，所与のものとして受け入れ，その目的を達成するための最適手段を発見するという，いわば純粋な「技術的」営為であるとみなす考え方である。

(7)　この点について詳しくは，Adachi（2015a，2017a，2017b），Lejano（2006）を

参照のこと。

⑻　知的・実践的営為としての政策分析の構成要素及びその各々の業務をどのように行えばよいのかについての以下の説明は，足立（2009b）の第1章の第2節から第4節の内容を編集・要約したものである。併せて，足立（2005a），Adachi（2005a，2015a，2017a）も参照のこと。《合理主義》モデルの意義と限界については，足立（1984），Adachi（2017a）をご参照いただきたい。

⑼　CO_2 の排出削減を目指すとしても，例えば「2030年度末までに2000年度比で30％削減する」といった具体的な形で政策目的が定式化されない限り，的確な評価を行うことは出来ない。

⑽　公共的諸価値間の容易に調停し難い対立と，その対立をどのようにして乗り越えるかについてより詳しくは，足立（1991）を参照のこと。

⑾　「自己中心的相互調整」のメカニズムについて詳しくは，Lindblom（1965）を参照のこと。

⑿　均衡予算原則の下でも，公債の発行が全く認められないという訳ではない。だが，それはあくまで例外的で一時的な緊急避難的措置としてであり，可及的速やかに公債は償還されねばならないとされている。

⒀　本章の核心的部分とも言うべきこのテーマについての説明は，紙面の制約上，ごく簡潔で部分的なものに留めざるを得ない。より詳しくは，足立（2005a，2009b，2017），Adachi（2005b，2011,2015b，2017a，2017b）を参照のこと。

⒁　政策の実施が惹き起こす負の効果すなわち弊害は，通常，費用の項目に含まれる。

⒂　2010年3月，国土交通省は，全国の空港の需要予測と2008年度の利用実績を公表した（開港時期が古すぎて需要予測がなされなかった山形空港等24空港と開港後1年未満の静岡空港を除く）。それによれば，需要予測と利用実績の比較が出来る72空港の約9割の空港で利用者数が需要予測数を大きく下回っている。中には，需要予測数の10％強の利用実績しかない空港さえある。一例として，2006年3月に開港した北九州空港の場合，2007年度の利用客数は，国土交通省からの大量の天下り官僚——従って，政策人材とは認められない——が主要ポストを占める財団法人運輸政策機構によって2004年に発表された需要予測の約4割の111万人に過ぎなかった。その後も利用客数は一向に増えないどころか減少し続けた。こうした実情を踏まえ，国土交通省九州地方整備局も2011年3月，北九州空港の2032年度における利用客数を当初予測値（392万5,000人）の4分の1（98万5,000人）へと修正することを余儀なくされた。空港周辺の人口が増え続け，毎年数％の経済成長が持続的に続くと

いう，政策人材であれば決して採用しなかったであろうと思われるおよそ非現実的な想定に基づいた予測がどれほど広範かつ頻繁に行われてきたかの雄弁な証左といえよう。

(16) 「悲劇的選択」は，言うまでもなく，カラブレジーとボビットの名著の書名である（Calabresi and Bobbitt 1978）。

引用・参考文献

足立幸男（1984）『議論の論理――民主主義と議論』木鐸社。
─── （1991）『政策と価値――現代の政治哲学』ミネルヴァ書房。
─── （1994）『公共政策学入門――民主主義と政策』有斐閣。
─── （2005a）「構想力としての政策デザイン」足立幸男編『政策学的思考とは何か――公共政策学原論の試み』勁草書房。
─── （2005b）「政策研究――規範，倫理，公共性」北川正恭・縣公一郎・総合研究開発機構編『政策研究のメソドロジー』法律文化社。
─── （2009a）「持続可能な発展に資する民主主義の理念と制度――民主主義の近視眼とその克服」足立幸男編『持続可能な未来のための民主主義』ミネルヴァ書房。
─── （2009b）『公共政策学とは何か』ミネルヴァ書房。
─── （2017）「わが国の政策分析の何が問題であるのか」『産大法学』81（1），1-26。
ウェーバー，マックス（1980〔1919〕）『職業としての政治』脇圭平訳，岩波書店。
Adachi, Y., (2011), "What are the Core Knowledge and Skills for Policy Professionals? : Public Policy Studies in Japan"『政策創造研究』(4), 1-35.
─── (2014), "Democracy in Transition Management for Sustainable Development" in Ueta, K. and Adachi, Y. eds., *Transition Management for Sustainable Development*, Tokyo and Paris: United Nations University Press, 137-153.
─── (2015a), "Introduction: Policy Analysis in Japan" in Adachi, Y., Hosono, S., Iio J., eds., *Policy Analysis in Japan*, Bristol: Policy Press, 1-14.
─── (2015b), "Conclusion: Future Directions of the Theory and Practice of Public Policy Analysis in Japan" in *ibid*, 289-302.
─── (2017a), "The Policy Analysis Profession" in Marleen Brans, I. Geva-May, M. Howlett, eds., *Routledge Handbook of Comparative Policy Analysis*, Oxford:

第 1 章　政策人材とポリシーマインド

Routledge.

―――― （2017b），"The Vital Need for a Mature Policy Market: Policy Advisory System in Japan" Discussion paper for the plenary session 3 for the Third International Conference on Public Policy (ICPP) held at Lee Kuan Yew School of Public Policy, Singapore (28 June~30 June) Available at 'ICPP-3, 2017 Singapore' (2025年 1 月23日アクセス，http://www.ippapublicpolicy.org/conference/icpp-3-singapore-2017/7).

Calabresi, G. and P. Bobbitt, (1978), *Tragic Choices*, New York: Norton.

Curtis, G. L., (2002), 'Politicians and Bureaucrats: What's Wrong and What's to be done, in Curtis, G. L., (ed.), *Policymaking in Japan*, Tokyo & New York: Japan Centre for International Exchange.

Hayek, F. A., (1960), *The Constitution of Liberty*, Chicago: University of Chicago Press.

Lejano, R., (2006), *Frameworks for Policy Analysis: Merging Text and Context*, Oxford: Routledge.

Lindblom, C. E., (1965), *The Intelligence of Democracy: Decision making through Mutual Adjustment*, New York: Free Press.

Lowi, T. J., (1969), *The End of Liberalism: The Second Republic of the United States*, New York, W. W. Norton.

Wildavsky, A., (1979), *Speaking Truth to Power: The Art and Craft of Policy Analysis*, New York, Little Brown.

■　　■　　■

読書案内

レジナルド・ローズ（1956）『TWELVE ANGRY MEN　十二人の怒れる男たち』（英文シナリオ：坂本和男編注）英宝社。

　同名の古典的名作映画の元となった戯曲で，英語版であるが平易。民主主義社会における政策人材及び啓蒙された市民に求められる最も重要な能力・スキルの一つである《熟議》deliberation）の理論と手法への最良の案内資料である。父親殺しの罪に問われた少年の裁判で，陪審員が評決に達するまでの熟議の過程を克明に描いている。法廷に提出された証拠や証言は被告人である少年に圧倒的に不利なものであり，陪審員の大半は少年の有罪を確信していたが，ただ一人の陪審員だけが少年の無罪を主張。

第Ⅰ部　政策人材の育成の意義

彼は他の陪審員たちに，固定観念に囚われずに証拠の疑わしい点を一つ一つ再検証することを要求する。その熱意と証拠の再検証を通して，当初は少年の有罪を信じきっていた陪審員たちの心にも徐々に変化が訪れる。映画もおすすめしたい。

マックス・ウェーバー（1980〔1919〕）『職業としての政治』脇圭平訳，岩波書店。
　注(1)でも言及している通り，政策人材にも大きく関わる内容が記されている。政治家や官僚にも長く読み継がれている古典である。

さらなる学びのために
①　あなた自身にポリシーマインドが身についているか，もし身についているならいつ，どうやって身についたのか考えてみよう。なお，ポリシーマインドが身についていてもいなくても，本書の続きを読んでポリシーマインドを身につける場や方法について学ぼう。
②　リーガルマインドなど他の専門分野で求められるマインドとポリシーマインドとはどこが同じでどこが異なるのか考えてみよう。

（足立幸男）

第２章
専門知識と政策実務を架橋する人材育成の必要性

―― この章で学ぶこと ――

　証拠を重視する政策立案[(1)]（Evidence-Based Policy Making：EBPM）の重要性が喧伝されて久しい。だが，その社会的実装は我が国では道半ば，というのが現状であろう。なぜだろうか。公共政策に関わる研究者／教育者と実務家は，専門知識と政策実務の架橋のために，何を学び，何を行っていくべきだろうか。本章では，わずか２年間だが実務を経験した一研究者の参与観察に基づき，これらの問題を考える。論点は以下の通りである。

　専門知識や学術研究の成果（証拠）が政策実務に反映されがたいのは，政策立案者の主要行動原理が「調整（落とし所の模索）」にあるためと推察される。しかし，「落とし所」の部分的改善の可能性を示す証拠の提示は，調整を旨とする政策実務においても，必要かつ有益である。証拠を得るために有効なのが，実験的・準実験的手法による因果推論である。但し，これらの手法により得られる証拠も，常に偏り（バイアス）と反証の余地がある暫定的証拠にとどまる。その意味において，公共政策は一種の暫定協定を超えるものではない。それゆえ，証拠，政策のいずれも，研究者／教育者と政策実務家による継続的かつ双方向的な検証・追試が不可欠である。

1　専門知識と政策実務の間に横たわる溝

門外不出の調査

「これは門外不出の調査だな。こういう調査結果を○○課が持っていること自体が危ない」。

　筆者は2015～2017年の２年間，国土交通省航空局に出向する貴重な機会を頂いた。航空局では航空戦略課政策調査室長[(2)]として，航空局の所掌事務に関する

第Ⅰ部　政策人材の育成の意義

総合的な政策の企画・立案に必要な調査や政策評価業務等に従事した。前述の発言は，筆者が関わった局内での政策分析の結果を知った某課の課長が漏らした言葉である。

　航空局で働き始めて8ヶ月弱，師走まであと数日。航空局における自らの役割に疑問がつのり，「自分がここにいる必要性はどこにある？」と悩む日々であった。

　出向以来，約8ヶ月の間に行ってきた業務は主に所属課・他課等依頼の調査資料作成業務であった。所属課の同僚とともに取り組んだこれらの業務では，研究者として学び身につけてきた分析手法を一定程度，活用することもできていた。

　ところが，こうした調査資料等の多くは，上長・局幹部に報告された後，再び日の目を見ることはない。事実，一定期間を過ぎると廃棄処分される文書も少なくない。政府機関で日々作成される文書の量は膨大で，全てを保管することはできないためである。課の共有ストレージ内の電子ファイルも定期的に削除される。

門の外とは

　冒頭で触れた「門外不出の調査」も，同じ運命をたどったことだろう。この調査では，某課所管の対外秘データを用いて，日本の航空政策のある一面の検証を試みた。対外秘というのは，役所の外に出せない，という意味ではない。なんと，課の外に出せない，という意味であった！　そのため，筆者が分析に利用できたのは，某課がオリジナルの個票データに匿名処理とグループ単位での集計を施したものであった。このような制約があったため，精緻な分析は不可能だったが，局内の政策論議に資する資料を提供できるのではないか，という淡い期待を励みに，作業に取り組んでいた。「淡い」期待でしかなかったのは，ここに至るまで，筆者が関わった局内での調査等の成果は，局内で概ねなんの役割も果たしていないと感じていたためである。しかしこの淡い期待もあっさり裏切られ，「門外不出」という結末を迎えたわけである。

38

研究者の仕事と官僚の仕事が水と油ほど混ざり合いがたいものであることは，出向以前から頭の中では理解していた。しかし，専門知識と政策実務の架橋がこれほどまでの難事業であることは，出向経験を通じて初めて，大きな痛みを感じつつ，知ることとなった。

証拠の活用はなぜ重視されないのか？

その後の約1年4ヶ月は，大臣会見・政党勉強会・議員レクの資料作成や政策評価業務[3]の経験を通じて，研究者と実務家の仕事の違いについて，また，専門知識と政策実務の架橋について，考察を深める貴重な機会となった。

研究者は常に自由に立ち位置を変えつつ（例：消費者，生産者等々），また，自説は常に反証の余地があることを意識しつつ，研究を行う。研究者にとっては試行錯誤が日常であり，誤りが判明すれば，自説を修正もしくは撤回する。

これに対して，政府機関においては，何を行うにしても，組織の方針に合致しなければならない。それと同時に，多くの利害関係者の利益とかけ離れてしまってもならない。そのため，対外的に発信する文書一つをとっても，組織の方針と整合的であるか，特定の利害関係者に意図せずして利益・不利益を及ぼすことがないか，といった点について，多段階の精査が行われる。

いずれも誤りを排除する否定のプロセスである。しかし，両者は似て非なるものである。一方で，研究は誤った仮説を排除していく否定のプロセスであり，多くの批判的検証を繰り返し受けることが望ましい。研究は常に批判的検証に対して開かれた可謬主義に根ざしている。他方で，政府機関による政策立案は利害関係者が合意・妥協できない点を排除していく否定のプロセスである。批判的検証が繰り返されることは「落とし所」（合意点・妥協点）が適切でなかったことを意味する。そのため，政府機関は批判的検証に対して防衛的となり，政府の方針・政策に誤りはない，という「『無謬性』のドグマ[4]」に縛られる傾向にある。

こうした思考・行動原理の相違が，専門知識と政策実務の架橋を困難にする一因であろう。官僚，政治家の中には，研究者を端から軽んずる人もいる（サ

ンスティーン（2017＝2013）によれば米国でも事情は変わらない）。筆者の出向期間中に，旧知の研究者が航空局幹部との意見交換に訪れた。筆者も同席したこの意見交換前にかわされた局幹部同士の会話の一節は忘れられない。曰く，「〔○○先生の言うことは〕まじめに取り合わなくていいんだよ」。実際には，この発言をした幹部が意見交換に訪れた研究者を適当にあしらっているようには見えなかった。しかし同時に，このように語った幹部が研究者に対して本音を語っていないこともほぼ確信できた。「学術的検証に基づくよりよい政策の模索は我々には不可能だ，『落とし所』の模索で精一杯なんだよ」。上述の幹部の本音は，こんなところだったのだろう。

　実際，政策立案者は専門知識を重視したくてもできないことが少なくないはずである。政策形成・実施の現場では，しばしば利害関係者ごとに最適解が異なる。学術研究で明らかにされた最適解は，すべての利害関係者にとっての最適解ではないかもしれない。また，誰の効用も減ずることなく一人以上の効用の増大が可能な変化（パレート改善）が可能であったとしても，効用の増大が特定の利害関係者に偏る場合，利害関係者間の合意・妥協は得られないかもしれない。

　その結果，政策立案者が模索する「落とし所」としての政策は，しばしば，学術的な意味での最適解でもパレート改善でもないものになる。それはいわば「暫定協定」である。暫定協定の成立を模索する調整に「使えない」学術研究の成果（証拠）は，積極的に忌避される。筆者が仕えた上司の中に，個別政策分野について詳しい知識を有し発想力や企画力も際だって冴えているにも関わらず，「俺にはやりたいこと〔政策〕はない」「俺たちは専門家じゃない，ジェネラリストだ」とうそぶく方がいた。この発言は，「自らの価値判断・意見は抑えて調整に徹することこそ，官僚の役割だ」と自身に言い聞かせているもののように筆者には感じられた。政策立案者は，証拠の重要性を理解していたとしても，調整を最優先課題とせざるをえない。それゆえに，政策立案者はしばしば証拠を重視できないのである。

　ここで注意すべきは，この「落とし所」の模索は中立的に行われるとは限ら

ないことである。特定の利害関係者，中央官庁の幹部職員人事の一元管理を行う内閣人事局（2014年5月発足），有力政治家の影響力は，一介の下働きであった筆者にもひしひしと感じられた[5]。同時に，「落とし所」の模索，調整には，政策立案者としての官僚の利害も反映される[6]。調整に調整者自らの利害も関わる場合，いかなる証拠であっても重視されなくなることがあるのは，不思議なことではない。その証拠が政策立案者の関わる政策に批判的な含意を有する場合にはなおさらである。

専門知識と政策実務の架橋は可能か？

以上が，政策立案の現場における2年間に筆者が直面した現実，すなわち，専門知識と政策実務の間に横たわる溝である。両者の架橋は可能だろうか？それは少なからぬ政策分野・領域で今後も直面し続ける課題であろう。しかし，両者の架橋が可能な領域やケースもあると筆者は考える。

もちろん，利害関係者の利益の相違が甚だしい場合，専門知識と政策実務の架橋が実現しないまま，現状維持を基本とする「調整」が進むかもしれない。理論的見地からは最適解の一つとされる手法が政策立案過程で選択されたけれども実施に至らなかった例として，米国の空港発着枠配分があげられる。混雑空港の発着枠の効率的配分には，可変着陸料やオークションによる発着枠配分の導入が理論上は最適だと考えられてきた。米国では2008年にニューヨーク市域の3空港を対象とする発着枠オークションが制度化された。しかし，オークションがもたらす追加的コストを理由に，航空会社は同制度を批判し続けた。航空業界の反対と訴訟の結果，オークションは実施されず2009年10月9日付で廃止されたのである（74 FR 52134）。

対照的に，専門知識と政策実務の架橋が一定程度，円滑に実現したと言えるケースもある。2020年1月にパンデミックと宣言された新型コロナウイルス感染症への対応がその一つである。当初，各国政府の政策立案者は科学的証拠の蓄積を待つ余裕もないまま，対応策を立案・実施していかなければならなかった。都市封鎖を行った国（例：中国）もあれば，行動自粛要請を主軸とした国

第Ⅰ部　政策人材の育成の意義

（例：日本），さらには経済活動との両立もしくは集団免疫の獲得を目指して行動抑制を積極的に実施しなかった国（例：スウェーデン）もある。マスク着用方針も各国で二転三転した。

　しかし，過去の研究のメタ分析を含む科学的分析の蓄積が始まると，証拠を重視した対策が増えていく。例えば，初期段階ではマスクの着用に否定的であった欧米諸国でも，感染拡大抑制にマスク着用が有効であるとする証拠が提示されると（Chu et al. 2020；WHO 2020），公共の場ではマスク着用が一般的になった。ワクチン接種進展により屋内でのマスク着用義務が解除された国（例：イスラエル）でも，変異株出現に伴いマスク着用が再義務化される等の動きが見られた（Tercatin and Jaffe-Hoffman 2021）。

　新型コロナウイルス感染症への対応が示すように，利害関係者の利益が概ね一致していて，確からしい科学的証拠が比較的迅速に蓄積されうる場合，専門知識と政策実務の架橋は十分に可能であるように思われる。

パンデミック対応がもたらす示唆

　もちろん，変異し続ける新型コロナウイルス感染症を前に，各国の対策は後手に回りがちであり，修正も多く，政府に対する批判は少なくなかった。しかし，専門知識と政策実務の架橋という観点から見たとき，今般のパンデミック対応は，公共政策に関わる研究・教育に重要な示唆をもたらしている。

　第一に，今般のパンデミック対応は，専門知識が政策実務へと円滑に架橋されるかどうかは，利害関係者の利益がどの程度重なり合っているかに影響されるであろうことを示唆している。利害関係者の利益の相違がさほど深刻でない政策領域では，専門知識や科学的証拠の活用が比較的円滑に行われうると予想できる。

　第二に，今般のパンデミック対応は，科学による因果効果の解明に裏付けられた証拠は利害関係者に比較的受け入れられやすいことを示唆している。例えば，マスクの着用が新型コロナウイルス感染拡大の抑制に有効であることは，科学による因果効果の解明により，多くの政府・国民に受容される証拠となっ

ていった。もちろん，この証拠を認めない人もいる。その背後には，自らの仮説・先入見等に都合のよい情報のみを重視してしまう傾向，確証バイアスが働いている可能性がある（シャーロット 2019＝2017参照）。

　第三に，今般のパンデミック対応において，現状の劇的な改善を可能にする魔法の杖のような科学的証拠や政策などは多くの場合存在しないこと，部分的改善の積み重ねのみが全体の改善をもたらしうることを示唆している。例えば，ワクチン開発の成功と接種の進展は，コロナウイルスとの闘いに革新的変化をもたらすと期待されていた。しかし，より感染力の強い変異株の出現により，ワクチン接種の進展にもかかわらず感染者は増大する（あるいは死者は減っても重症者は増える），という現象が世界的に観察された（Kupferschmidt and Wadman 2021）。感染拡大の抑制には，社会的距離の確保，手洗い，換気，マスク着用をはじめとする部分的改善の積み重ねが依然として重要である。

　第四に，今般のパンデミック対応は，こうした部分的改善は偏った改善にとどまる可能性があること，一つの証拠が有する妥当性は限定的であることから，継続的な追試が不可欠であることを示唆している。事実，マスクも素材や着用の仕方が異なれば効果が異なる（Clapp et al. 2021；Sickbert-Bennett et al. 2020）。また，咳の飛沫拡散防止に有効と考えられていた時期もあった二重マスクは，一枚を顔に密着させる場合と効果に大きな差がないことが明らかとなった（Sickbert-Bennett et al. 2021；坪倉 2021）。

2　公共政策学教育の二つの柱
——サイエンス（因果推論）とアート（合意・妥協形成）——

専門知識と政策実務の架橋の鍵

　以上を要約すると，専門知識と政策実務の架橋の鍵となるのは，「利害関係者の利益が重なり合う領域の拡大」と「因果効果の科学的解明に裏付けられた証拠の積み重ね」である。従って，専門知識と政策実務の架橋を目指す公共政策学教育において，法学，経済学，政治学，経営学等々の伝統的な学問に基づ

く知識の習得と並んで重視されるべきは，①利害関係者の調整に資する合意・妥協形成能力の涵養とその技法の習得（公共政策学教育のアート的要素），そして，②政策立案の基礎となる証拠の科学的推定に不可欠な因果推論の手法の習得（公共政策学教育のサイエンス的要素）であろう。公共政策学教育は，可謬主義を基底とする暫定協定の技法の学びの場なのである。

　公共政策学教育のアート的要素である合意・妥協形成の技法については，本書の第Ⅲ部において多角的に論じられている。そこで本章では，公共政策学教育のサイエンス的要素の一つである因果推論の手法の特徴と留意点を説明する。

　なお，公共政策学教育を通じて学ばれるべきアートとサイエンスは，合意・妥協形成や因果推論の技法に限られるわけではない。公共政策学教育が育成を目指す，組織のトップ・リーダーとしての政策人材・政策プロフェッショナルに求められる思考モード・知識・スキル・倫理については，その諸相を詳述している本書第1章を参照されたい。

政策実務における静かなリーダーの役割

　同時に，政策人材・政策プロフェッショナルといえども，そのほとんどは組織のトップ・リーダーにはなれず，社会の重層的権力構造に組み込まれた組織内の複雑な権力関係の中で，中間管理職もしくは下級職員として行動することになる。筆者が航空局で経験したのもまさにそのような立場である。この立場にある個人には，トップ・リーダーに求められるそれとは異なる思考モード・知識・スキル・倫理が要求されると筆者は考える。中間管理職等の権力・影響力は極めて限られていることが多いためである。しかし，政策関連業務の中で日常的に発生する大小様々の難題を解決しているのは，多くの場合，これらの人々である。ジョセフ・バダラッコ（Joseph Badaracco）が「静かなリーダー」と呼ぶこれらの人々は，「理想ではなく，達成できそうな事に専念する。（中略）時間を稼ぎ，（中略）徐々に行動範囲を広げ（中略）必要に応じて，規則を曲げる方法を見出す」（バダラッコ 2013＝2002）：207）。筆者の経験に照らして見ても，組織や政策の改善のためには，静かなリーダーによる「静かな」努力が

第2章　専門知識と政策実務を架橋する人材育成の必要性

決定的に重要である。

　そして，政策立案過程において静かなリーダーに求められる最も重要な「静かな」努力の一つが，より確かな証拠・事実をトップ・リーダーに提示することであろう。2001〜2005年に米国国務長官を務めたコリン・パウエル（Colin Powell）は，2003年2月5日の国際連合安全保障理事会で，対イラク戦争を正当化する演説を行い，長らく苦境に立たされた。パウエルは，自らの非を認めつつ，リーダーの判断が不的確である場合，「それはまちがいです」「それは確認できていません」などと反論し「上司に意見する勇気」が部下には必要だと論じている（パウエル・コルツ 2012：第4章・第6章）。そして次のエピソードを紹介している。

　　　親友のひとり，ブッチ・セイント〔Crosbie "Butch" Saint──引用者注〕が陸軍参謀本部から放りだされたことがある。ブッチは当時少将で，参謀総長お気に入りの計画について悪いニュースを持っていったのだ。（中略）その少しあと，廊下でブッチと出会った。並んで歩きながら，なぐさめの言葉をかけたところ，
　　　「いいんだ。楽しい話をするために給料をもらっているんじゃないんだから」
　　　と，ごく当たり前のように言われた。この言葉は忘れられない。なお，ブッチは，最終的に四つ星の将軍まで上りつめた。（パウエル・コルツ 2012：158）

　ここまで潔い上司への諫言はまねできないと感ずる人が多いだろう。しかし，より確からしい証拠をそっとトップ・リーダーに提示することは，それほど難しいことではないかもしれない。次節で説明する因果推論の手法を学びより確からしい証拠を導き出す技法を身につけることが，静かなリーダーの内面にこのような「勇気」を涵養する一つのきっかけとなることを願う。

第Ⅰ部　政策人材の育成の意義

3　政策立案の基礎となる科学的推論
──因果的推論とは何か──

ランダム化比較試験（Randomized Controlled Trial：RCT）

　上述のように，専門知識と政策実務の架橋を目指す公共政策学教育において，伝統的学問と並んで重視されるべきは，①利害関係者の調整に資する合意・妥協形成能力の涵養とその技法の習得に加えて，②政策立案の基礎となる証拠の科学的推定に不可欠な因果推論の手法の習得である。多くの科学分野で，因果関係・効果推定の最も標準的で信頼性の高い方法とみなされているのが，ランダム化比較試験（Randomized Controlled Trial：RCT）である。現実の政策にもRCTは取り入れられている。我が国でも，諸外国でも，様々な規模のRCTを通じて政策効果の検証が行われている（依田・田中・伊藤　2017；経済協力開発機構（OECD）編　2018＝2017；ニーズィー　2014＝2014；バナジー　2012＝2012）。もちろん，ビジネスの世界でもRCTは活用されている（リー　2020＝2018：第8章）。

　政策的介入等の処置の因果効果は，被験者が処置対象となった場合の結果と処置対象とならなかった場合の結果との差を取ることで明らかになる。ところが，現実の世界では，ある被験者が処置対象となった場合，その被験者が処置対象とならなかった場合の結果は観察できない（逆も同じ）。そのため，因果効果推定のためには，観察されない場合の結果（反事実の結果）を確保する方法が必要となる。それがRCTである。

　RCTの手順は簡明で，①被験者を，ランダム（無作為）割付により，処置群と対照群に分ける，②処置群に処置を施し，対照群には何もしない，③両群の平均的な結果の差を計算する，である。ランダム割付の結果，被験者を変化させ得る処置以外の要因（共変量，交絡因子とも呼ばれる）の影響が，両群間で平均的に等しい状態となる。その結果，処置後の被験者の状態が処置群と対照群とで異なるとしたら，それをもたらしたのは処置のみ，と解釈できるのである（トーガーソン／トーガーソン　2010＝2008）。

46

RCT に立ちはだかる困難

このように RCT の手順は簡明であるが，その設計・実施には細心の注意が必要である（Gerber and Green 2012；Glennerster and Takavarasha 2013）。実際，ランダム割付が不適切であれば，RCT の結果にはバイアスが残る。また，処置の実施段階で処置群に大きな差違をもたらす出来事が生じた場合，一般化可能な処置効果の推定は困難になる。リーが興味深い例を紹介している（リー2020：136-137）。複数生徒による教科書の共有が常態化している開発途上国で，教科書の無料配布が生徒の成績に与える影響を 4 種類の RCT で推定してみたところ，いずれも教科書を与えられた生徒は，そうでない生徒と比べて，成績に向上が認められなかった。理由は様々である。シエラレオネでは教科書が学校の倉庫に眠っていた。インドでは無料の教科書配布に反応し親が教育費を削っていた。タンザニアでは授業で教科書を使用する動機が教員になかった。そして，ケニアでは生徒の識字率が 5 分の 1 程度にとどまっていた。いずれにしても，このような場合，処置効果の推定は不正確になる。

仮に RCT が適切に設計・実施され，因果効果の推定に成功したとしても，それが再現可能か，という問題もある。実は，定評ある学術誌に掲載された実験等の結果が再現できないという「再現性の危機」は，医学，心理学，経済学等，多くの分野で観察される深刻な問題である。追試による検証が重要なゆえんである（コラム②を参照）。

問題はそこにとどまらない。倫理的懸念，経済的制約，個別利益に由来する抵抗といった様々な要因のために，あらゆる政策を対象に RCT を行うことは必ずしも現実的ではないのである。

観察データを用いた因果推定におけるバイアス補正手法──マッチング

RCT の実施が現実的ではない場合，観察データに工夫を施すことにより因果効果推定を行わざるを得ない。

観察データとは，自然に発生する事象の観察を通じて収集されるデータである。観察データの問題点は，処置群，対照群で，処置以外の要因（共変量）の

第 I 部　政策人材の育成の意義

― コラム②　追試のすすめ ―――――――――――――――――――――――

　追試のすすめである。もちろん，赤点をとってしまったあとのアレ，ではない。学術研究の追試である。

　定評ある学術誌に掲載された実験等の結果が再現できないという問題，「再現性の危機」が注目を集めて久しい。Begley and Ellis（2012）によれば，腫瘍学の「画期的な」臨床試験前研究53件についてバイオテクノロジー企業アムジェンが再現を試みたところ，成功したのは 6 件（11％）に過ぎなかった。また，Open Science Collaboration（2015）が，心理学の 3 学術誌に掲載された実験研究100件の再現を試みたところ，5 ％水準で統計的に有意な結果が再現できたのは36件（36％）にとどまった。再現失敗の原因としては，不正や過失の他に，処置効果に関する肯定的結果がより注目されることに由来する出版バイアス（否定的結果の隠蔽）が無視できない。

　問題は実験結果が再現できないことにとどまらない。心理学，経済学の学術誌および『ネイチャー』と『サイエンス』に掲載された80論文の引用回数を検証したSerra-Garcia and Gneezy（2021）によると，実験結果を再現できない論文のほうが，再現できる論文よりも，年平均で16回も多く引用されているのである。

　衝撃的なこの事態は，再現不可能な研究のテーマや「結果」が興味深いために生じているのかもしれない。しかし，再現できない実験等に浪費される時間および学術誌の紙面は，他の有益な研究を阻害し，社会に不利益をもたらしうる。例えば，麻疹，おたふく風邪，風疹の新三種混合ワクチンが自閉症を引き起こすとした Wakefield et al.（1998）は，追試により誤りであるという結論が得られ，掲載誌『ランセット』から撤回された。それにもかかわらず，「副作用」を恐れワクチン接種を忌避する人は後を絶たない。その結果，おそらく予防可能な病気で亡くなる子どもが発生し続けている。

　ワクチン接種忌避の背後には，自分の先入観等を裏付ける情報のみを求め信じてしまう傾向，「確証バイアス」も働いているのかもしれない。Horne et al.（2015）の実験によると，確証バイアスの緩和には，ワクチン非接種がもたらすリスクの説明が有効だったとのこと。しかしもちろん，Horne et al.（2015）の実験結果も追試が必要であることはあらためて言うまでもない。

　ちなみに，高みの見物人のように語っている筆者も，研究の一つ Fukui and Nagata（2014）がありがたいことに（！）追試の洗礼を受けた（但し，Fukui and Nagata（2014）は実験データではなく観察データによる研究であった）。US DOT（2016）の追試によると，Fukui and Nagata（2014）の推定効果は若干，過大とのこと。幸い赤点は免れたが，自分自身の研究にもさらなる追試が必要だ。

48

影響が異なっている可能性が高い点である。そのため，観察データをそのまま使って処置群と対照群のアウトカムを比較しても，そこから得られる差は処置以外の要因（共変量）の影響も受けているものかもしれず，処置（政策）の効果は正確には分からない。

この問題への対処法の一つがマッチングである[8]。処置群，対照群それぞれから，処置以外の要因の値が近い観察単位を取り出しペアをつくる。結果，処置以外の要因の影響は，処置群と対照群とで平均的には同等となり，処置（政策）がアウトカムに与える効果をより正確に推定することが可能になる。

もっとも，この方法にも問題がある。処置以外の要因（共変量）が多くなると，マッチングが難しくなるのである。次元の呪いと呼ばれるこの問題への対処法として開発された手法の一つが傾向スコア・マッチング（Propensity Score Matching：PSM）である（傾向スコアを利用しデータに重み付けをする手法もある）。PSMはまず，共変量等を用いたロジット回帰などで，各観察単位が処置を受ける「傾向」を推定し数値化する[9]。これが傾向スコアである。次に，傾向スコアが近いデータ・ユニットを，処置群，対照群から取り出し，ペアをつくる。その結果，共変量の影響は全体として概ね均質化される。共変量バランスが両群間で改善され，ランダム化が可能になる，というわけである（PSMをはじめとするマッチング手法の詳細は，Rosenbaum and Rubin（1983），Rosenbaum（2010），Guo and Fraser（2014），Imbens and Rubin（2015）等を参照）。

マッチングの限界と意義

但し，マッチングにも限界がある。まず，マッチングで調整できるのは観察される共変量の影響にとどまる。RCTではランダム割付により，観察されない交絡因子（未測定交絡因子）に由来するバイアスは補正される。これに対して，マッチングでは，未測定交絡因子に由来するバイアスは補正されない。実際，マッチングによるバイアス補正の有効性に懐疑的な研究者もいる（Arceneaux, Gerber and Green 2006；Smith and Todd 2005）。

さらに，未測定交絡因子が存在しない場合でも，マッチングは選択バイアス

第Ⅰ部　政策人材の育成の意義

等に由来する因果効果推定のバイアスを完全に補正できるわけではない。傾向スコア・マッチング（PSM），マハラノビス距離マッチング（Mahalanobis Distance Matching：MDM），粗指標厳密マッチング（Coarsened Exact Matching：CEM）（MDM と CEM の詳細については Rubin（1980），Iacus, King and Porro（2012）を参照）について筆者が行ったシミュレーション分析（Fukui 2023）の結果を紹介しよう。

　シミュレーションは，Guo and Fraser（2014）の設定を拡張した以下の設定で行った（詳細は Fukui（2023）を参照）。

　未測定交絡因子がない設定 1 では，三つの共変量（x_1, x_2, x_3）がアウトカム変数 Y に影響を与える。共変量 Z は処置変数 W に影響を与える。共変量 x_3 も処置変数 W に影響を与える。アウトカム変数 Y，共変量（x_1, x_2, x_3, Z），処置変数 W は以下の式により生成される。

$$Y = 100 + 0.5x_1 + 0.2x_2 - 0.05x_3 + 0.5W + u$$
$$W^* = 0.5Z + 0.1x_3 + v$$

　W^* は潜在連続変数，Z は処置割当に影響を与える観察される外生変数である。v は処置割当に影響を与える観察されない要因（誤差項）で，標準正規分布 $N(0,1)$ に従う。

　処置変数 W は，処置割当式の W^* がその中央値より大であれば 1，中央値以下であれば 0 とされる。共変量 x_1, x_2, x_3, Z, u は確率変数であり，平均ベクトル（3 2 10 5 0），標準偏差ベクトル（0.5 0.6 9.5 2 1）の正規分布，および，以下の相関行列に従う。設定 1 では，u と v の相関は 0 だが，Z と u の相関は 0.4 となり選択バイアスが生じた状態となる（観察できる変数による選択 selection on observables）。但し，Z は観察可能な交絡因子であるため，Z を条件づけることで W と u の相関をコントロールし，選択バイアスを緩和することができる。

50

$$r(x_1, x_2, x_{3,} Z, u) = \begin{bmatrix} 1 & & & & \\ 0.2 & 1 & & & \\ 0.3 & 0 & 1 & & \\ 0 & 0 & 0 & 1 & \\ 0 & 0 & 0 & 0.4 & 1 \end{bmatrix}$$

未測定交絡因子がある設定 2 では以下の式によりデータが生成される。

$$Y = 100 + 0.5x_1 + 0.2x_2 - 0.05x_3 + 0.5W + u$$

$$W^* = 0.5Z + 0.1x_3 + v$$

$$v = \delta + 0.15\varepsilon$$

共変量 $x_1, x_2, x_3, Z, u, \varepsilon$ は確率変数であり，平均ベクトル (3 2 10 5 0 0)，標準偏差ベクトル (0.5 0.6 9.5 2 1 1) の正規分布，および，以下の相関行列に従う。δ は標準正規分布 $N(0,1)$ に従う確率変数である。処置変数 W は，設定 1 同様，処置割当式の W^* がその中央値より大であれば 1，中央値以下であれば 0 とされる。設定 2 では，Z と u の相関は 0 だが，u と v の相関は 0.1 となる。従って，非交絡の仮定は充足されない（観察できない変数による選択 selection on unobservables）。設定 2 では，v を条件づけて選択バイアスを緩和することは不可能である。

$$r(x_1, x_2, x_{3,} Z, u, \varepsilon) = \begin{bmatrix} 1 & & & & & \\ 0.2 & 1 & & & & \\ 0.3 & 0 & 1 & & & \\ 0 & 0 & 0 & 1 & & \\ 0 & 0 & 0 & 0 & 1 & \\ 0 & 0 & 0 & 0 & 0.7 & 1 \end{bmatrix}$$

上記 2 設定の下，以下のシミュレーションを行った。

1. 観察単位 2500（処置群，対照群，それぞれ 1250）の原標本を生成。

第Ⅰ部　政策人材の育成の意義

2. 全共変量 (x_1, x_2, x_3, Z) を用いたロジット回帰で傾向スコア変数を作成。

3. 設定 1，2 で加工・生成される下記①～④の標本について，処置変数 W の係数を，全共変量 (x_1, x_2, x_3, Z) を用いた最小二乗法（Ordinary least squares OLS）[10]で推定。

$$\hat{Y} = \hat{\beta}_0 + \hat{\beta}_1 x_1 + \hat{\beta}_2 x_2 + \hat{\beta}_3 x_3 + \hat{\beta}_4 Z + \hat{\tau} W.$$

①マッチング前の標本。

②傾向スコアを用いた最近傍キャリパー・マッチング（一対一[11]）によりマッチされた標本。

③MDM（一対一）によりマッチされた標本。

④CEM（k 対 k）によりマッチされた標本。

4. 上記①～④を 1 万回試行。②～④では 5 種類のキャリパーを設定したため計 5 万回の試行（なお，MDM と CEM では傾向スコアを使用していない）。

得られた処置変数 W の推定係数の平均バイアス（真値 0.5 と推定係数との差の絶対値の平均値）と全共変量の平均絶対標準化差[12]との関係をグラフ化したのが，図 2-1 である。

未測定交絡因子がない設定 1 の場合，未測定交絡因子がある設定 2 の場合，いずれにおいても，マッチングなしの OLS 推定値バイアスはマッチング後の OLS 推定値バイアスと同等もしくは若干低い。

PSM によるマッチング後の推定では，未測定交絡因子の有無，マッチング後の共変量バランスにかかわらず，W の係数推定値の平均絶対誤差は概ね 0.1～0.2 の間で安定している。但し，マッチングなしの OLS 推定値バイアスと同様，共変量バランスの改善を進めすぎると推定値バイアスが若干増大するという問題点が認められる。

MDM によるマッチングは，共変量バランスの改善という点では PSM を上回る。ところが，マッチング後の推定値バイアスの改善という点では設定 1，設定 2 のいずれにおいても，MDM は PSM を上回ることはなかった。

CEM によるマッチング後の推定でも，W の係数推定値バイアスは，マッチ

第2章 専門知識と政策実務を架橋する人材育成の必要性

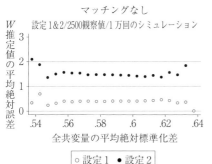

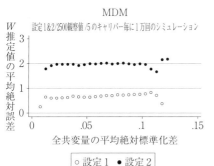
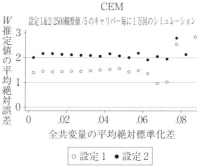

図 2-1　処置変数 W の推定係数のバイアスと全共変量の平均絶対標準化差

出典：筆者作成。

第Ⅰ部　政策人材の育成の意義

ング後の共変量バランスにかかわらず，概ね安定している。但し，CEM 後の推定値バイアスはマッチングなしの OLS 推定値や PSM, MDM 後の推定値に認められるバイアスよりも平均的に大きくなっている。

　以上のような有限標本の状況におけるシミュレーション結果の示唆は次の4点に要約できる。第一に，因果効果推定値はいずれの推定においてもバイアスが生じている可能性が残る。第二に，未測定交絡因子が存在する場合，当然ながらマッチングはバイアスをほとんど改善させない（場合によっては悪化させる）。第三に，未測定交絡因子が存在しない場合であり，かつ，共変量が正しくコントロールされていても，マッチングはバイアスを改善させないことがある。そして第四に，マッチングによる共変量バランスの改善は，極端に進めるとむしろ推定値バイアスの増大につながることがある。どのマッチング手法により共変量バランス改善をどの程度まで行うべきか。このような基本的な問いに対する明快な基準さえ存在しないのが現状である。

4　専門知識と政策実務の相互作用がもたらすもの

「科学的証拠」の偏り（バイアス）

　前節が明らかにしているのは何か。それは，「科学的証拠」にも常に偏り（バイアス）があり得る，ということである。偏り（バイアス）から解放されることは決してないという点において，「科学的な証拠の模索」と「政策的な落とし所の模索」に大きな違いはない。政策実務家だけでなく，研究者，専門家も，暗闇の中，進むべきより良い道を手探りで探している。RCT やマッチングは一筋の光をもたらす優れた道具だが，進むべき道を確実に示すことができるほど明るい光を常にもたらすわけではない。過信は禁物である。

　平均値で示した処置変数 W の推定係数を全てプロットした図2-2から，「科学的証拠」を精査せずに過信することの危険性が浮かび上がって見えてくる。図2-2のaとbは，未測定交絡因子がない「設定1」と未測定交絡因子がある「設定2」でのマッチングなし OLS 推定結果と PSM によるマッチング

54

第2章　専門知識と政策実務を架橋する人材育成の必要性

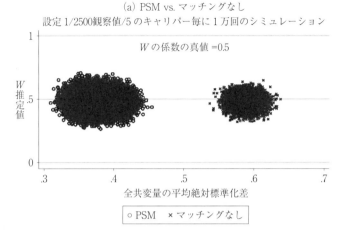

注：設定1：観察できる変数による選択；除外変数なし

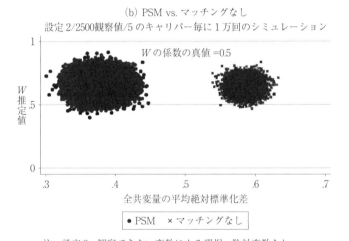

注：設定2：観察できない変数による選択；除外変数なし
図2-2　処置変数 W の推定係数と全共変量の平均絶対標準化差
出典：筆者作成。

後のOLS推定結果を、全てプロットしたものである。「設定1」がa、「設定2」がbである。マッチングなしOLS推定、PSMによるマッチング後のOLS推定、それぞれ最大で約40〜70%、50〜80%の誤差が生じていることが分かる。シミュレーションでは処置変数 W の係数の真値が0.5となるようにデータが

生成されているにもかかわらず，である。

　悩ましいことに，現実の観察データでは処置変数 W の係数の真値は分からない。現実の観察データを用いた因果効果推定値にどの程度の偏り（バイアス）が発生しているのか，誰にも分からないのである。最悪の場合，真の効果は正であるのに，推定では負の効果が認められたと誤って結論づけることもありうる（本章第3節やコラム②で紹介したように，同じことは RCT でも起こりうる！）。

研究者と政策実務家による継続的・双方向的な再検証・追試の重要性

　「科学的証拠」のこうした現状は，専門知識から政策実務への架橋のみならず，政策実務から専門知識への架橋も重要であることを示唆している。研究者，専門家による証拠の提示を，政策実務の現場が受容するだけでは不十分である。研究者，専門家が提示する証拠にも常に偏り（バイアス）があり得る以上，政策実務の現場においてもそれらを追試すべきなのである。

　このような専門知識と政策実務の相互作用を通じた因果効果の解明と証拠の積み重ねにより，進むべきより良い道が見つかる可能性も高まる。調整（落とし所の模索）は概ね常に手探りとならざるを得ないだろうが，証拠がもたらす光がより広い範囲を照らす明るいものになれば，対立する利害関係者の共通の利益を明らかにする助けとなるかもしれない。2009～2012年にオバマ政権で行政管理予算局情報・規制問題室（Office of Information and Regulatory Affairs：OIRA）の室長を務めたキャス・サンスティーン（Cass Sunstein）も，次のように述べている。

　　もちろん，人々の価値観は異なる。証拠が何を示そうと，それに逆らうこともあるだろう。〔しかし——引用者注〕（中略）私自身の政府での経験から言うと，むずかしい案件で本当に問題になるのは，価値観でも，まして利益団体の意見でもなく，事実であることが多かった。（中略）規制の効果について明確なことがわかると，人々の意見が割れる可能性は低くなった。（サンスティーン　2017＝2013：231）。

このような楽観的報告は残念ながら筆者にはできない。しかし，研究者，専門家が提示する証拠を政策実務の現場で追試すること自体は，日本においても不可能ではないように思われる。例えば，政策評価業務に，外部の研究者や専門家が提示する証拠を追試する部門を設けてはどうだろうか。米国の例になるが，筆者の研究の一つは米国運輸省監察総監室（Office of Inspector General）の監査報告書において追試対象の一つとなった（コラム②参照）。同様の追試は日本でも不可能ではないだろう。

政策評価は基本的に政府機関の自己評価である。自らの政策のより厳密な因果効果推定に対して政府機関は抵抗を感ずるかもしれない。しかし，外部の研究者や専門家が提示した証拠の評価であれば，政府機関が抵抗を感ずる必要性はないだろう。科学的証拠の追試を，政策現場において行うのである。その結果，証拠の頑健性に対する裏付けを増やすことができれば，サンスティーンが主張するように，価値観や利益が異なる利害関係者の合意点・妥協点を増やすことに資するかも知れない。

もっとも，政府機関の仕事は多岐にわたる。政策評価に振り向けることのできる人員・時間には限界があるだろう。そのような場合，評価を外部委託するという方法もある。環境省が2017～2022年度の計画で実施している環境省ナッジ事業は，まさに外部委託による検証の取り組みである。

ナッジとは「選択を禁じることも，経済的なインセンティブを大きく変えることもなく，人々の行動を予測可能な形で変える選択アーキテクチャー〔構造──引用者注〕のあらゆる要素」（セイラー／サンスティーン　2009＝2009：17）である。そして環境省ナッジ事業は，「行動に起因する社会課題の解決に向けて，ナッジをはじめとする行動科学の知見（行動インサイト）に基づく取組が政策として実装可能であるか明らかにするための実証事業」（日本版ナッジ・ユニットBEST 2021：9）であり，民間企業や大学等に対して委託する形で実施されている。

政策実務の現場で科学的証拠を検証もしくは追試し，有効性が確認された場合には社会実装を試みる，という取り組みは世界中で増えてきている。OECD

第Ⅰ部　政策人材の育成の意義

によれば，ナッジに代表される行動科学の知見を公共政策に適用している組織は，2018年時点，世界中で202にのぼっている。[14]

　日本でも，環境省の日本版ナッジ・ユニット（BEST）に続き，横浜市行動デザインチーム，経済産業省METIナッジユニット等が設置されてきている。[15]こうした組織の活動を通じて，専門知識と政策実務の相互作用・検証が積み重ねられていくこと，そして，より質の高い証拠に依拠する政策立案が増えていくことを期待しつつ，本章を閉じることとしたい。

　注

(1)　"Evidence-Based Policy Making" は「証拠に基づく政策立案」としばしば翻訳される。しかし本章では，政策立案には「客観的な証拠をしっかり押さえながらも，経験や直感も大事にするバランス」が求められるとする大橋編（2020：iv）の考え方に従い，「証拠を重視する政策立案」と表記する。

(2)　筆者の出向終了後，航空戦略課は組織改編により解消された。

(3)　政策評価関連業務の詳細と問題点は福井（2019）で論じている。

(4)　越尾淳（総務省）が行政職員の思考様式の説明に用いた言葉である（大橋編2020：57）。

(5)　政治家の姿を役所で見かけることは少ないが，その影響は常に感じられる。実際，「これは官房長官マター（あるいは官邸マター）だから急いで！」という言葉を出向中，何度も耳にした。

(6)　そのため，政策立案者としての官僚は，是が非でも実現させたい案件がある場合，それを権力構造の上部（例えば官邸周辺）に持ち込み，上の指令だから仕方なくやるのだ，と見せかけるくらいのことは行う。

(7)　以下のサイトを参照。U. S. Secretary of State Colin Powell Addresses the U. N. Security Council（February 5, 2003）（2025年1月23日アクセス，https://georgewbush-whitehouse.archives.gov/news/releases/2003/02/20030205-1.html）.

(8)　その他にも，差分の差分法（Difference-in-Differences Analysis），操作変数法（Instrumental Variable Analysis），回帰不連続デザイン（Regression Discontinuity Design）等の手法がある（マッチングと併用されることもある）。これらの手法の詳細は，森田（2014），アングリスト／ピスケ（2013＝2009），Stock and Watson（2016＝2007：第3部）等を参照。

(9) Stock and Watson（2016＝2007：第11章）を参照。

(10) Stock and Watson（2016＝2007：第2部）を参照。

(11) 処置群のある観察単位に対して，その傾向スコアとの差が事前に決められた一定の許容値（キャリパー）以下でありかつ最小である対照群の観察単位を取り出しペアを作るマッチング手法である。

(12) 標準化差は，連続共変量の場合，その平均値の2群間差を同じ共変量の標準偏差を単位として表したものである。そのため，標準化差は異なる尺度で測定された共変量についても比較可能である。

(13) 従って，ナッジは命令ではない。子どもがジャンクフード（例：フライドポテト）を食べることを抑制し，健康的な食品（例：果物）をより多く食べることを促進したいとしよう。そのために学校の食堂で果物を目の高さに置くことはナッジである。しかし，フライドポテトを禁止することはナッジではない。

(14) OECD-Behavioural insights（2025年1月23日アクセス，https://www.oecd.org/gov/regulatory-policy/behavioural-insights.htm）．

(15) 日本における2019年12月までのナッジ・ユニット設置状況は以下のサイトで紹介されている。環境省「日本版ナッジ・ユニット（BEST）について」（2025年1月23日アクセス，http://www.env.go.jp/earth/ondanka/nudge.html）．

参考文献

アングリスト，ヨシュア／ピスケ，ヨーン・シュテファン（2013〔2009〕）『「ほとんど無害」な計量経済学：応用経済学のための実証分析ガイド』大森義朗・小原美紀・田中隆一・野口晴子訳，NTT出版。

依田高典・田中誠・伊藤公一朗（2017）『スマートグリッド・エコノミクス——フィールド実験・行動経済学・ビッグデータが拓くエビデンス政策』有斐閣。

大橋弘編（2020）『EBPMの経済学——エビデンスを重視した政策立案』東京大学出版会。

経済協力開発機構（OECD）編（2018〔2017〕）『世界の行動インサイト——公共ナッジが導く政策実践』濱田久美子訳，明石書店。

サンスティーン，キャス（2017〔2013〕）『シンプルな政府——"規制"をいかにデザインするか』田総恵子訳，NTT出版。

シャーロット，ターリ（2019〔2017〕）『事実はなぜ人の意見を変えられないのか——説得力と影響力の科学』上原直子訳，白揚社。

第Ⅰ部　政策人材の育成の意義

Stock, James H., and Watson, Mark W.（2016〔2007〕）『入門計量経済学』宮尾龍蔵訳，共立出版。

セイラー，リチャード／サンスティーン，キャス（2009〔2009〕）『実践 行動経済学』遠藤真美訳，日経BP。

坪倉誠（2021）『室内環境におけるウイルス飛沫感染の予測とその対策』（2021年3月4日　記者勉強会動画資料 最終版）理化学研究所（2025年1月23日アクセス，https://www.r-ccs.riken.jp/wp-content/uploads/2021/03/210304tsubokura.pdf）。

トーガーソン，D. J.／トーガーソン，C. J.（2010〔2008〕）『ランダム化比較試験（RCT）の設計——ヒューマンサービス，社会科学領域における活用のために』原田隆之・大島巌・津富宏・上別府圭子訳，日本評論社。

ニーズィー，ウリ／リスト，ジョン・A（2014〔2014〕）『その問題，経済学で解決できます』望月衛訳，東洋経済新報社。

日本版ナッジ・ユニットBEST（2021）『ナッジとEBPM——環境省ナッジ事業を題材とした実践から好循環へ』環境省。

パウエル，コリン／コルツ，トニー（2012〔2012〕）『リーダーを目指す人の心得』井口耕二訳，飛鳥新社。

バダラッコ，ジョセフ・L（2013〔2002〕）『静かなリーダーシップ』夏里尚子訳，翔泳社。

バナジー，アビジット・V／デュフロ，エスター（2012〔2012〕）『貧乏人の経済学——もういちど貧困問題を根っこから考える』山形浩生訳，みすず書房。

福井秀樹（2019）「評価についての講演概要 政策分析を通じた評価手法——航空行政を中心に」『評価クォータリー』51，16-37。

森田果（2014）『実証分析入門——データから「因果関係」を読み解く作法』日本評論社。

リー，アンドリュー（2020〔2018〕）『RCT大全』上原裕美子訳，みすず書房。

Arceneaux, K., Gerber, A. S., and Green, D. P., (2006), "Comparing Experimental and Matching Methods using a Large-Scale Voter Mobilization Experiment," Political Analysis, 14(1), 37-62.

Begley, C. G., and Ellis, L. M., (2012), "Raise Standards for Preclinical Cancer Research," *Nature*, 483(7391), 531-533.

COVID-19 Systematic Urgent Review Group Effort (SURGE) Study Authors, (2020), "Physical Distancing, Face Masks, and Eye Protection to Prevent Per-

第2章　専門知識と政策実務を架橋する人材育成の必要性

son-to-Person Transmission of SARS-CoV-2 and COVID-19: a Systematic Review and Meta-Analysis," *The Lancet*, 395(10242), 1973-1987.

Clapp, P. W., Sickbert-Bennett, E. E., Samet, J. M., Berntsen, J., Zeman, K. L., Anderson, D. J., Weber, D. J., Bennett, W. D., (2021), "Evaluation of Cloth Masks and Modified Procedure Masks as Personal Protective Equipment for the Public during the COVID-19 Pandemic," *JAMA Internal Medicine*, 181(4), 463-469.

Fukui, H. (2023). "Evaluating Different Covariate Balancing Methods: A Monte Carlo Simulation," *Statistics, Politics and Policy*, 14(2), 205-326.

Fukui, H., and Nagata, K., (2014), "Flight Cancellation as a Reaction to the Tarmac Delay Rule: An Unintended Consequence of Enhanced Passenger Protection," *Economics of Transportation*, 3(1), 29-44.

Gerber, A. S. and Green, D. P., (2012), *Field Experiments: Design, Analysis, and Interpretation*, New York, W. W. Norton.

Glennerster, R. and Takavarasha, K., (2013), *Running Randomized Evaluations: A Practical Guide*, Princeton, Princeton University Press.

Guo, S., and Fraser, M. W., (2014), *Propensity Score Analysis: Statistical Methods and Applications*, 2nd., Washington, D. C., SAGE.

Horne, Z., Powell, D., Hummel, J. E., and Holyoak, K. J., (2015), "Countering Antivaccination Attitudes," *Proceedings of the National Academy of Sciences*, 112(33), 10321-10324.

Iacus, S. M., King, G., and Porro, G., (2012), "Causal Inference without Balance Checking: Coarsened Exact Matching," *Political Analysis*, 20(1), 1-24.

Imbens, G. W., and Rubin, D. B., (2015), *Causal Inference in Statistics, Social, and Biomedical Sciences*, New York, Cambridge University Press.

Kupferschmidt, K., and Wadman, M., (2021), "Delta Variant Triggers New Phase in the Pandemic," *Science*, 372 (6549), 1375-1376.

Open Science Collaboration, (2015), "Estimating the Reproducibility of Psychological Science," *Science*, 349(6251).

Rosenbaum, P. R., (2010), *Design of Observational Studies*, New York, Springer.

Rosenbaum, P. R., and Rubin, D. B., (1983), "The Central Role of the Propensity Score in Observational Studies for Causal Effects," *Biometrika*, 70(1), 41-55. (In Rubin, D. B., (2006), *Matched Sampling for Causal Effects*, New York, Cambridge Uni-

第Ⅰ部　政策人材の育成の意義

versity Press, Chapter 10).

Rubin, D. B., (1980), "Bias Reduction Using Mahalanobis-Metric Matching," *Biometrics*, 36, 293-298. (In Rubin, D. B., (2006), *Matched Sampling for Causal Effects*, New York, Cambridge University Press, Chapter 9).

Serra-Garcia, M., and Gneezy, U., (2021), "Nonreplicable Publications Are Cited More than Replicable Ones," *Science Advances*, 7(21), eabd1705.

Sickbert-Bennett, E. E., Samet, J. M., Clapp, P. W., Chen, H., Berntsen, J., Zeman, K. L., Tong, H., Weber, D. J., Bennett, W. D., (2020), "Filtration Efficiency of Hospital Face Mask Alternatives Available for Use During the COVID-19 Pandemic," *JAMA Internal Medicine*, 180(12), 1607-1612.

Sickbert-Bennett, E. E., Samet, J. M., Prince, S. E., Chen, H., Zeman, K. L., Tong, H., Bennett, W. D., (2021), "Fitted Filtration Efficiency of Double Masking During the COVID-19 Pandemic," *JAMA Internal Medicine*, 181(8), 1126-1128.

Smith, J. A., and Todd, P. E., (2005), "Does Matching Overcome LaLonde's Critique of Nonexperimental Estimators?" *Journal of Econometrics*, 125(1-2), 305-353.

Tercatin, R. and Jaffe-Hoffman, M., (2021), "Coronavirus: Indoor Mandatory Masks Could be Back on Sunday–Official," *The Jerusalem Post*, June 25.（2025年1月23日アクセス, https://www.jpost.com/health-science/coronavirus-indoor-mandatory-masks-could-be-back-on-sunday-official-671912).

US DOT (Department of Transportation), (2016), *Effects of the Tarmac Delay Rule on Flight Cancellations and Delays* (Report Number: ST-2017-003), Washington, D. C., US DOT.（2025年1月23日アクセス, https://www.oig.dot.gov/library-item/33850).

Wakefield, A. J., Murch, S. H., Anthony, A., Linnell, J., Casson, D. M., Malik, M., Berelowitz, M., Dhillon, A. P., Thomson, M. A., Harvey, P., Valentine, A., Davies, S. E., Walker-Smith, J. A., (1998), "RETRACTED: Ileal-lymphoid-nodular Hyperplasia, Non-Specific Colitis, and Pervasive Developmental Disorder in Children," *The Lancet*, 351(9103), 637-641.

WHO (World Health Organization), (2020), *Advice on the Use of Masks in the Context of COVID-19: Interim Guidance*, 5 June 2020, World Health Organization.

第2章　専門知識と政策実務を架橋する人材育成の必要性

■　　■　　■

読書案内

ボネット，イリス（2018〔2016〕）『WORK DESIGN（ワークデザイン）——行動経済学でジェンダー格差を克服する』池村千秋訳，NTT出版。

　実験研究の成果をベースに，各種バイアスの影響による好ましくない行動を是正するデザインを考える1冊。

Stock, James H., and Watson, Mark W.（2016〔2007〕）『入門計量経済学』宮尾龍蔵訳，共立出版。

　データ分析を初めて学ぶ方に懇切丁寧なテキスト。StataとEViewsの活用ガイドも提供。

星野匡郎・田中久稔・北川梨津（2023）『Rによる実証分析［第2版］——回帰分析から因果分析へ』オーム社。

　オープンソースの統計プログラミング環境Rでデータ分析を学べる素晴らしい入門書。

さらなる学びのために

①　人は「事実」や「証拠」に基づいて考えや行動を変えるわけでは必ずしもない。なぜだろうか。「確証バイアス」という概念を用いて説明してみよう。

②　「確証バイアス」の影響を緩和するには，どのような方法が効果的だろうか。考えてみよう。

（福井秀樹）

第Ⅱ部
政策人材の育成現場

第3章

日本の公共政策系大学院における政策人材の育成

―― この章で学ぶこと ――

　本章では，日本における公共政策系大学院における修士課程，博士前期課程ないし
は専門職課程の教育について検討する。公共政策系大学院は，主に1990年代の公共政
策系学部設置に続いて，伝統通り学部の上に大学院を設置する方法により増えてきた。
その一方では，少数ではあるが，独立研究科として公共政策系大学院設置が進んだ例
もある。とりわけ，新構想大学の一環として大学院大学の設置が進む中で，2000年に
は専門大学院が設置されたが，専門大学院制度は廃止され，2003年に改正してできた
専門職大学院の設置が始まっている。1990年代に大きく進んだ専門職業人養成に向け
た大学院制度改革の積年の課題の解決と，その一方では学部設置の自由化を目指した
設置基準の大綱化によって，社会科学分野においても新しい学部・大学院が誕生する
ことになり，そうした専門職業分野の一つに政策科学や公共政策が位置付けられるこ
とになった。公共政策系大学院は，このように従来の研究大学院の側面と高度専門職
業人養成の大学院の側面を持つものとして設置されている。いずれにしても，大学院
カリキュラムとして高度の専門能力を身につけることを目指して，理論と実践実務の
両面に配慮したカリキュラム編成が進められようとしている。以下ではこうした公共
政策系大学院の設置にかかわる社会背景や学術的要請を踏まえて，社会的要請に応じ
た国の方針や大学院教育の実態を振り返り，今日の公共政策系大学院の成果と課題を
整理して示す。

1　公共政策系大学院の設置

日本の高等教育における公共政策系大学院の出発点

　日本における公共政策系大学院は，1970年代の新構想大学の登場とともに生
まれたが，その先例は筑波大学の経営・政策科学分野や埼玉大学の政策科学研

第Ⅱ部　政策人材の育成現場

究科などに留まる。大きく発展するのは，1990年代以降，学部設置の大綱化によって公共政策系学部の設置とその大学院併設，そして大学設置基準の改正によって設立されることになった専門大学院・専門職大学院の設置によるといえよう。

　1976年に設置された筑波大学大学院修士課程経営・政策科学専攻は，国や地方自治体の政策決定中枢を担う高度職業人養成を目的として設置された。そして，1977年には，埼玉大学大学院政策科学研究科が公共政策の研究・教育を目的とする専門大学院を設置した。これらは，我が国の高等教育における公共政策系大学院としての嚆矢であり，学部段階の教育プログラムを持たない独立大学院として修士課程を設置している。いわゆる新構想大学として，従来の大学院の設置の仕方とは異なり注目を集めた。

　筑波大学大学院修士課程経営・政策科学専攻は，学位こそ経済学修士であったが，政策科学の基礎理論や政策の応用科目を置き，官公庁からの派遣や社会人のリカレント教育に力を入れていた。その後，2001年には2分野から4コースに再編され，さらに2005年にはシステム情報工学研究科の博士課程前期課程の1専攻として経営・政策科学専攻となり，修士（ビジネス）または修士（公共政策）の学位と定められた。そして2014年には他の専攻とともに社会工学専攻を構成し，政策科学の名称はそのプログラムから消えることになった。

　一方，埼玉大学大学院政策科学研究科では，「政府各省庁，地方公共団体，政府関係機関から派遣された社会人学生に対し，高度の政策形成，政策企画能力の育成を図る専門教育」（埼玉大学50年史追録編纂WG 2019）が行われてきた。また，「国際プログラム」（英語による公共政策プログラム）を設けるなど，東南アジア諸国（またアフリカ）を中心とした各国の行政官を対象とした教育を行い，各国の発展を担う人材の育成にも寄与し，教育機関として国際協力の役割を担ってきた。その後1997年に政策科学研究科を発展的に解消し，政策研究大学院大学が創設され，今日に至っているが，社会人を対象とした公共政策系大学院のモデルとなってきた。

1990年代公共政策系大学院誕生の背景

　文部科学省の方針として大学改革が進められてきたが，1970年代からいわば試行的に続いてきた新構想大学の実験は，1990年代に入り，高等教育とりわけ大学院レベルの教育の大きな見直しに結び付いた。その中で，学部でも大学院でも政策分野が注目されることになった。

　高度経済成長以降，高等教育が，マス教育からユニバーサル教育へと質的に転換する中で，戦後学制改革で占領軍の方針であった大学院教育の専門職業教育化がさらに検討を進められることになる。すでに理系では進んできていた大学院の専門職業教育課程化は，経営，法務，公共政策などの分野で求められるようになった。とりわけ社会科学系に関しては，1990年代になり学際的な分野あるいは文理融合分野の必要性と相まって改革が求められるようになっていった。いわば従来型の学問領域では対応できない問題に対応するため，学際領域的な文理融合型の教育が求められるようになったのである。

　1991年の「大学設置基準の大綱化」もあり，政策系の学部の設置が進んでいったが，それは従来型の学部と大学院の関係からすると，研究型の大学院（修士課程，博士前期課程）の形をとりながらも，そのなかに専門職業人養成を目指すことが多く含まれることになった。

　こうして1990年代に多数生まれた公共政策系大学院では，研究者養成のための教育だけでなく，公務員教育，リカレント教育が行われた。その後も公共政策系学部の設置改組再編，大学院改革などに応じて，公共政策系大学院は，2000年代，2010年代にも生まれている。

専門大学院そして専門職大学院の誕生

　高度専門職業人養成に関する議論は，とりわけ司法試験改革等との関連で法務大学院構想が進んでいくことで促進され，公共政策学教育分野を含めた議論が進むことになった。

　1998年の大学審議会答申「21世紀の大学像と今後の改革方策について」においては，「特定の職業等に従事するのに必要な高度な専門的知識・能力の育成

第Ⅱ部　政策人材の育成現場

に特化した実践的な教育を行う大学院修士課程の設置を促進」と提言し，各産業分野をリードするプロフェッショナルを養成することが目指された。経営，法務，政策などがまずはターゲットとなったのである。

　大学設置基準の改正により，2000年には専門大学院制度がスタートした。2002年度までに3年間で10の専門大学院が誕生している。専門職業人教育を主眼としており，研究者養成に軸足を置く大学院課程とは異なる新たな修士課程を編成することになった。公共政策分野では，早稲田大学大学院公共経営研究科が専門大学院として2002年度に認可を受け，2003年度に設置されることになった。

　専門大学院への改革が大きくは進まず，また制度としても不十分なものになったとの認識もあって，2002年中央教育審議会答申「大学院における高度専門職業人養成について」において，「各分野の特性に応じた柔軟で実践的な教育をより一層充実させる観点から専門大学院の制度をその位置付けの明確化を含め，更に改善，発展させることが求められる」と指摘された。そこにおいては，修士と切り離した新たな学位の創設が提起された。専攻分野として新たに法務，知的財産，公共政策（行政），技術経営などが例示される。「将来的にはより広い分野で多様なニーズが増大していくことも想定されることから，専門職大学院の対象は特定の専攻分野のみに限定しないこと」が明記された。

　文部科学省はこの答申に基づき，大学院設置基準と切り離した新たな設置基準を作成し，2003年から専門職大学院制度が始まった。早稲田大学は，この改正に従って，設置初年度から専門大学院ではなく専門職大学院として発足することになった。これ以後，公共政策系の専門職大学院としては，当初は国立大学を中心に，そして数年後からは私立大学に設置が進んでいった。

公共政策系大学院・研究科の設置状況

　公共政策系大学院・研究科の設置は，1970年代に始まり，90年代以降大きく進んでいるが，そこには，従来通り学部の上に設置される大学院・研究科，従来型の大学院を基盤とした独立大学院・独立研究科と，専門職大学院がある。

70

第3章　日本の公共政策系大学院における政策人材の育成

そこに共通するのは，高度専門職業人の養成やリカレントを主旨とした修士課程教育ないしは新たな学位課程の創設が目指されていることである。なお公共政策系大学院の場合には，修士学位号を用いている例が多いようである。

以下の表3−1をもとに，これらの大学院や研究科の設置状況を確認しておこう。

1970年代には新構想大学として公共政策の実務家教育を念頭に置いた独立研究科として筑波大学大学院経営・政策科学研究科そして埼玉大学大学院政策科学研究科が設置されている。

1990年代には，従来型の大学院博士前期課程または修士課程として，私立大学での研究科設置が続いている。独立研究科とした同志社大学大学院を除けば，これらは，学部設置とその年次進行の中での大学院研究科設置である。

一方，国立大学では，政策分野に関しては，新構想大学に倣った独立研究科の設置が1990年代に見られる。

さらに2000年代に入ると，専門大学院が設置されることになる。当初は6つの専門大学院が設置されたが，政策分野では早稲田大学大学院公共経営研究科が設置を準備していたのである。

2003年からの専門大学院から専門職大学院への改革によって，まず専門大学院で設置予定のあった早稲田大学が2003年に専門職大学院に転換して発足した。

その後は，国立大学において，答申に従った公共政策系の大学院設置が，旧帝大を中心に進み，従来通りの博士前期課程または修士課程の大学院設置も2000年代以降，続いている。

2000年代には，公立大学で従来型の学部の上に設置された大学院設置が続いているが，専門職大学院はない。

私立大学では1990年代の前半から公共政策系の学部と大学院の設置が進んだが，独立研究科と学部の上につくられたものとが併存しており，専門職大学院は少ない。2010年代にも同様に私立大学では，関西大学大学院ガバナンス研究科（2011年設置）と龍谷大学大学院政策学研究科（2011年設置）が学部の上に設置されている。

71

第Ⅱ部　政策人材の育成現場

表3-1　公共政策系大学院の設置状況

1970年代：
筑波大学大学院経営・政策科学研究科（1976年設置，2004年廃止）
埼玉大学大学院政策科学研究科（1977年設置，2001年廃止，1997年に後継の政策研究大学院
　大学設置，その学生受け入れは2000年から）

1990年代：
国立大学（修士課程/博士前期課程）
福島大学大学院地域政策科学研究科地域政策科学専攻（1993年設置）
大阪大学大学院国際公共政策研究科公共政策専攻/比較公共政策専攻（1994年設置）
政策研究大学院大学政策研究科政策専攻（1997年開学，2000年受け入れ開始）

私立大学（修士課程/博士前期課程）
慶應義塾大学大学院政策・メディア研究科政策・メディア専攻（1994年設置）
同志社大学大学院総合政策科学研究科総合政策科学専攻（1995年設置）※独立研究科
山梨学院大学大学院公共政策研究科公共政策専攻（1995年設置，2001年社会科学研究科公共
　政策専攻設置）
中央大学大学院総合政策研究科総合政策専攻（1997年設置）
立命館大学大学院政策科学研究科政策科学専攻（1997年設置）
関西学院大学大学院総合政策研究科総合政策専攻（1999年設置）

2000年代：
専門職大学院
早稲田大学大学院公共経営研究科（2003年設置，2012年政治学研究科専門職学位課程公共経
　営専攻設置，2020年学生募集停止，2021年政治学研究科政治学専攻内にグローバル公共政
　策コース（修士課程）を設置）
東北大学大学院法学研究科公共法政策専攻（2004年設置）
東京大学大学院公共政策学教育部公共政策専攻（2004年設置）
徳島文理大学大学院総合政策研究科地域公共政策専攻（2004年専門職学位課程として設置，
　2016年総合政策学研究科総合政策学専攻（修士課程）に変更）
北海道大学大学院公共政策学教育部公共政策学専攻（2005年設置）
一橋大学大学院国際・公共政策教育部国際・公共政策専攻（2005年設置）
京都大学大学院公共政策教育部公共政策専攻（2006年設置）

国立大学（修士課程/博士前期課程）
筑波大学大学院人文科学研究科現代文化・公共政策専攻（2001年設置）

公立大学（修士課程/博士前期課程）
岩手県立大学大学院総合政策研究科総合政策専攻（2000年設置）
高崎経済大学大学院地域政策研究科地域政策専攻（2000年設置）
京都府立大学大学院公共政策学研究科公共政策学専攻（2008年設置）

第33章　日本の公共政策系大学院における政策人材の育成

私立大学（修士課程/博士前期課程）
法政大学大学院社会科学研究科政策科学専攻（2001年設置）
愛知学院大学大学院総合政策科学研究科総合政策専攻（2002年設置）
尚美学園大学大学院総合政策研究科政策行政専攻（2004年設置）
明治大学大学院ガバナンス研究科ガバナンス専攻（2004年設置，2007年に専門職大学院に変更）
南山大学大学院総合政策研究科総合政策専攻（2004年設置，2014年に社会科学研究科総合政策学専攻設置）
中央大学大学院公共政策研究科公共政策専攻（2005年設置，2015年学生募集停止，2017年廃止）※独立研究科
立命館大学大学院公務研究科公共政策専攻（2007年設置，2018年度以降の学生募集停止）※独立研究科
法政大学大学院政策創造研究科政策創造専攻（2008年設置）
中京大学大学院経済学研究科総合政策学専攻（2009年設置）

2010年代：
私立大学（修士課程/博士前期課程）
関西大学大学院ガバナンス研究科ガバナンス専攻（2011年設置）
龍谷大学大学院政策学研究科政策学専攻（2011年設置）

出典：筆者作成。

公共政策系大学院における政策人材教育の課題

　以上のような，公共政策系大学院における基本的な設置目的は，高度専門職業人養成と研究大学院の双方が混在しており，それぞれの大学院研究科ごとの特徴はあるが，実務家教育や社会人リカレント教育を掲げることが多いのである。公共政策系大学院は，その発足の当初から，社会との関係を強く持った大学院として考えられてきた。結果として，社会に対して働きかける実践的な視点をその教育研究の主たる目的としていたともいえる。

　問題は，こうしたアプローチによって，公共政策系大学院における政策人材の養成が成功しているかどうかという点にある。政策人材の養成においては，公共政策の形成にかかわって専門的な知識を運用することができる政策プロフェッショナルといわれる人材養成を理想とすることが多いが，そうした人材の育成ができているかどうかが問われることになる。

　より具体化していえば，各大学院がその政策人材の養成において，大学院の設置目的や理念に基づいた入学者の募集，教育プログラムの運用，学位授与の

73

第Ⅱ部　政策人材の育成現場

方針，修了後のキャリア形成を構築することができているのかについて考える必要がある。

　その際に，これまで見てきたように，公共政策系大学院として，専門職大学院そして博士前期課程（修士課程）が設置され，また公共政策系学部と大学院を持つものと独立大学院・研究科とがあるが，それぞれが，どのように社会の期待に応えることができてきたのか，公共政策系大学院はそもそも有効な教育制度なのかという視点から考えていく必要がある。加えて検討しなければならない点として，政策人材には，様々な役割が実際には期待されているし，そうした能力があるということである。実際には公共政策の複雑性とその規模の大きさを考えればチームとしての政策形成を考え，多数の人々がかかわることが想定される。そこで第一に政策人材に期待される能力としては，公共政策の決定中枢にかかわる人材に関していえば，もちろん，政策問題についてイニシアチブを取って働きかけるようなリーダーや（政策）プランナーとしての働きが求められる。第二には，同時に，そうしたリーダーを支えるサブリーダーや調整役も政策人材として必要であろう。第三には，また政策を実施し，目的を達成できるよう管理する能力も期待されている。第四には，政策を分析し，また結果を評価する能力を持った政策人材の養成も期待されている。このように政策に関与する多様な人材にも政策人材として育成することが求められているといえるのである。

　別の言い方をするなら，政策人材教育の主たる目的である政策プロフェッショナルは，政策決定中枢にあって，リーダーシップを発揮するというイメージがあるが，しかし，現実の政策現場においては，専門的な決定の場においても集団的な営みが多く，必ずしも特定の個人のリーダーシップやアイデアが集団全体を引っ張っていくような状況ばかりではない。常にリーダーとフォロワーが交代しながら政策をつくり上げていくのが実態といえるだろう。

　すなわち政策中枢においても，政策人材にはリーダーとフォロワーが必要であるし，その役割は常に交換されるものと考えられる。ここで示すフォロワーとは，他者のアイデアに理解を示したり，価値観を共有したり，サポート的な

役割を担うことなどを示す。リーダーとフォロワーの関係は，政策提案や企画のコアの部分においても，政策決定，政策実施，政策評価においても等しく重要になっている。

　加えて，政策は，社会，市民への働きかけによって実現するのであって，市民や社会の反応が政策効果に直接的に間接的に影響する。また，民間企業をはじめとする中間的な媒体が機能していて，その団体の政策に対する理解が非常に大きな影響力をもつことも想定される。こうした事態においては，政策人材が，社会の様々な場面において，リーダーとしてまたフォロワーとしてだけではなく，コーディネーターとして活躍する必要がある。これは日常生活においてもそうであるように，実際に政策現場で活躍する政策人材には，リーダーとしての役割を担える能力とフォロワーとしての能力，そして各アクターの協働を機能させるようなコーディネーション能力が求められる。そうした人材教育が，大学院教育においても求められているといえよう。

2　公共政策系大学院におけるポリシー

ポリシーとは何か

　本節では，公共政策系大学院におけるポリシーを分析する。はじめにここでいうポリシーとは何かを説明する。次に，ポリシーをもとに公共政策系大学院が入学者に求める人材像と修了者が身につける資質・能力について整理して示す。

　これまで大学・学部においては，「『卒業認定・学位授与の方針』（ディプロマ・ポリシー），『教育課程編成・実施の方針』（カリキュラム・ポリシー），『入学者受入の方針』（アドミッション・ポリシー）の策定及び運用に関するガイドライン」（3ポリシーの策定及び運用に関するガイドライン）が2016年3月に文部科学省から出され，2017年3月までに3ポリシーを策定し，公表することが義務化されてきた。大学院においては学部での3ポリシーの策定・公表の義務化を受け，各大学院で3ポリシーの制定や見直しが進められてきた。2019年8月に「学校

第Ⅱ部　政策人材の育成現場

表3-2　3ポリシーの基本的な考え方

ディプロマ・ポリシー	各大学，学部・学科等の教育理念に基づき，どのような力を身につけた者に卒業を認定し，学位を授与するのかを定める基本的な方針であり，学生の学修成果の目標となるもの。
カリキュラム・ポリシー	ディプロマ・ポリシーの達成のために，どのような教育課程を編成し，どのような教育内容・方法を実施し，学修成果をどのように評価するのかを定める基本的な方針。
アドミッション・ポリシー	各大学，学部・学科等の教育理念，ディプロマ・ポリシー，カリキュラム・ポリシーに基づく教育内容等を踏まえ，どのように入学者を受け入れるかを定める基本的な方針であり，受け入れる学生に求める学習成果（「学力の3要素」※についてどのような成果を求めるか）を示すもの。 ※（1）知識・技能，（2）思考力・判断力・表現力等の能力，（3）主体性を持って多様な人々と協働して学ぶ態度

出典：中央教育審議会大学分科会大学教育部会（2016：3）。

教育法施行規則及び大学院設置基準の一部を改正する省令」が出され，2020年4月1日以後，3ポリシーを策定・公表することと学位論文に係る評価にあたっての基準の公表が義務化された。これら3ポリシーは各大学院のカリキュラムと相互に関連させながら運用することが求められる。

　それぞれのポリシーの用語説明については表3-2の通りである。

ポリシーから見えてくること

　ここで公共政策系大学院のポリシーを比較し，整理する。まず，ディプロマ・ポリシー（以下，DP）から公共政策系大学院が育成する資質・能力，人材像を明らかにする。

　公共政策系大学院のDPについては，専門職大学院・博士前期課程（修士課程）の共通点として，問題の発見とその解決のために必要な，政策分析・評価，政策立案・実施にかかわる幅広い専門知識の習得と能力養成を目的としている点が共通点として挙げられる。

　それらは公共政策学における政策過程の流れと密接にかかわっている（新川2015）。実際のところでは，公共政策学教育で求められる資質・能力について

第３章　日本の公共政策系大学院における政策人材の育成

表3-3　東京大学大学院公共政策学教育部ディプロマ・ポリシー

東京大学大学院公共政策学教育部（専門職学位課程） 東京大学大学院公共政策学教育部は，教育研究上の目的に定める人材を養成するため，次に掲げる目標を達成した学生に公共政策学修士（専門職）の学位を授与する。 • 法学，政治学，経済学それぞれの分野について，基礎的な幅広い知識及び専門性を身につけていること。 • 広く公共政策に関わる高い倫理観をもち，国際的視野のもとで課題発見，解決案の提示，政策形成，コミュケーションを行う力を身につけていること。 • 身につけるべき能力に関して学習する授業科目を履修し，各コースの修了要件に従って，学習成果としての単位を必要数修得していること。

出典：東京大学「学位授与の方針 教育課程の編成・実施方針 入学者受入方針（大学院課程）令和３年４月」（2021年８月25日アクセス，https://www.u-tokyo.ac.jp/content/400159643.pdf）をもとに作成。

表3-4　同志社大学大学院総合政策科学研究科ディプロマ・ポリシー（一部抜粋）

同志社大学大学院総合政策科学研究科 総合政策科学専攻　博士課程（前期課程）政策研究コース／図書館情報学コース （知識・技能） 多様化・複雑化する現代社会が直面する政策課題を，その情報社会としての特徴により生起する課題も含め客観的に調査する技能を備え，学際的・総合的視点に立った学術的知見に基づいて理解できるようになる。 （思考力・判断力・表現力） 多様化・複雑化・情報化する現代社会が直面する政策課題を解決するために，学際的・総合的観点に立った学術的知見に基づいて政策の立案・実施・評価を的確に運用できるようになる。 （主体性・多様性・協働性） 現代社会が直面する課題を，高度な情報化と多様性・複雑性を背景に顕在化したものとして総合的に捉え，その適切な解決方策を特定の専門分野を超えて探求できるようになる。

出典：同志社大学「研究科の概要・特色・目的」（2021年８月25日アクセス，https://sosei.doshisha.ac.jp/summary/diploma_policy/1st_half.html）をもとに作成。

は，必ずしも客観的で明確な基準が設定されているとは思えず，抽象的な資質・能力の表現にとどまっているところもあり，学部の水準設定の明確さとは異なって，ポリシー・レベルでは客観的な基準については明らかになっていない。

公共政策系大学院（専門職大学院と博士前期課程）のDPの具体例について見てみよう。ここでは，専門職大学院として東京大学大学院公共政策教育部，そ

77

第Ⅱ部　政策人材の育成現場

して博士前期課程として同志社大学大学院総合政策科学研究科総合政策科学専攻政策研究コースを事例として取り上げる（表3-3，表3-4）。

専門職大学院の概ね共通点として見られる要素として，実務で活躍することが期待される政策専門家・政策プロフェッショナルとしての高度専門職業人材の育成が目指されており，博士前期課程のDPに比べ，職業への指向性・倫理観が明確に打ち出されていた。職業への指向性・倫理観については，博士前期課程または修士課程においてどのように位置づけていくのか，全体的に見ても課題であるといえよう。

実際の記述例をみると，専門職大学院においては，「高い職業倫理をもって『公』を目指して行動し」（東北大学大学院DP），「広く公共政策にかかわる倫理観をもち」（東京大学大学院DP），「広く『公共性』を担う人材養成をするための教育」（一橋大学大学院，公共法政プログラムDP），「強い倫理的責任感を有する高度専門職業人」（京都大学大学院DP）と職業倫理（倫理観）に関する記述が見られた。なお，博士前期課程では，筑波大学大学院のDPにおいて，倫理観に関する記述が見られる。例えば，筑波大学では，倫理観として，当該分野の研究者または高度専門職業人にふさわしい倫理観と倫理的知識，および当該分野に関する深い倫理的知識の専門的知識・能力を有すると認められたものに学位を授与する，としている。

3　公共政策系大学院におけるカリキュラム・ポリシーとカリキュラム

博士前期課程，修士課程のカリキュラムとその特色

カリキュラム・ポリシー（以下，CP）とカリキュラムは，基本的に一体的な運用がなされている。公共政策系大学院におけるCPの特徴をまとめて，具体的な科目編成を分析し，学位に至る履修プロセスに反映されているかを検討したい。

学位取得のプロセスが，各大学院とも明確に規定されているが，そこにはそれぞれの特徴があるとともに，典型的なカリキュラムと呼ぶことができるよう

な共通性も示されている。一つには，科目配置における積み上げ方式であり，基礎科目そして専門科目を学び，さらにはその応用科目を履修することである。二つには研究指導が重視されており，一貫した指導体制が用意されており，演習受講の形式となっているところもある。三つには，実習科目やフィールドワークあるいは課題研究などのような実践的あるいはプロジェクト型であって場合によっては現地調査的な科目配置がされているところに特徴がある。4つには，最終的な成果評価として，30単位の取得，そして学位取得に向けて学位論文（修士論文）の提出を義務付けている。論文提出をしないところでは，それに代わるリサーチペーパーの作成を義務付けているところもある。なお論文等の提出は学業の仕上げの意味合いをもつこともあるが，大学院によっては，必修化していないところもある。

　実際の科目の構成においては，前述した学位授与の方針とカリキュラム方針に対応したカリキュラムになっているはずであり，基本的には学部段階とは違った専門性や専門能力が身についていることが学位授与の要件となっている。そうした基本的な枠組みの中で各大学院によって，特色あるプログラムが実施されている。

　慶應義塾大学では，一定の科目群を組み合わせてプログラムをつくり「プログラム修了書（サティフィケート）」を発行している。具体的には，グローバル・リージョナル・ストラテジー，政策形成とソーシャルイノベーション，環境デザイン・ガバナンス，サイバーインフォマティクス，ヒューマンセキュリティとコミュニケーション，認知・意味編成モデルと身体スキル，エクス・デザイン，先端生命科学といったプログラムが提供されている。

　また特定政策分野の活動を集中的に学ぶプロフェッショナル育成コースを設置し，その成果として「コース修了書（サティフィケート）」を発行している。具体的なコースとしては，社会イノベーターコース，環境イノベーターコース，イノベーティブ・フューチャー・ストラテジスト，サイバーセキュリティコース，グローバル環境システムリーダーコースなどがある。

　こうした科目群を用意しプログラムを設定して，外部の認証機関のプログラ

第Ⅱ部　政策人材の育成現場

ム認証を得て大学院教育に取り入れているところもある。地域公共政策士プログラムは一般財団法人地域公共人材開発機構が提供する大学院レベルの教育と職能資格をセットにした資格制度として創設されたものである。京都市に本拠を置くこの機構のプログラムには，公共政策系大学院としては，同志社大学大学院，龍谷大学大学院などが参加して，各大学院において特色ある地域公共政策士資格教育プログラムが提供され，学生の学びの一助となっている。

専門職大学院のカリキュラムとその特色

　専門職大学院のカリキュラムについては，田村（2007）が4つの要素として，①法律学，政治学，経済学，自然科学分野から公共政策に関する基本的な理論および必要な知識や素養を横断的に学ぶことができるように配慮された「基礎科目」，②より専門性の高い「展開科目」，さらに③分析手法等の技法を習得するための「実践科目」と「事例研究科目」，および，④「リサーチペーパー」から成り立っていることを示している。

　学位取得のプロセスについては，各大学院とも明確に規定されているが，そこにはそれぞれの特徴があるとともに，典型的なカリキュラムと呼ぶことができるような共通性も示されている。一つには，科目配置における積み上げ方式であり，基礎科目そして専門科目を学び，さらにはその応用科目を履修することである。二つには研究指導が重視されており，一貫した指導体制が用意されているところもある。三つには，実習演習科目やフィールドワークあるいは課題研究などのような実践的あるいはプロジェクト型であって場合によっては現地調査的な科目配置が特徴的である。4つには，最終的な成果評価として，40単位の取得が義務付けられている。なお，リサーチペーパーまたは研究論文の作成を義務付けているところもある。仕上げの意味合いをもつこともあるが，大学院によっては，必修化していないところもある。

　修了要件としては，40単位以上の単位習得とし，リサーチペーパー又は研究論文の執筆を加えているところもあるが，いずれにしても審査で合格することとされている。審査では口頭発表や質疑討論が行われるところもある。

第3章　日本の公共政策系大学院における政策人材の育成

───── コラム③　同志社大学大学院総合政策科学研究科の教育紹介 ─────

　総合政策科学研究科は，1995年に開設された。開設当初は，公共政策コースと企業政策コースからなり，前期課程の入学定員は70名であった。当初から社会人のリカレント教育を重視し，社会人向け入試制度や昼夜開講制をとるなど，高度専門職業人の輩出とその能力向上を目指したのである。1997年度に定員15名の博士後期課程を開設し，総合政策科学の教育研究にあたる人材の養成も始まった。

　その特色として，当初から，法学，政治学，行政学，経済学，経営学，情報科学などの諸学問分野を基礎としながらも，政策的に重要な研究課題の教育研究体制を組んだ。その中で，国際政策コース，ヒューマンセキュリティ研究コース，ソーシャルイノベーション研究コース，5年一貫制の技術革新的経営研究コース，図書館情報学コースなどの設置があり，総合政策科学という分野の多様性に応えてきた。

　2004年には同志社大学に政策学部が開設されたことから，その完成によって2010年度には総合政策科学研究科と接合されることになり，教員スタッフも大幅に増えた。さらに専門分野や研究テーマを細分化させ，個別具体的に問題対応するべき課題を増やす側面も多々あったが，その一方では，研究科としての一体性を確保することも求められた。その結果，2012年以後，大きく再編されることになった。

　2021年時点では，博士前期課程は，政策研究コースとソーシャル・イノベーションコースであり，博士後期課程は，公共政策コース，企業政策コース，国際政策コース，ソーシャル・イノベーションコースという編成である。

　1995年の設立以来，総合政策科学研究科では1368名の修士と175名の博士を輩出している（2021年3月時点）。その進路は企業，官公庁，教育・研究機関など多岐にわたるが，多数の研究者輩出も特筆される。専門分野としては行政学や公共政策学を中心としているが，経営学や経済学，あるいは学際分野で活躍する研究者も多い。

　この研究科の特色の一つはそのテキストにある。開設以来，総合政策科学の構築を目指して，1998年には『総合政策科学入門』（大谷・太田・真山編著，成文堂）を，2005年には『総合政策科学入門（第2版）』（同志社大学大学院総合政策科学研究科編，成文堂）を，2016年には『総合政策科学の現在』（同編，晃洋書房）を発刊してきた。1998年版は，1990年代に叢生した政策系の学部大学院教育を意識して総合政策科学の体系化を目指した。10周年記念版でもある2005年版は，より政策科学的な入門書とするべく，専門分野からの政策科学的なアプローチを重視した。20周年記念となる2016年版は，法学，政治学，行政学，経済学，経営学，社会心理学，統計学など幅広い学問分野を基盤としつつ，学際的な研究成果を示すものとなった。

第Ⅱ部　政策人材の育成現場

4　これからの公共政策系大学院教育

公共政策系大学院はどのような人材を育成していかなければならないのか

　公共政策系大学院の使命は，一つは，政策プロフェッショナルの育成について足立（本書第 1 章）がいうように，民主主義を前提とし政策分析能力を持ちそれを発揮できる人材の養成であることはいうまでもない。加えて，もう一つは，政策分析や政策形成・決定のリーダー養成だけではなく，そうしたリーダーを支えるサブリーダーやフォロワー，また政策コーディネーターの養成も重要だという点である。社会人の学び直しなどはまさにこの後者の観点からも重要となろう。もちろん第三の使命は，こうした政策人材の教育やそれに必要な研究能力を持った人材の養成，つまりは教育者研究者養成である。なお，学部レベルの政策人材教育では，市民教育としての意義が大きいと思われるが，大学院教育でもそうした側面はあるが，相対的には小さいものと思われる。

　こうした政策人材の養成を目指すときに，実際にはいくつかの課題に大学院教育は直面している。基本的には，実務における「政策」の持つ多様性と，そこにおいて必要とされる政策人材像の多様性である。公共政策系の大学院教育が，博士課程前期課程，あるいは専門職教育に焦点をあててきたことから，国や地方の公務員などの政策実務家になるための教育に誘導されている側面がある。

　しかしながら実際に政策中枢で働く政策人材においては，実務の中に研究や教育の要素が必要ではないのか。実務の中で政策分析力などの専門性や調査能力，あるいは実践力が求められることは確かであるが，それらを支えるところの研究能力が必要とされるし，周りの人と一緒に仕事をするという側面からすれば，マネジメント力，コミュニケーション力や調整力そして教育力が求められる場面もあるし，理解力や共感力も必要とされるだろう。改めて公共政策系大学院で要請する人材像の再定位が必要となっていると思われる。

82

教育方法の課題

多様な背景を持つ学生を受け入れ，なおかつ多様な政策プロフェッショナルとしての能力開発を行うことを考えるなら，公共政策系大学院の教育方法もまた，極めて難しい検討課題と言わねばならない。

従来の研究大学院であれば，研究方法教育を施すことと研究指導そして研究成果の評価を通じて，研究者育成ができる。しかし，研究者養成ではなく実務家養成を考えるなら，高度専門職業人としての能力を涵養することを目指すことになるが，その能力の内実は多様である。

実際に大学院教育のシステムにおいては，政策分析の理論と応用（実践）の科目に集中するとしてもその範囲は幅広く，政策対象分野によっても大きく異なってくる。その場合に，一つは政策人材のそれぞれの高度専門職業上の目的そのものに沿った教育が望まれる。しかしながらそうした多様性に対応できるかが課題となる。そもそもある意味ではバックグラウンドが大きく異なる人の教育はどうするのか。社会人の教育をどのように進めることができるのか。政策実務家のリカレントにおいてはその実務経験を活かすことやそれを踏まえてどのように教育するのかが，課題であり続ける。

そのことは同時に，大学院レベルでの人材育成，高度な専門職業人としての能力を身につけていく場合の基準の設定問題とも直結する。学位資格を付与する条件ということもできるが，この基準をどう設定していけばよいのか，考えなければならないのである。

こうした大学院の中で，実務家教育をどうするのか，実務家に向けた教育をどう作っていくのか，科目編成の中でどうつくっていくのかという問いは，実は，大学院の教員の編成問題とも密接にかかわってくる。専門職大学院のように一定割合で実務家教員の配置を求めているところもあるが，前述した課題に応える教員像ということからすると，やはりそうした人材を確保することは極めて困難と言わねばならない。

第Ⅱ部　政策人材の育成現場

社会的なニーズとの適合性

　専門職大学院がそもそも社会における必要性との関連で登場してきたことからすれば，社会的なニーズに対応していること，その教育課程の必要性が実需としてあることが前提となる。ところが現実には，これからの教育として考えていかなければいけないのは，具体的に各大学で改組再編がされている中で，学生が集まらないところが増えてきているという点である。当初の期待が裏切られたということや，関心層の進学が一巡したことなども指摘されるが，人材需要の社会的経済的な基盤が必ずしも十分にあるわけではないという点である。

　各大学院においては，それぞれの独自性・専門性を出そうとする努力を重ねているが，現実には現場での大学院教育として存亡の危機に直面しているところもある。大変な課題であり，社会に対して働きかける実践や，研究の価値をマーケティングするなどのアプローチも取られている。それぞれに工夫をしているが，改革の方向が元々の趣旨と違ってくることも多く，結局は募集を停止せざるをえない事例もある。ともあれ，各大学院ではその大学院教育をどのように魅力的にするのか，どういうふうに組み立て直し，発展的な方向に持っていけるかが深刻な問題となりつつある。

公共政策系大学院の再編成に向けて

　これからの公共政策系大学院に関しては，実務家中心に考えていくのかどうか，また専門職大学院，前期課程中心で考えていくのか，分かれ目に来ているかもしれない。実務家としての能力や実践力を基盤として整えていくことと，政策分野に関する研究や教育の力をどのように身につけてもらったらよいのかという課題に，限られた修学年限で応えなければならない。

　実際に，そういう力を深め伸ばそうとすれば，専門職学位・前期課程・修士学位だけではなくて，博士学位を含んだ学位課程を提供する必要も出てきているのではないだろうか。文科省の博士課程教育改革の先行的なプロジェクトなどでは，博士学位をもった人たちが実務家として社会で活躍することができる後期課程プログラムの開発を進めている（文部科学省・日本学術振興会「博士課程

84

教育リーディングプログラム」2011〜2020年）。すでにいくつかの大学で実践され成果を出しているところもある。実際，世界で見ると博士学位を持った実務家が様々な場面で活躍していることは，国際機関やグローバル企業などを見れば，当然のことと世界では認識されていると思われる。

　現実に日本では研究職中心の博士学位課程の編成とその学位取得者の中から，どのように経済社会などで活躍していく人を育てていくのか，そのためのカリキュラムや教育方針を再構築していくことも検討されなければならない。世界を見れば企業や国際機関で活躍している幹部や管理職の中には博士学位を持っている人が多く，公共政策系大学院の役割として後期課程教育の役割もあることを考えるとこの点の検討は今後の大きな課題となる。

政策分野での大学院教育の視座

　本章では，公共政策系大学院教育の諸問題について検討してきた。これまで見てきたように，公共政策系大学院として，専門職大学院，博士前期課程（修士課程）が設置されてきた。また博士課程後期課程を持つ研究科もある。これらが，どのように社会の役に立ってきたのか，公共政策系大学院はそもそもその設置の趣旨である社会のニーズに応え，高度専門職業人の輩出に貢献しているのかという視点から考える必要がある。そうした努力がされてきていることは，ディプロマ・ポリシー，カリキュラム・ポリシー，アドミッション・ポリシー，そしてそれぞれのカリキュラムを通じて確認できるところもあるが，それらが当初の狙い通りに機能しているかどうかは，別途検討しなければならない。

　また，設置目的や理念に基づいた入学者の募集，教育プログラムの運用，学位授与の方針が，修了後のキャリア形成につながっているのかについて，改めて検討する必要がある。例えば公務員の派遣による大学院教育も，その修了後の異動，組織上の配置や処遇によって，せっかくの専門教育が活かされない事例もあるし，時には転職という事態も聞かれる。大学院教育だけでは解決しない問題でもあるが，政策実務分野において，大学院教育を受けた政策人材がど

第Ⅱ部　政策人材の育成現場

のように活躍できるのか，それらが社会的，組織的，経済的に受け入れられているのか，またその素地があるのかを考えなければならない。第4章のコラムで触れる「地域公共政策士」プログラムのような学位資格と職業資格との連接の仕組みを考えていかなければならない。

【付記】

本章は，JSPS 科研費 21K13608，22K02243 の助成を受けたものである。

なお，本章は2021年8月25日時点にアクセスした情報をもとに執筆したものである。ウェブサイトは，現在確認できないものもある。

引用・参考文献

埼玉大学50年史追録編纂WG（2019）「第一部　通史編」『埼玉大学七十年史——五十年史以降，二十年の歩み』埼玉大学。

中央教育審議会大学分科会大学教育部会（2016）「『卒業認定・学位授与の方針』（ディプロマ・ポリシー），『教育課程編成・実施の方針』（カリキュラム・ポリシー）及び『入学者受入れの方針』（アドミッション・ポリシー）の策定及び運用に関するガイドライン」

田村瞳（2008）「公共政策系専門教育の現状と動向」土山希美枝・大矢野修編『地域公共政策をになう人材育成——その現状と課題』日本評論社，27-48。

新川達郎（2015）「『公共政策教育の基準』に関する検討とその課題」『公共政策研究』15，64-77。

森田朗（2004）「公共政策系大学院」『学術の動向』9（3），19-22。

読書案内

御厨貴編著（2017）『公共政策（放送大学大学院教材）』放送大学出版。

　15回の講義形式で，戦前戦後の日本の公共政策の歴史，政策の現状と課題，理論的整理などを概説。実務家と研究者の複数著者による論述。

孫福弘・小島朋之・熊坂賢次（2004）『未来を創る大学——慶應義塾大学湘南藤沢キャンパス（SFC）挑戦の軌跡』慶應義塾大学出版会。

SFCの沿革について（開設準備期・草創期・継承期，再編成期：大学改革プロセスと事務局支援プロセスから記述），学生の活動・卒業生の活躍など，「21世紀の世界と日本が直面する問題の発見と解決に関して，新たな「知の再編」を目指し」ている。

北海道大学公共政策学研究センター監修，西村淳編（2016）『公共政策学の将来——理論と実践の架橋をめざして』北海道大学出版会。
　センター創設10周年記念論文集。座談会において公共政策大学院の現状と未来について記載されている。

さらなる学びのために
①　公共政策系大学院には，公共政策学，政策科学，政策学，総合政策科学と，様々な名称が使われているが，そこに共通する要素は何か，論じてみよう。
②　公共政策系大学院教育において，研究と実務の関係はどのように考えるとよいのか，論じてみよう。

（新川達郎・村上紗央里）

第4章

日本の公共政策系学部における政策人材の育成

―― この章で学ぶこと ――

　本章では，公共政策学を教授する学部に焦点をあてて，そこにおける政策人材教育の現状と課題を明らかにするとともに，今後の学部レベルにおける公共政策学教育の在り方について検討する。本章では，最初に公共政策を主たる専門分野として学ぶ学部の設置状況について，草創期の1990年代から今日に至るまでの背景やねらい，さらには学士課程教育実質化のための公共政策学教育の参照基準などを概観する。次に，各大学教育におけるディプロマ・ポリシー，カリキュラム・ポリシーの比較検討，そしてカリキュラム編成の特徴を明らかにする。さらに，公共政策学教育の特徴となっているアクティブラーニングについて，各大学の実践を踏まえて論じる。そのうえで，今後の学部レベルにおける政策人材の教育における課題の克服と将来への展望について触れる。なお，本章では，公共政策学教育という観点から検討対象の大学を選んでおり，特定の政策分野に特化した大学は除外している。

1　公共政策学教育の背景

公共政策系学部の設置状況と参照基準の制定

　公共政策系学部は，1990年に慶應義塾大学湘南藤沢キャンパスに総合政策学部が設置され，中央大学総合政策学部（1993年），立命館大学政策科学部（1994年），関西学院大学総合政策学部（1995年）と次々に設置されていった。大学設置基準の大綱化と合わせ，社会的要請に応える形で多くの大学に設置されるようになっていった。1990年代後半から2000年代にかけて，社会問題に対応した新しい名称の学部設置が進むなか，公共政策系学部の設置も進んでいった。学部以外にも，政策を冠する学科，コース，プログラムなどが次々と設置された。

第Ⅱ部　政策人材の育成現場

表4-1　公共政策系学部23大学の一覧

大学名	学部	学科	学位	設置年	国公私	地域
岩手県立大学	総合政策学部	総合政策学科	総合政策学	1998年	公立	東北
東北文化学園大学	総合政策学部	総合政策学科	総合政策学	1999年	私立	東北
杏林大学	総合政策学部	総合政策学科企業経営学科	総合政策学企業経営学	2002年＊1	私立	関東
慶應義塾大学	総合政策学部	総合政策学科	総合政策学	1990年	私立	関東
城西大学	現代政策学部	社会経済システム学科	現代政策学	2006年	私立	関東
尚美学園大学	総合政策学部	総合政策学科ライフマネジメント学科	総合政策	2000年	私立	関東
高崎経済大学	地域政策学部	地域政策学科地域づくり学科観光政策学科	地域政策学	1996年	公立	関東
中央大学	総合政策学部	政策科学科国際政策文化学科	総合政策	1993年	私立	関東
津田塾大学	総合政策学部	総合政策学科	総合政策学	2017年	私立	関東
常磐大学	総合政策学部	総合政策学科法律行政学科経営学科	総合政策学	2017年	私立	関東
愛知大学	地域政策学部	地域政策学科	地域政策学	2011年	私立	東海
愛知学院大学	総合政策学部	総合政策学科	総合政策学	1998年＊2	私立	東海
中京大学	総合政策学部	総合政策学科	総合政策学	2005年	私立	東海
南山大学	総合政策学部	総合政策学科	総合政策学	2000年	私立	東海
四日市大学	総合政策学部	総合政策学科	総合政策	2001年	私立	東海
関西大学	政策創造学部	政策学科国際アジア法政策学科	政策学法政策	2007年	私立	近畿
関西学院大学	総合政策学部	メディア情報学科都市政策学科国際政策学科	総合政策	1995年	私立	近畿
京都府立大学	公共政策学部	公共政策学科福祉社会学科	公共政策学福祉社会学	2008年＊3	公立	近畿
同志社大学	政策学部	政策学科	政策学	2004年	私立	近畿
立命館大学	政策科学部	政策科学科	政策科学	1994年	私立	近畿
龍谷大学	政策学部	政策学科	政策学	2011年	私立	近畿
島根県立大学	総合政策学部	総合政策学科	総合政策学	2000年	公立	中国
徳島文理大学	総合政策学部	総合政策学科	総合政策学	2000年	私立	四国

出典：村上（2023：ⅳ）。

＊1＝社会科学部（1984年設置）を総合政策学部（2002年）に改称。＊2＝情報社会政策学部（1998年設置）を総合政策学部（2006年）に改称。＊3＝福祉社会学部（1997年設置）を公共政策学部（2008年）に改称。

表 4-2　公共政策学分野の参照基準の核となる構造

> 1. 公共政策学教育の背景
> 2. 公共政策学教育の学問としての固有の特性
>   - 公共性のある政策を対象とする
>   - 学際的な方法
>   - 民主主義の科学，公共性を担う市民への教育の基礎
>   - 公共政策学の領域：理論と実践，個別政策，政策内容論，政策過程論
> 3. 公共政策学教育で身につけるべき素養
>   - 公共政策学の理論的知識
>   - 方法論
>   - 政策学的思考―政策問題を主体的に考える力
>   - 問題発見・解決
>   - 市民的教養
> 4. 教育方法・学修方法・評価方法
>   - 知識の体系の学修，学際的な分野の知識を含む
>   - 理論的知識の修得
>   - 実践的知識の修得：実践型科目によるアクティブ・ラーニング，PBL

出典：村上（2023：61）。

比較的新しい学問分野であるものの公共政策学は大学（学士課程）教育の一分野としての地位を確立していった。

2010年代後半になって，従来の公共政策系学部で扱ってきた問題を新たな形式で扱う，地域デザイン，地域創生，国際地域，コミュニティデザインなどを掲げた学部編成が行われるようになり，公共政策系学部の存在が問われている。

新川（2015），河井・新川（2019），村上（2023）を引き継ぐと，2021年3月時点で，公共政策系学部を設置している大学は，23大学である[1]（表4-1）。

学問と教育の両方の蓄積を受け，2015年には，「学士課程教育における公共政策学分野の参照基準」が制定された。参照基準は，各学問分野の特性，教育と学習の方法，評価方法といった事項からなる（広田 2010；日本学術会議 2010）。参照基準は，各大学・学部が自らの教育のポリシーとカリキュラムを編成・実施する際に参照される性格を持つ。公共政策学分野の参照基準作成においては，日本公共政策学会が中心となり，既存の教育のポリシーとカリキュラムを調査した上で作成された（日本公共政策学会 2015；新川 2015）。

公共政策学分野における参照基準の核となる事項は，表4-2の通りである。

第Ⅱ部　政策人材の育成現場

　参照基準には，公共政策学教育の背景，公共政策学教育の学問としての固有
の特性，公共政策学教育で身につけるべき素養，教育方法・学修方法・評価方
法がまとめられている。

本章の視座

　参照基準は，各大学のポリシーやカリキュラム，教育実践をもとに構成され
ている。三つのポリシーがカリキュラム編成を方向づけ，そのカリキュラムに
沿って教育実践が配置・展開される。参照基準とポリシー，カリキュラム，教
育実践との関係は，一方向的に規定するものではないが，相互に参照し影響し
合う関係にある。

　そこで本章では，前述の公共政策学分野の参照基準の中核の確認を踏まえ，
公共政策学教育のポリシーの共通構造の明確化，カリキュラムの特徴把握，教
育実践の整理へと進めることとする。

2　公共政策学教育の共通構造

公共政策学教育で身につける力

　参照基準を基本枠組みとした上で公共政策系学部をもつ23大学のディプロ
マ・ポリシーとカリキュラム・ポリシーを分析した結果，表4-3の共通構造
が見出されている。

　公共政策学教育で身につける能力には，「問題発見・課題（問題）解決」「政
策的思考」「コミュニケーション力」「実践」という4点の共通構造が見られる。

　公共政策学の学問固有の特性は，公共性のある政策現象の解決を通じてより
良い未来をもたらすことを目指すところにある。この点から，問題意識を持っ
て事象に向き合い，政策学的思考とコミュニケーション力を駆使し，問題発見
と課題（問題）解決に理論と実践の両面から取り組むことが目指されている。

　第一に，公共政策学教育において，「問題発見・課題（問題）解決」の力を
身につけることが目指されている。政策過程は，問題の発見，課題の設定，政

92

表 4 - 3　公共政策学教育の共通構造

共通構造の要素	DP	CP
【身につける能力】		
問題発見	17／23	15／23
課題（問題）解決	18／23	13／23
政策的思考	6／23	1／23
理解	11／23	6／23
応用	4／23	2／23
分析	14／23	11／23
評価	6／23	3／23
創造	5／23	0／23
コミュニケーション力	13／23	7／23
実践	10／23	15／23
【カリキュラム編成上の特徴】		
学際性・総合性	13／23	10／23
グローバル（国際）	9／23	13／23
地域	10／23	15／23
協働	9／23	2／23
【具体的な教育方法】		
少人数の教育	1／23	12／23
フィールドワーク	6／23	5／23
PBL	0	3／23
アクティブ・ラーニング	0	3／23

出典：村上（2023：70）。
注：表中の数字は，23大学中いくつの大学で見られたかとい
　　う数を表している。

策代替案の検討，意思決定，政策実施，政策評価がループして構成される（新
川 2013）。政策問題の発見と解決においては，目標設定，調査，計画，実行，
分析，評価，報告といった活動に取り組む。政策分析では，問題の原因の抽出
と分析，ニーズの分析，社会経済のトレンドの分析などがある（真山 2013）。
問題発見・課題（問題）解決の能力は，コミュニケーション力や政策的思考，

第Ⅱ部　政策人材の育成現場

他者と協働する力や政策立案する力を含む包括的な能力である。

　第二に，「政策的思考」ができるようになることが公共政策学教育の目指す成果である。政策（学）的思考とは，公共的諸問題を公共的観点から考察し，それら諸課題に対する倫理的で実行力ある現実的で実行可能な処方箋を構想する能力である（足立 2005）。公共政策を学ぶということには，政策的思考を育むことが重視されている（松下 1991）。教育学の見地から，思考には，知識の記憶を踏まえ，理解・応用・分析・評価・創造といった高次認知過程が含み込まれる（Anderson and Krathwohl 2001）。政策的思考は，理論と実践の両面で育むことが目指される。

　第三に，公共政策学教育では，「コミュニケーション力」が「身につける能力」とされている。ここでのコミュニケーション力は，一般的なコミュニケーション力だけではなく，政策過程に関わって，情報収集や現場での調査を政策立案に向けて調整や交渉していくことを含む。市民生活においては，多様な異なるアクターがステークホルダーとなるため，その間の協働が重要となる（土山 2008）。

　そして，第四に，公共政策学教育の「身につける能力」に関して，「実践」というキーワードが共通して見られる。公共政策学は，政策に関わる人々が実際のプロフェッショナルとしての職務において活用できることが目指されている（足立 2005；本書第１章）。公共政策学を学ぶ者は，理論的知識を学ぶことに終始せず，理論と実践のいずれにおいても政策的思考を働かせて，コミュニケーションしていく。実践の力を身につけ，問題意識の涵養から問題発見，問題の分析から解決まで効果的に機能させていけるかどうかが問われる。

公共政策学教育のカリキュラム編成上の特徴

　続けて，カリキュラム編成上の特徴として，学際性・総合性，グローバル・地域，協働という特徴が見られる。

　一つ目の特徴は，学際性と総合性である。公共政策学教育は，公共的問題への実践的アプローチを学際科学的に目指す。公共政策学教育では，法学，経済

学，社会学，政治学，行政学，国際政治学，国際関係論，地方自治論，統計学，歴史学，経営学などの幅広い分野の学修を足場とする。公共政策学教育の知識領域としては，政策内容論と政策過程論を理論とし，個別政策の知識や実証・実験などの方法論を学ぶ内容となっている。そして，学際的な知識を結集して，政策問題の発見と解決という流れに総合する学びが目指される。

　二つ目には，公共政策学教育の理論と実践の両面から学ぶことも特徴となる。理論と実践を総合することで，公共政策学の核となる特徴を理解することができる。理念と実体の理論的な解明だけではなく，政策現場に触れる体験と実習を通じて得られる実践知を身につけることで，問題発見と解決の能力を総合的に養うことができる。

　三つ目の特徴は，グローバルと地域の両方に展開されている点にある。政策は，グローバルにもローカルにも展開されている。国際的な動向の把握とともに，地域に暮らす生活者の視点の両方を学ぶことが重要である。グローバルとローカルの両方の知識を深めるとともに，実践においてもグローバルとローカルの両方の視点から課題解決にアプローチする学習方法が採られる。

　四つ目に，公共政策学教育には，協働というキーワードに表される特徴がある。公共政策では，政府セクター，市場セクター，市民社会セクターの間のマルチパートナーシップによる協働が不可欠である（新川 2013；土山 2008）。公共政策学教育においても，他の学生との協働，地域社会の住民，行政関係者，企業関係者などの他者と協働する学びに取り組む。

公共政策学教育の具体的な教育方法

　また，公共政策学教育のカリキュラムは，基礎と専門からなる講義科目と初年次からの演習科目からなる。演習科目には，アクティブラーニング型の授業や政策ディベート，フィールドワークやインターンシップ，PBL等が含まれる。個別政策分野として，総合政策，公共政策，地域政策，国際政策，環境政策，福祉政策，教育政策，文化政策などの科目がある。その分析視点としては，政策決定論，政策実施論，政策評価論，政策思想などの科目がある。

95

第Ⅱ部　政策人材の育成現場

── コラム④　地域公共人材を養成する「地域公共政策士」プログラム ──

　地域公共政策士は，2010年に発足した資格制度であり，異なる職業分野の垣根（セクター）を越えて，地域の公共的活動や政策形成をコーディネートし課題解決を導くことができる人材に対して，一定の社会的認証を受けた資格教育プログラムを修了すると，取得できる資格であり，一般財団法人地域公共人材開発機構が認証機関となっている。

　京都にある政策系の学部大学院が連携して，EUの教育と職能を統合した資格枠組み（EQF）を参照して始めたものである。地域の公共問題に取り組む実務能力と学部，大学院修士課程（博士前期課程）レベルの教育資格を一体的に考え，日本では教育水準と職業能力を示す参照枠組みとして活用していこうとするものである。

　資格には，学部レベルの「初級地域公共政策士」と大学院修士課程（博士前期課程）レベルの「地域公共政策士」の2種類があり，プログラムのレベルや学習時間が異なる。資格教育プログラムは，大学やNPO，行政等のプログラム実施機関が機構の社会的認証を受けて提供する。

　地域公共政策士の特徴は，あらゆる社会的主体がそれぞれの役割を共有し，共に公共的活動を支えるネットワークを形成していくことが，豊かで活力のある新しい社会を切り開く土台となると考え，人々の公共性を発信し，リードしていく人材を期待しているところにある。

　本資格制度は，2023年3月末時点では，京都府立大学，同志社大学，佛教大学，龍谷大学において学部及び大学院修士課程（博士前期課程）レベルの資格，京都産業大学，京都橘大学，京都府立林業大学校，京都文教大学，福知山公立大学，琉球大学，特定非営利活動法人グローカル人材開発センターにおいて学部レベルの資格の運用が行われている。

　京都地域で開発された資格制度であるが，参画する大学は増えつつある。資格取得者は，2023年3月末時点では，初級地域公共政策士は500名を超え，また地域公共政策士は40名となっている。

　現在，大学間及び自治体や企業，地域社会が連携し，地域の課題解決に取り組む能力を認定する資格や仕組みは，「地（知）の拠点大学による地方創生推進事業（COC＋）」（文部科学省，2015年度），「大学による地方創生人材教育プログラム構築事業（COC＋R）」（同，2020年度）による事業によって全国に広がりつつある。

　人口減少と高齢化による地域社会の担い手不足が深刻な課題となる中，地域の公共問題に取り組む人材の育成は重要となっている。本資格制度を含め，さまざまな機関が連携し，地域課題解決に資する人材育成が求められよう。

3 公共政策学教育における教育実践

公共政策学教育とアクティブラーニング

公共政策学教育では，理論と実践の両面から学ぶことが特色である。講義系科目で法学，政治学，経済学を中心とした理論的知識を学ぶこととあわせ，実践的な学びに取り組む。それゆえ，公共政策学教育では，多様なアクティブラーニングが取り入れられている。

アクティブラーニングには多様な形態がある（図4-1，山地 2014）。教育実践の活動の範囲が広いか狭いか，教育実践の構造の自由度が高いか低いかという2軸から整理されている。

活動の範囲が狭く構造の自由度が低い取り組みには，ミニテストや振り返りシートなど知識の定着を目指すものがある。

活動の範囲が狭く，構造の自由度が高い教育として，シミュレーション・ゲーム，ケースメソッドがある。それらは，主として教室の中で行われ，知識理解の深化を追求することができる。

活動の範囲が広く，構造の自由度が低い取り組みには，ディベート，プレゼンテーションやレポート・ライティングなど従来から大学教育に取り入れられてきた実践がある。これらは学び方が定まっており，安定した効果が期待できる。

活動の範囲が広く，構造の自由度が高い教育として，プロジェクト学習やフィールドワーク，実習がある。それらは教室の中での学びだけでなく，教室の外での活動が含まれている。学生主導の活動が展開されることもあり，どのようにデザインするか，どのように協働するか，どのように学びを生み出すかが挑戦課題となる。

本書においても，プロジェクト学習（PBL）の発表の場としての政策コンペ（第6章），ケースメソッド（第7章），政策ディベート（第8章），ゲーミング・シミュレーション（第9章）が紹介されている。

第Ⅱ部　政策人材の育成現場

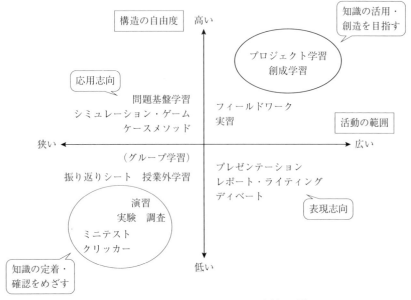

図4-1　アクティブ・ラーニングの多様な形態
出典：山地（2014：2）。

ゲーミング・シミュレーション

ゲーミング・シミュレーションでは，政策過程を疑似体験することができる。学生が，現実に国際的な難民問題の解決に参画する機会を持つことは不可能に近い。しかし，第9章を執筆した玉井によれば，ゲーミング・シミュレーションによって政策決定者の選択とアクターとの相互作用を体験することで国際政治のダイナミズムを深く理解することができるという。

政策ディベート

政策ディベートでは，特定の政策論題を設定し討論することで学ぶ。本書の第8章で永田によって示されるように，立論，YES・NO質問（クロス），駁論（リバッタル），最終弁論（終論）の4段階がある。プレゼンテーション能力，エビデンスに基づく論理的思考や批判的思考が身につくとされる。

ケースメソッドとケーススタディ

ケースメソッドでは，本書の第7章で窪田によって詳述されるように，大阪府庁舎のWTC移転について府知事に助言するといった現実の政策課題を事例として学ぶ。事案の背景と経緯を学び，実際の政策過程に即して議論し，政策立案を行う。ケースメソッドでも，政策プロフェッショナルでないと扱えない問題を教室にいながら取り組むことと教師主導により政策過程の理解を誘導できることが利点として示される。

米国では判例（ケース）研究として始まり，ケースブック（判例集）メソッド（学習法）として定着を見た。学生が主体的に事例（判例）を解釈し討論を経て理解を深めていく学習方法として，ロースクールやビジネススクールで定着してきている。なお，ケースメソッドと類似する用語にケーススタディがある。ケーススタディは医学，工学や人文社会科学など多くの分野で活用されているが，公共政策学の研究においても同様であり，主要な研究方法の一つである。公共政策事例を取り上げ，その体系的で詳述な分析が行われてきた。産業経済政策，教育文化政策，社会保障・社会福祉政策，医療保健政策，国土政策や都市・農村政策など様々な分野で先行研究がある。こうした公共政策事例を教材として活用する場合についてケーススタディ（教育）ということがある。ケーススタディという場合には，ケース分析について座学として教授を受けるという受動的学習を指し，ケースメソッドでは事例について能動的学習をする側面が強調されることもある。これとは異なり両者には事例に基づく学習として本質的には違いはないという主張もある。

政策コンペ

政策コンペは，PBLなどのプロジェクト活動をもとに，解決策のアイデアや政策立案をコンペティション形式でプレゼンテーションしあって学ぶ。政策コンペでは，PBLの学びを経た成果発表の意味合いがあり，相互に学びの成果を発表し交流し合う学びを生み出す。

政策コンペは主催者側の開催意図によって，政策の内容やコンペの方法，そ

の結果の活用などが大きく異なっている。学生教育を重視するものもあれば，政策アイデアに期待している場合，政策実施の成果までも見通したもの，またPRを含めた特定の地域や団体の利益，さらにはその波及効果をねらったものなど様々である。

政策コンペには，学生だけでなく，主催者となる自治体や団体の関係者，教員，関心をもつ市民などの参加がある。学生の解決策のアイデアや政策立案の発表と質疑応答を通じた交流から相互に気づきを得て，さらなる研究や解決策のアイデア，政策立案の視点を得ることができる。本書の第6章で池田が「京都から発信する政策研究交流大会」について詳述しているが，学生相互の交流だけでなく，主催者である公益財団法人大学コンソーシアム京都，自治体職員，教員，参加者といった関係者にとっても新たな知見や気づきを得られる学びの場となっている。

公共政策学教育におけるPBLには，政策実態の現地調査や地域課題を解決することを目的とした地域づくりPBL（新川 2019）や商品企画を通じた地域貢献型のPBL（若林 2016）などがある。また本章では，主に学部名称に政策を冠するところの教育を取り上げてきたが，学科やコースにおいてPBLによる（公共）政策学を教授している大学も数多く存在する。学科・コース等さまざまな単位で公共政策学教育の重要な学びが提供されている（大西・竹内・佐藤他編 2016）。公共政策学教育におけるPBLの特徴には，政策の現場でPBLの実践が実際に展開されること，政策課題に応じてテーマが多様なことがある（河井 2018）。1990年代に公共政策系学部が設置されて以来，実際の政策現場で起きている社会問題を解決するための実践型のPBLが行われてきた。現場での問題解決を志向するPBLは公共政策学教育の重要な役割を担ってきた。

4　学士課程段階でのこれからの公共政策学教育

これまでの公共政策系学部教育は，社会的要請に応じる中で多様に展開を見せてきた。しかしながら，公共政策学教育の芯となる政策過程の見取り図を堅

持し得ない土台の揺らぎが起きている。近年の学部編成の中では，公共政策学教育が表面的にしか進んでいない換骨奪胎の危うさを孕んでいる。民主主義のための市民教育や政策プロフェッショナルのための基礎教育となる責務を果たせない公共政策系学部教育となっていないか，今一度透徹した検証が必要である。

　公共政策系学部教育を総括すれば，社会科学全般を広く学び，公共問題に即して学ぶことができる点が主軸の特徴である。それにより，公衆としての市民教育と政策プロフェッショナルへの基礎教育の役割を果たしうるものとなる。

　公共政策学教育を学ぶ方法は，多様な政策問題と社会問題に対して，理論と実践を組み合わせ，少人数教育と現場主義の学習により主体的に学んでいく。「民主主義の科学」（ラスウェル）を学ぶのであるから，民主主義の公共政策を体感できるように学ぶこと，実際に高大接続と市民性教育を結びつけること，その土台として主体的学習を実質的に有効に発揮することが求められる。

　そのためには，アクティブラーニング型の学びを効果的に組み合わせる学びを目指さなければならない。講義で知識を習得し，ケースメソッドやゲーミング・シミュレーションといった教室で知識を活用し，さらにはフィールドで複雑で不確実な問題に対して知識を探究して学ぶ。また，初年次教育での初歩的なフィールド体験に立脚し，ケースメソッドやゲーミング・シミュレーションで知識を活用する際にフィールドでの経験と照らし合わせて知識への理解を深めることも目指すべき学びとなる。知識を習得した上でPBLにおいて政策過程を学ぶだけでなく，PBLのプロジェクト活動と並行して知識をさらに修得していくことも欠かせない。PBLを開始した後に，より専門的な知識を深める学びをし，その知識をPBLのプロジェクト活動につなげるといった学びも効果的であろう。学びの目指すゴールを明確化し，それに向けて効果的に学びを組み合わせて学ぶことが求められるのである。

　そのようなカリキュラム・マネジメントの視座からは，現行の参照基準と各大学・学部のポリシー，カリキュラム，教育実践の連関がどれほど効果的かをさらに検証する必要性が指摘されよう。初年次教育，PBL，少人数教育，ケー

第Ⅱ部　政策人材の育成現場

スメソッドのそれぞれの教育が効果的であるかを問うばかりでなく，それらの接続によってどのような効果が生み出されているかを問う必要がある。そしてまた，そのような連関性の視座をもってそれぞれの教育方法を問い直すことが必要となる。このような視座はさらに，アクティブラーニングの多様な学びの間だけでなく，専門科目間の関係づけの問い直し，学際性の実質的意味の問い直しに通じる。公共政策学において，何を持って寄せ集めではない意義が創発しているか，多様な視点を鳥瞰的な視座へ総合し得ているかが問われる。それはすなわち，学士課程教育における学位授与の実質化の問いに他ならない。公共政策学の学士課程学位授与に相応しい学びの成果物はいかなる内容を備えていなければならないか，その基準はいかなるものかが問われるのである。このような公共政策学教育の問い直しが，民主主義の科学としての公共政策学を鍛え直す道であり，民主主義を鍛える道である。

【付記】

本章の第2節は，河井・新川（2019）及び村上（2023）に加筆・修正を加え作成した。また本章は，JSPS科研費21K13608，22K02243の助成を受けたものである。
なお，本章は2021年8月に執筆したものである。

注

(1)　新川（2015）をもとに，総合政策学部，政策科学部，政策学部，地域政策学部，現代政策学部，政策創造学部，公共政策学部を研究の対象としている。その後，東北文化学園大学総合政策学部と島根県立大学総合政策学部では学部再編が行われた。2021年度からは東北文化学園大学総合政策学部は経営法学部となり，島根県立大学総合政策学部は国際関係学部と地域政策学部の2学部となっている。

(2)　足立（2005）では，政策学的思考と用いられているが，本章では足立の示す「政策学的思考」と多くの大学のポリシーで用いられる「政策的思考」の意味内容は同義と捉え，政策的思考と示す。

引用・参考文献

足立幸男（2005）「公共政策学はいかなる学として成り立ちうるか」足立幸男編『政

策学的思考とは何か——公共政策学原論の試み』勁草書房，1-18。

大西正志・竹内康博・佐藤亮子・山口信夫・米田誠司・宇都宮千穂編（2016）『地域
と連携する大学教育の挑戦——愛媛大学法文学部総合政策学科地域・観光まちづ
くりコースの軌跡』ペリカン社。

河井紗央里（2018）「公共政策学教育におけるプロジェクト・ベースド・ラーニング
の意義——5大学の政策系学部の公開情報をもとに」『同志社政策科学研究』20
（1），131-145。

―――――・新川達郎（2019）「学士課程教育における公共政策学教育の実質化のため
に――ディプロマ・ポリシー及びカリキュラム・ポリシーをめぐって」『同志社
政策科学研究』21（1），63-76。

―――――・新川達郎（2020）「公共政策学教育におけるカリキュラムの実態——京都
市の公共政策系学部3大学を事例に」『同志社政策科学研究』21（2），195-210。

土山希美枝（2008）「地域公共人材への視座」土山希美枝・大野矢修編『地域公共政
策をになう人材育成——その現状と模索』日本評論社，1-25。

新川達郎（2013）「政策と政策学の話をしよう」新川達郎編『政策学入門——私たち
の政策を考える』法律文化社，1-14。

―――――（2015）「「公共政策学教育の基準」に関する検討とその課題」『公共政策研
究』15，64-77。

―――――（2019）「大学と地域の連携交流——同志社大学政策学部新川ゼミの京都市
上京区京極学区における学生と地域の活動」『地方自治京都フォーラム』134，
9-16。

日本学術会議（2010）「大学教育の分野別質保証の在り方について（回答）」。

日本公共政策学会（2015）「学士課程教育における公共政策学分野の参照基準」。

広田照幸（2010）「分野別質保証のための参照基準について」『学術の動向』15（6），
12-20。

松下圭一（1991）『政策型思考と政治』東京大学出版会。

真山達志（2013）「問題の発見と問題の分析」新川達郎編『政策学入門——私たちの
政策を考える』17-29。

村上紗央里（2023）「公共政策系学部のディプロマ・ポリシー，カリキュラム・ポリ
シーに基づく共通構造」村上紗央里・新川達郎『公共政策学教育の現状分析——
ポリシー，カリキュラム，教育実践』明石書店，64-85。

―――――・新川達郎（2023）『公共政策学教育の現状分析——ポリシー，カリキュラ

第Ⅱ部　政策人材の育成現場

　ム，教育実践』明石書店。

山地弘起（2014）「アクティブ・ラーニングとはなにか」私立大学情報教育協会『大学教育と情報』2014年度（1），2-7。

若林隆久（2016）「PBLによる大学生に対するキャリア教育と地域貢献――商品企画プロジェクトの事例から」『地域政策研究（高崎経済大学地域政策学会）』19（1），79-89。

Anderson, L. W. and Krathwohl, D. R., eds., (2001), *A Taxonomy for Learning, Teaching and Assessing: A Revision of Bloom's Taxonomy of Educational Objectives.* New York: Longman.

■　■　■

読書案内

新川達郎編（2013）『政策学入門――私たちの政策を考える』法律文化社。
　政策学を始めて学ぶ人のための入門書。政策学の基本的な考え方や理論についてグローバル・ナショナル・ローカルの視点から学ぶことができる。

松田憲忠・三田妃路佳（2019）『対立軸でみる公共政策入門』法律文化社。
　「価値対立の不可避性」という観点から公共政策についての解説を行う入門書。福祉，教育，経済，公共事業などの政策課題に言及している。

石橋章一朗・佐野亘・土山希美枝（2018）『公共政策学』ミネルヴァ書房。
　政策の歴史，民主主義と政策の関係，政策のプロセス，政策のデザインのあり方や政策をめぐる価値の議論について学ぶことができる。

村上紗央里・新川達郎（2023）『公共政策学教育の現状分析――ポリシー，カリキュラム，PBL』明石書店。
　本書は，学士課程教育における公共政策学教育の現状分析を行い，公共政策学教育の議論の前提や枠組みを提示することを目的としている。

さらなる学びのために

①　公共政策系学部では，フィールドワークや現場実践的な演習が重視されているが，そうした科目の学び方の特徴を調べてみよう。そして，またその科目が置かれてい

る理由を調べてみよう。

② 公共政策学にかかわる授業を受講し，公共政策について考えていくうえで気づいたことと大事なことをまとめてみよう。また，公共政策学にかかわる書籍を読んだ人は，公共政策がどんなものなのか，自分で考えて，まとめてみよう。

（村上紗央里・新川達郎）

第5章
実務における政策人材の育成

この章で学ぶこと

　政策人材の育成は政策系の学部・大学院以外でも行われている。国や地方自治体の政治家や行政職員の多くは政策系の大学院や学部出身ではなく，職についてから研修等で政策人材として育成されている。このことを踏まえれば，実務における政策人材の育成について知ることも重要である。本章では，地方自治体の行政職員を対象とする公務員研修を中心に，大学以外における政策人材の育成とそのための教育・研修について説明を行う。

　本章では，総務省自治大学校，市町村アカデミー，全国市町村国際文化研修所，地方自治体の職員研修所等を順に取り上げ，それぞれの概要，カリキュラムの中における政策人材の育成に関わる部分，対象者や修了後の進路などを概観する。そして，そうした実務における政策人材の育成に共通する特徴と課題があることを指摘する。

1　総務省自治大学校における政策人材の育成

自治大学校の概要とカリキュラム

　総務省が管理運営している自治大学校は，地方公務員に対する日本で唯一の中央研修機関であり，高度な研修や専門研修を通じ地方公共団体の幹部となる職員の総合的な政策形成能力や行政管理能力を担っている。また，研修だけではなく，地方自治に関する内外の関係諸制度やその運営について調査研究を行っており，地方自治に関する研究センターとしての性格も併せ持っている。1953年10月1日に開校され，70年以上の歴史を有している。

　自治大学校のウェブサイトで公開されている「自治大学校の魅力と特色のあふれる研修」という文書によると，自治大学校のカリキュラムの特徴は以下の

107

第Ⅱ部　政策人材の育成現場

6点であるとされる。

- 分権時代をにらんで，幅広い能力を備え，地域の発展のために総合力，創造力を発揮できる人材の育成を目指しています。
- 多彩な研修課程を総合的，体系的に提供しています。
- 常に時代の変化に対応したタイムリーな研修内容を提供しています。
- グループ研究，ディベートなどを重視した研修内容としています。
- 一流の講師陣，著名な講師陣を揃えています。
- 全寮制合宿研修による研修生の幅広い交流が行われています。

　これらの特徴について「自治大学校の魅力と特色のあふれる研修」には以下のように説明されている。分権型社会を担う地方公務員に必要とされる能力として政策形成能力が行政管理能力と並んで強調されている。タイムリーな研修の例として示されているのは，地域政策，環境政策，社会福祉政策といった政策分野であり，公共政策決定システムに関わる新公共管理（NPM）論，住民参加，危機管理，電子自治体等の考え方や先進事例なども取り上げている。グループ研究やディベートなどの手法を重視することに関しては，具体的な政策課題について，講義のみにとどまらず，研修生が自主的に取り組む政策提言・グループ研究を実施していること，実践的な能力を養成するため，課題解決討議，ディベート討論，ロールプレイング等を取り入れるなど，多角的なカリキュラムを編成していると述べられている。こうした新しい手法を用いる理由としては，自主性の重視，実践的な能力の養成につながることが期待されていることが記されている。講師陣については，22名が掲載されているが，その内訳は，大学教員が17名，行政職員が4名，作家が1名となっている。

　自治大学校のカリキュラムは，詳細は表5-1に示された通りだが，大きく一般研修と専門研修に分かれており，さらに一般研修は基本法制研修A，基本法制研修B，第1部，第2部，第1部・第2部特別，第3部に分かれており，専門研修は税務と監査・内部統制に分かれている。第1部，第2部，第1部・

第**5**章　実務における政策人材の育成

表5-1　自治大学校の主な研修課程の概要

課程名		対象	期間	年間回数	年度計画
一般研修	基本法則研修A	①第1部課程受講者 ②第2部課程受講者 ③基本法制のみの受講希望者	1か月	2回	—
	基本法則研修B	①第2部課程受講者 ②第1部・第2部特別課程受講者 ③基本法制のみの受講希望者	2週間	2回	—
	第1部	都道府県及び指定都市等の課長補佐・係長相当職の職員	3か月	2回	160人 （80人）
	第2部	市区町村の課長補佐・係長相当職以上の職員	2か月	4回	320人 （80人）
	第1部・第2部特別	都道府県及び市区町村の係長相当職以上の女性職員	3週間	2回	240人 （120人）
	第3部	都道府県及び市区町村の課長相当職以上の職員	3週間	1回	120人
専門研修	税務	【税務・徴収コース】都道府県及び市区町村の賦課・徴収事務の管理監督職員	1か月	1回	120人
		【会計コース】都道府県・市区町村の税務担当職員	3か月※	1回	50人
	監査・内部統制	都道府県及び市区町村の課長補佐・係長相当職にある職員	1か月※	1回	50人

（注）• 平成30年度においては，上記の一般研修及び専門研修のほか，特別研修（医療政策短期，人材育成，地方公会計，防災）及び「地域人財づくりセミナー」を実施している。
　　• ※の課程については，宿泊研修に先立って通信研修（一部eラーニングを含む）を行う。
　　• （　）は1回あたりの定員である。
出典：『自治大学校パンフレット』（2025年1月23日アクセス，https://www.soumu.go.jp/main_content/000567995.pdf）。

第2部特別，第3部と言っても名称だけでは分かりにくいが，これらは対象が異なっており，第1部が都道府県と指定都市等の課長補佐・係長相当職の職員を対象としており，第2部が市区町村の課長補佐・係長相当職以上の職員を，第1部・第2部特別が女性職員を，第3部が課長相当職以上の職員を対象としている。いずれの研修も短くても2週間，長ければ3ヶ月にわたる長期の合宿研修であることも特徴である。

第Ⅱ部　政策人材の育成現場

カリキュラムの特徴

　カリキュラムの特徴として，自治大学校ウェブサイトの自治大学校パンフ
レット・資料に掲載されている『自治大学校』と題されたパンフレットには以
下の点が強調されている。まず，研修の新たなポイントという項目で，基本法
制に係る研修を実施すること，第1部課程と第2部課程で各種の演習を集中的
に実施し，政策形成能力を高めるための講義を実施すること，そして第1部・
第2部特別課程では宿泊研修日数を対象である女性が参加しやすいように設定
するという三つが挙げられている。もう一つの項目は，演習課目を通じた政策
形成能力の養成であり，以下のように記されている。

　　　これからの時代を担う地方公務員に必要な能力として，自治大学校では
　　六つの能力（問題発見・解決能力，政策立案能力，プレゼンテーション能力，マ
　　ネジメント能力，公共政策・行政経営に係る知識，幹部候補生としての使命感）を
　　研修生に習得してもらいたいと考えており，演習課目を通じて段階的かつ
　　着実に習得できるようにします。
　　　具体的な演習課目としては，模擬講義演習，事例演習（テキスト型，持寄
　　型，ディベート型），データ分析演習，条例立案演習，政策立案演習を実施
　　しています。

　地方公務員に求められる六つの能力を明示していること，方法として演習を
重視していること，演習の内容として，模擬的手法やディベートが取り入れら
れていることがなどが注目される。
　第2部課程の政策立案演習では，課題として何を取り上げるか，どのような
提言をするかは研修生に任されているが，提言をつくり上げるためのツールま
たは大枠については共通のものが示されている。報告書と最終的なプレゼン
テーションには，「現状」「課題」「政策提言」「効果」の各要素を含むことが求
められる。まず現状を分析し，何が問題かを考え，課題を整理し，それを解決
するために誰が何をどのようなタイムスパンで行うのかという政策提言をまと

め，その政策提言により何がどう変わるのかという効果を明確に示すという流れである。

　修了者について，総務省自治大学校のウェブサイトの自治大学校パンフレット・資料のページで公開されている「活躍する自治大学校卒業生」には，2009年3月末という少し古い情報であるが，その時点での修了者約5.5万人のうち，約2万人が地方行政の各分野で活躍しており，その中には，国会議員が1名，都道府県副知事，出納長，教育長が約10名，都道府県部（局）課長が約1,300名，市町村長が約100名，市町村の副市長，助役，収入役，教育長が約230名，市町村部（局）課長が約5,000名含まれているという。

2　公益財団法人全国市町村研修財団による政策人材の育成

市町村職員中央研修所における政策人材の育成

　本節では，全国市長会，全国市議会議長会，全国町村会および全国町村議会議長会の4団体が設立した公益財団法人全国市町村研修財団が管理運営している二つの研修所である，市町村職員中央研修所と全国市町村国際文化研修所における政策人材の育成について説明する。

　市町村職員中央研修所は通称を市町村アカデミーという。英語名の略称JAMP（Japan Academy for Municipal Personnel）でも知られている。市町村職員中央研修所は市町村を担う人材育成のための中央研修機関であり，最近における社会経済の急速な進歩や変化に対応し，地方分権型社会の構築に向けて，多様化する住民ニーズに即した市町村行政が推進されるよう，研修を通じて市町村職員の能力の向上を図り，もって住民の福祉と地域の進行に資することとを目的としている。1987年4月1日，財団法人全国市町村振興協会（現在は公益財団法人全国市町村研修財団）のもとに，市町村職員中央研修所として発足した。市町村職員中央研修所のウェブサイトによれば，2017年1月27日には，累計の修了者・受講者総数が15万人を超えている。カリキュラムは，大別して，専門実務課程と特別課程に分かれている。[1]専門実務課程は中堅職員以上を対象者と

第Ⅱ部　政策人材の育成現場

しており，2023年度における科目数は13分野で61科目，合計回数は72回で定員の合計は4,360人であり，これらの数字は近年大きな変化はない。特別課程は，市町村長，副市長村長，市町村議会議員，監査委員等を対象としており，科目数は 6 科目，合計回数は10回で定員の合計は790人である[2]。専門実務課程の方が科目数で10倍以上，定員で 5 倍以上と全体の多くを占めるが，市町村長，副市長村長，市町村議会議員，監査委員等を対象とする研修があることは特徴である（公益財団法人全国市町村研修財団 2023：10-12）。

　特別課程は，市町村長を対象とするものが 2 科目，市町村議会議員と監査委員を対象とするものがそれぞれ 1 科目ずつ，管理職を対象とするものが 2 科目，合計で 6 科目がある。これらは全て特別セミナーまたは特別講座と名づけられた科目で，科目名称に公共政策は含まれない。しかし，2023年度のカリキュラムにある 6 科目のうち，「監査委員特別セミナー」を除く 5 科目は公共政策を扱っている。研修の目標及び内容を見ると，「市町村長特別セミナー」と「市町村議会議員特別セミナー」と「管理職特別セミナー」には市町村の行財政運営をめぐる重要課題と対応方策を扱うとあり，「市町村長特別セミナー 〜自治体経営の課題〜・地域経営塾」と「管理職特別セミナー 〜自治体経営の課題〜」の研修の目標及び内容は「急速な人口減少・少子高齢化の進展その他の経済社会情勢の変化に的確に対応し，目指すべき方向性について知見を深められるよう」とあり，これらの科目が公共政策を扱っていることがわかる（公益財団法人全国市町村研修財団 2023：26）。

　行政職員を対象とする専門実務課程の12分野59科目についても同様に，公共政策に関わる科目をカウントしてみる。公共政策についての内容を研修の目標及び内容に含む科目は分野別に列挙すると以下の通りである。法務分野の「法令実務Ｂ（応用）」（ 2 回・定員各50人）。政策企画分野の「ナッジ等を活用した政策イノベーション」（ 1 回・定員50人），「政策企画」（ 1 回・定員50人），「政策の最先端」（ 1 回・定員50人），「少子化社会への対応」（ 1 回・定員40人）。デジタル化分野の「行政のデジタル化の推進〜所管課の業務改革（DX）〜」（ 1 回・定員50人），「ICT による情報政策」（ 2 回・定員各50人），「教育現場の DX」（ 1 回・定

第5章　実務における政策人材の育成

員40人）。環境分野の「持続可能な地域づくりと環境保全」（1回・定員50人）。
スポーツ・文化分野の「スポーツ行政の推進」（1回・定員40人）。これらを合
計すると，10科目，12回，定員520人となる。また，以下に列挙する科目は研
修の目標及び内容に公共政策と明記されていないが，内容を総合的に判断して
公共政策を扱っていると考えられる科目である。総務分野の「広報の効果的実
践」（2回・定員各50人），「情報公開と個人情報保護」（1回・定員80人），「職員
研修の企画と実践」（1回・定員40人）。政策企画分野の「事業推進のための
データ活用」（1回・定員50人）。財務・税務分野の「公共施設の総合管理」（1
回・定員60人）。福祉分野の「高齢者福祉の推進」（1回・定員40人），「地域保健
と住民の健康増進」（1回・定員40人），「障がい者福祉の推進」（1回・定員40人），
「生活保護と自立支援対策」（2回・定員各70人），「子育て支援の推進」（1回・定
員60人），「児童虐待防止対策」（1回・定員60人）。まちづくり分野の「住民協働
による地域づくり」（1回・定員60人），「人権と多様性を尊重した社会の形成」
（1回・定員40人），「人口減少時代の都市計画」（1回・定員40人），「空き家対策
の推進」（1回・定員40人），「公共交通とまちづくり」（1回・定員40人），「全国
地域づくり人財塾」（1回・定員50人）。経済・観光分野の「地域産業の振興」
（1回・定員60人），「DX時代の農業戦略～データ農業と地域ブランド～」（1
回・定員40人），「観光戦略の実践」（1回・定員60人）。環境分野の「廃棄物の処
理とリサイクルの推進」（1回・定員60人）。スポーツ・文化分野の「文化芸術
の活用による地域社会の活力の創造」（1回・定員40人）。危機管理・防災分野
の「災害に強い地域づくりと危機管理」（2回・定員各70人）。これらを合計する
と，23科目，26回，定員1,380人となる（公益財団法人全国市町村研修財団 2023：
16-24）。

全国市町村国際文化研修所における政策人材の育成

　全国市町村国際文化研修所は略称を国際文化アカデミーと言い，英語名は
「Japan Intercultural Academy of Municipalities」である。通称のJIAMもよ
く知られている。全国市町村文化研修所は全国の自治体を担う人材を育成する

第Ⅱ部　政策人材の育成現場

総合的な研修機関であり，分権型社会を担い，時代の変化にも柔軟に対応できる意欲と能力を兼ね備えた人材の育成を，他の研修機関とも連携を取りつつ専門的かつ科学的に行うことにより，全国の市町村の人材の育成をさらに推進し，地域の振興と住民福祉の向上を目指すことを目的としている（ここまでは「研究所について」2025年１月23日アクセス，https://www.jiam.jp/about/org.html）。全国市町村国際文化研修所は1992年４月に設置され，翌1993年４月に最初の研修が開講された。既に設置されていた市町村職員中央研修所に対し，市町村職員の国際化対応能力を向上させるための専門的研修を行う機関が必要という考えによるものであった。2019年８月には受講者総数が10万人を超えている（全国市町村国際文化研修所 2023：3）。

　JIAM の研修内容は国際文化に特化したものではなく，2023年度の研修計画の重点事項に掲げられた７つの項目を見ても，①活力ある地域社会の実現に向けた課題解決力を養う研修の充実，②人材マネジメントを通じた組織力向上のための研修の充実，③災害などに対する危機管理能力を強化する研修の充実，④グローバルな知識と視野を身につける研修の充実，⑤税務，法務など市町村行政を支える基盤科目の共通実施，⑥地域社会を支える人材力の向上に資する研修の充実，⑦効果的な研修手法の活用となっており，幅広く公共政策を扱うものとなっていて国際文化という名称に捉われない活動を行っている（公益財団法人全国市町村研修財団 2023：35-38）。

　全国市町村国際文化研修所のカリキュラムは，国際文化系研修，政策実務系研修，特別セミナー等に大別される。それぞれの受講者数の推移は図５－１に示した通りである。2004年から政策実務系研修の受講者が急増し，現在では受講者の半数以上を占めることがわかる。

　全国市町村国際文化研修所のカリキュラムは，大きな区分として海外研修，国際文化研修，公共政策技法研修，政策・実務研修，幹部職員等研修，市町村長・議員等研修がある。科目数を見ると，海外研修は３科目である。国際文化研修は，海外戦略等が５科目，多文化共生・ダイバーシティが８科目，消防職員が２科目，その他が４科目の合計20科目である。公共政策技法研修は４科目

第5章 実務における政策人材の育成

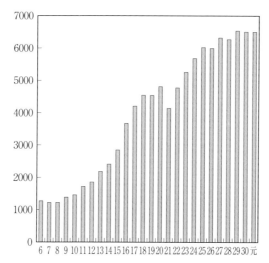

図5-1 全国市町村国際文化研修所の研修受講者数の推移
注：単位：人
出典：JIAMパンフレット「全国市町村国際文化研修所（国際文化アカデミー）」11頁（2025年1月23日アクセス、https://www.jiam.jp/about/doc/pamphlet.pdf?20240417）。

である。政策・実務研究は、災害対応・危機管理が7科目（5科目は他の区分の科目と共通），人材育成・人事が4科目，行政経営・公営企業が10科目，法務・選挙・監査が5科目，税務等が6科目，財政・財務が4科目，企画・まちづくりが17科目（4科目は他の区分の科目と共通），産業振興が6科目（2科目は他の区分の科目と共通），福祉が7科目の合計66科目である。幹部職員等研修は5科目である（2科目は他の区分の科目と共通）。市町村長・議員等研修は16科目である。ほとんどの科目が年度毎に1回，2～5日間，定員50名で開催されているが，市町村長等・議会議員特別セミナーは例外的な位置付けで，年に3回，各2日間・定員220人で実施されている（公益財団法人全国市町村研修財団 2023：40-43）。

全国市町村国際文化研修所のカリキュラムは，公共政策技法研修，政策・実務研究というように政策そのものの名称を持つ区分があり，しかも多数の科目が設けられているところに特徴があるが，それらの区分に含まれる科目の全てが公共政策を扱うとも言い難い。また，国際系研修や特別セミナー等の中にも

第Ⅱ部　政策人材の育成現場

公共政策を扱う科目がある。研修の目標及び内容から見ると以下の科目が公共政策についてのものと言える。

　海外研修の3科目全て，「多様な主体を活かす地域経営～全米の最も住みたい街から学ぶ」，「欧州から学ぶ持続可能なまちづくり」，「自治体の海外戦略～活力あるアジアとの地域間交流促進～」の各科目が公共政策を扱う科目と見なせる。

　国際文化研修では，まず海外戦略等に区分される「先進事例から学ぶ幸福度指標を活用した政策展開～住民のウェルビーイングを高めるために～」「世界情勢からわがまちの未来をつくる～トップマネージャーの方のために～」「GXの推進と地域の産業政策～経済と観光の循環から考える～」「SDGsと地域づくりの新たな視点」「自治体のマーケティング戦略～地域資源の魅力を海外の視点から考える～」の5科目。多文化共生・ダイバーシティに区分される9科目のうち，「自治体外国人施策の実務～第一線で対応する方のために～」と「持続可能な地域社会の形成とダイバーシティ～多文化共生からダイバーシティを考える～」，「多文化共生の地域づくりコース」，「災害時における外国人への支援セミナー」の4科目。消防職員向け研修の2科目のうち，「消防職員コース～非常時における外国人とのコミュニケーション～」。以上の小計として国際文化系研修の合計15科目のうち，10科目が公共政策を扱う科目と見なせる。

　公共政策技法研修に区分される4科目は，区分の名称からして公共政策を扱う科目と考えることもできるが，「相談業務担当職員のためのコミュニケーション技法～マイクロカウンセリングを中心に～」を除く3科目が公共政策を扱う科目と見なせる。

　政策・実務研修では，災害対応・危機管理に区分される7科目は全て公共政策を扱う科目と見なせる。人材育成・人事に区分される4科目では「次世代を担う若手職員育成研修」が公共政策を扱う科目と見なせる。行政経営・公営企業に区分される10科目の中では，他の区分と共通する2科目と「自治体におけるSNS活用」の3科目が公共政策を扱う科目と見なせる。法務・選挙・監査に区分される5科目の中では，「法令実務B（応用）」が公共政策を扱う科目と

見なせる。税務等の区分には6科目あるが，公共政策を扱う科目と見なせるものはない。財政・財務の区分には4科目あるが，公共政策を扱う科目と見なせるものはない。企画・まちづくりの区分には17科目があり，その全てが公共政策を扱う科目と見なせるが，そのうち4科目は他の区分と共通する科目である。13科目の中には，パークマネジメント，イベントと地域活性，若者世代が参画する地域づくり，関係人口の創出・拡大，ゼロカーボン，地域交通，空き家対策など様々な政策分野が取り上げられている。産業振興に区分される6科目の中では2科目は他の区分と共通する科目である。それ以外の「これからの農業を考える」「自治体の中小企業支援」「地域ブランドの育成と保護」「地域が稼ぐ観光戦略～選ばれ続ける地域を目指して～」の4科目が公共政策を扱う科目と見なせる。福祉に区分される7科目は全て公共政策を扱う科目と見なせる。以上の小計として，政策実務系の合計59科目のうち，他の区分との共通科目を除く51科目中36科目が公共政策を扱う科目と見なせる。

　特別セミナー等に分類されるもののうち，幹部職員等研修に区分される5科目には公共政策を扱う科目はない。市町村長・議員等研修に区分される16科目の中では，他の区分と共通する3科目を除く13科目のうち，「市町村長等・議会議員特別セミナー」「市町村長特別セミナー『地域経営塾』」「社会保障・社会福祉」「地方議員のための政策法務～政策実現のための条例提案に向けて～」「人口減少社会における議会の役割」「防災と議員の役割」「自治体決算の基本と実践～行政評価を活用した決算審査～」「議会改革を考える～先進事例に学ぶ住民参加・情報公開～」の8科目が公共政策を扱う科目と見なせる。

　以上を合計すると，全国市町村国際文化研修所では2023年度に57科目が公共政策を扱う科目を開講している（公益財団法人全国市町村研修財団　2023：47-69）。

3　地方自治体の公務員研修における政策人材の育成

地方自治体の公務員研修

本節では，自治大学校が行った『地方公務員研修の実態に関する調査』

第Ⅱ部　政策人材の育成現場

表5-2　研修所の設置状況
(上段：団体数，下段：割合)

内　容　＼　団体区分	都道府県	指定都市	中核市	県庁所在市	特別区	その他市町	東北自治研修所	合　計	前回調査
回答団体数	47	20	62	4	23	30	1	187	178
研修所設置団体	37	14	16	0	8	0	1	76	76
	78.7%	70.0%	25.8%	0.0%	34.8%	0.0%	100.0%	40.6%	42.7%
うち常勤職員10人以上の団体	11	3	0	0	1	0	0	15	14
	29.7%	21.4%	0.0%	0.0%	12.5%	0.0%	0.0%	19.7%	18.4%

注：上段：団体数，下段：割合。
出典：自治大学校（2022：7）。

（2022）に依拠して地方自治体の公務員研修について説明する。自治大学校は研究センターとしての性格も持つことは既に説明したが，この調査もその代表的なものの一つである。自治大学校では，1991年以降，3年毎に地方公務員研修の全体的な現状を把握するための調査を行い，結果を公表している。最新の調査は2021年7月から8月にかけて行われ，2022年3月に公表されている。

　表5-2は研修所の設置状況を示している。研修所を設置しているのは全体で76団体であり，そのうち常勤職員10名以上の研修所を設置しているのは都道府県と指定都市を中心とする14団体である。

　都道府県と市区町村は職員研修所または研修担当課を設けて研修を行っている。また東北には公益財団法人東北自治研修所がある[3]。この調査が対象としているのは，研修担当部門が実施する，職場外で行う集合研修であり，職場において上司や先輩から受ける指導（OJT：On the Job Training），職場単位で行われる勉強会，国や他の地方自治体や民間企業等への職員派遣なども広義の研修であるが，この調査の対象には含まれていない。研修担当部門が行う職場外での集合研修には，階層別研修と特別研修がある。階層別研修は対象となる階層・職層の職員が原則として全員受講することを義務付けられた研修であり，特別研修は専門的な知識・技能の習得や能力の開発・向上を目的として実施される研修であって階層別研修を除くものとされる（自治大学校 2022：3）。

　階層別研修には，新規採用者研修，主任等研修，係長・課長補佐研修，課長

級研修，トップセミナーが含まれる。特別研修には，指導者養成研修，政策能力向上研修，法務能力向上研修，条例立案研修，特定課題研修・専門研修，コミュニケーション能力向上研修，ディベート研修，論理的思考能力研修，キャリア形成研修，語学・OA・統計データ研修，その他が含まれる。指導者研修は研修の指導者を養成することを目的とする研修である。特定課題研修・専門研修には，人事・労務，財政・税務，財務・財産管理・調達，自治体経営，広報・広聴・情報公開，まちづくり・デザイン・建築，保健・福祉・医療・生活・環境，教育・人権・国際交流，情報政策，地域安全，産業・労働・農林水産・観光，危機管理，その他という課題が含まれる（自治大学校 2022：4-5）。なおこれらの分類はこの調査におけるものであり，各研修所または研修担当課においてはさまざまな名称で実施されている。本章の関心は特別研修に含まれる政策能力向上研修にあるが，特定課題研修・専門研修に含まれるものの中にも自治体経営が政策評価も含んでいたり，情報政策のようにさまざまな政策分野を扱ったりしており，政策人材の育成に関わるものがある。また，階層別研修の中に公共政策に関わる内容が含まれていることも一般的なことであり，政策能力向上研修のみが政策人材の育成に関わるわけではない。

　政策能力向上研修を実施しているのは，都道府県が16，指定都市が5，中核市が7，県庁所在地の市が0，特別区が5，その他市町が2の38団体である。演習を含む政策能力向上研修を実施しているのは，都道府県が25，指定都市が10，中核市が15，県庁所在地の市が1，特別区が3，その他市町が5に東北自治研修所を加えた60団体である（自治大学校 2022：46-47）。

　自治大学校の調査では特色ある研修を実施しているかを尋ねているが，政策能力向上研修について特色ある研修を実施していると実施団体が回答した29の研修科目が参考として掲載されている（自治大学校 2022：59-61）。これらの事例の中には他に例を見ないようなものも含まれている。千葉県の「新規採用職員を対象とした県重要施策の実地学習」では，成田空港関連施策のような県の基軸となる重要施策について実地学習を行う。福島県の「実地研修『現場から学ぶ自治体職員としての政策形成能力』」では東日本大震災の復興・創生事

第Ⅱ部　政策人材の育成現場

業の現場を訪問し，具体的な地域の問題をテーマに政策を検討する。北海道の「北海道セールス」は民間企業に企画提案を行い，「地域ブランディング」では市町村・民間企業等との協働演習を通じて，地域資源の発掘眼を養い，ブランディング力を養う。茨城県の「対話型ゲームによる政策力向上講座」では，自治体職員が開発した対話型ゲームを体験することにより，自治体を取り巻く現状把握能力や政策形成能力の向上を図る。福岡市の「選択研修『デザイン思考研修』」では，デザイナーが実践してきたデザイン思考を学び施策等に活かすことを目的としている。

　特色ある政策能力向上研修とされているものはいずれも興味深いが，回答者が必ずしも他の団体の事例に通じているわけではないだけに，リストアップされた29事例と同様の研修を行っている場合でも，担当者が特色ある研修として回答しなかったものもあると考えられるし，また，階層別研修など政策能力向上研修以外にも，階層別研修などでも政策人材の育成に関わる内容が扱われている。このように考えると，地方自治体の職員研修における政策人材育成の裾野は広く，修了者の人数や学びを活かせているかという点についても分からない点が多いが，裾野は大きく広がっていると推定して間違いはないだろう。以下では，そうした推定を裏付けるものとして，筆者が関わった事例の中から，階層別研修で政策人材の育成に関わる内容が扱われている事例として兵庫県自治研修所における中堅職員研修を紹介したい。

兵庫県自治研修所における政策人材の育成

　兵庫県自治研修所は1951年に設置され，現在は常勤職員14名を持つ研修所であり，県職員だけではなく，県内の市町職員の研修も担っている。2023年度の研修計画によると，以下のような重点項目を設定している。政策人材の育成と特に関わる1（2）については特に詳細に引用した（兵庫県自治研修所ウェブサイト（2025年1月23日アクセス，https://web.pref.hyogo.lg.jp/jk01/pa24_000000001.html））。実践的な演習が政策形成能力の向上のために重視されていることがわかる。

第5章　実務における政策人材の育成

1　課題に挑戦し，自ら考え行動する力の向上

（1）職員の意欲と創意を高める

（2）問題発見力・課題解決力を高める

a．実践的な演習による政策形成能力の向上

b．外部人材との交流による発想力・行動力等の向上

c．地域連携・広域連携による課題解決力の向上

d．法律や財務会計制度の知識とノウハウの習得による実務能力の向上

2　組織力を高めるマネジメント力の向上

（1）管理・監督職のマネジメント力の向上

（2）若手・中堅職員のマネジメント力の向上

（3）リスクマネジメント力の向上

3　人が育つ職場風土づくりの推進

（1）人を育てる職場づくり

（2）職員の主体的な学びの支援

（3）職務遂行能力の向上

　兵庫県自治研修所のカリキュラムには一般研修と特別研修がある。それぞれ県職員向けと市町職員向けに分かれているが，多くは合同で開催されている。特別研修で政策人材の育成に関わるものとしては，かつて2000年代初頭には筆者が講師を務める年間を通じて十数名の県職員と市町村職員が参加するような政策課題演習という科目が設定されていたが，現在では「政策づくりの基本研修」，「SDGs政策形成実践研修」「行政特別研修」の各科目がある。

　こうした特別研修以外の一般研修に含まれる科目のうち，例えば中堅職員研修にも政策人材の育成に関わる内容が含まれる。中堅職員研修は県職員にとっては主任等に昇任した職員が受講するものであり，市町職員にとっては採用後概ね10年以降の役付でない職員が受講するものであり，合同で実施される。年間に4期開催され，1期は平均で100名程度が受講し，3日間を研修期間とし，最近の約10年間はそのうち1日が政策人材の育成に関わるものとなっている。

４期はそれぞれ別の大学教員が講師を務めるため，内容もある程度異なるものの，1.5時間の講義とそれに続く4.5時間の演習という大枠は共通している。筆者が担当する場合，講義では公共政策の案または実施中の公共政策について，必要性と主体の妥当性を常に考えるべきことを強調している。そして演習では，○×形式のミニ課題，研修生が１人で判断する小課題，6名程度で編成されている班でグループワークする課題というように徐々にサイズアップし，習熟，反復による定着，さまざまな考え方があることを知ってもらうことを重視している。また，あなたは県職員，あなたは市長と言うように，課題ごとに研修生の役割を示すケースメソッドを可能な限り取り入れるようにしている。例えば，某市が持つエコエネルギーセンターをケースとし，そのセンターの当初の目的はあまり達成されず，費用対効果は悪く，民間への移譲もうまくいかず，地元小中学生への教育機能を重視するよう舵を切ったがやはり費用対効果の悪さが見逃せないというシチュエーションを説明し，研修生が市長[4]という立場に身を置いて判断し，各自の判断結果を発表し，検討するということを行う。研修の効果について定量的なデータを示すことはできないが，例えば2018年度に行った研修についてはアンケートで以下のようなコメントが研修生から寄せられた。

- 政策は，評価までを含めて有効性，必要性を考えることが大切だと感じた。
- 公共部門における政策の位置づけや，非営利部門との協働の重要性を理解した。
- 一つのテーマをあらゆる角度から掘り下げて意見交換し，発表することが出来たのは有意義だった。
- 自由度の高いテーマだったので，多様な意見が出てグループの意見をまとめるのが困難だったが，良い実地体験となった。
- 一つの政策に対して必要性，有効性，費用対効果，評価までを行ったことがなかったので，大変勉強になった。
- 複数のケースについて検討することで，政策形成への理解が深まった。

第**5**章　実務における政策人材の育成

── コラム⑤　藩校における人材の育成 ──────────────

　筆者の手元に，大石学の編集による『近世藩制・藩校大事典』（2006年，吉川弘文館）という本がある。江戸時代の藩と藩校についてまとめた辞典である。18世紀以降に藩政改革が重要な課題になってから，藩政を担う藩士の人材育成が重要な課題となり，藩校がその役割を担った。藩校で学ぶのは8歳から20歳くらいまでで，士分の者の全員に義務付けたり，また士分の者の長男に義務付けたりという場合もあれば，希望者のみという場合もあり，他藩の藩士が学ぶ場合や武士以外の身分の者が学ぶ場合もあった。

　藩校で何をどのように教えるかについて決まりはなく，教育内容の共通化や質保証の制度もなかった。各藩がそれぞれ方針を立て，しかるべき指導者を招聘して藩校を開設した。とはいえ，藩校のカリキュラムに何の共通性もなかったわけではなく，基本となったのは朱子学であり，漢詩も重視された。文武両道が理念とされ，剣術，馬術，弓術，柔術などの武道も取り入れられ，会津藩の藩校の日新館のように池を作って水泳を教えた所もある。藩校の教育は詰め込み式であり，厳しく，試験による進級制度を取り入れている所も多かった。藩校では『大学』『中庸』『論語』『孟子』の四書，続いて『易経』『書経』『詩経』『春秋』『礼記』の五経を順に学び，『史記』などの歴史書も学んだ。内容についての理解はもちろんであるが，素読ができることが重視された。漢詩については有名な詩文を暗記するとともに，創作も重視された。

　藩校のこうした教育に意味はあるのか。暗記重視で厳しい試験の詰め込み主義の教育というのは今日では好まれないものであるし，四書五経で実践哲学を『史記』で歴史を学ぶこと自体に意味はあっても，暗記にどれだけの意味があるのか，また，漢詩を暗記したり創作したりということにどういう意味があるのかと疑問に思うかもしれない。漢文や漢詩を暗記し素読できるようになること，漢詩を創作できるようになることの意味はひとつではないが，重要なこととして，公文書を正確に読んで解釈できるようになること，よい公文書を作成できるようになることという意味がある。また厳しい試験についても，地域の同世代の人材が一堂に会し，一応合理的な方法で少年期から青年期という一定の期間において競争することにより有能な人材を選抜するという意味，そしてその選抜についての納得を得るという意味があったと考えられる。

　このコラムでは藩校に注目したが，幕府で同様の役割を担った昌平坂学問所も興味深い。また，律令制において貴族の子弟の教育の役割を担った大学寮についても注目すべきである。政策人材の育成というと，最新の動き，海外の先進事例に注目しがちであるが，多くの時代で，その時代において最善と思われる場やカリキュラム，教育方法で政策人材の育成は行われてきたという歴史がある。温故知新が重要ではないだろうか。

第Ⅱ部　政策人材の育成現場

4　共通する特徴と課題

演習形式による政策能力の獲得

　本章では，自治大学校，市町村職員中央研修所，全国市町村国際文化研修所，職員研修所・研修担当課による公務員研修を取り上げ，それらの中にある政策人材の育成に関わる部分に注目してきた。

　これらはいずれも長い歴史を有する。本章では最新の状況の紹介となったが，自治大学校，市町村職員中央研修所，全国市町村国際文化研修所については，それぞれの機関が公表している情報を参照しても，そして職員研修所・研修担当課による公務員研修については自治大学校が3年ごとに実施し公表している調査を参照しても，本章で説明した状況は長期において持続しているものと言える。特に，地方分権化改革が始まった2000年以降は政策人材の育成に関わる研修が重視されている。

　職員研修所・研修担当課による公務員研修のうち，階層別研修にも政策人材の育成に関わる研修が取り入れられていることを考えると，全ての地方公務員が公共政策に関する研修を受けることも重要である。首長や地方議会議員については，研修が義務付けられているわけではないが，希望する場合は受講できる研修科目が自治大学校，市町村職員中央研修所，全国市町村国際文化研修所，職員研修所には用意されている。

　公共政策で対応すべき課題を発見する能力，政策案をデザインまたは企画立案する能力，政策決定に向けて合意形成する能力，決定された公共政策を適切に実施し，有効性や費用対効果や必要性を評価して政策終了や修正を行う能力，これらを合わせて政策能力とするならば，政策能力を獲得し，向上させるための演習科目がカリキュラムに設けられていることも共通の特徴である。

　地方自治体が取り組むべき政策分野は，人権，福祉，教育，健康，環境，危機管理，交通，景観，文化，国際交流，産業，観光，情報など様々な分野にわたる。地方自治体が策定する総合計画を見ても，地方自治体が取り組むべき政

策分野は数十はあると言っていいだろう。こうした政策分野の中で特に重要な
ものについて，研修科目が設定されていることも共通の特徴である。科目の内
容としては，その分野における過去から現在への政策の展開，国内外の先進事
例を含む様々な事例を踏まえて目指すべき方向性を学ぶ場合が多いようである。

　政策能力に関わる科目でも，個別の政策分野に関わる科目でも，演習形式が
取り入れられ，グループワークが重視されていることも共通の特徴である。演
習形式で討論を行い，グループワークを行うことにより，より深く理解するこ
とができ，他の研修生の視点や情報に触れることで学びも深まることが期待さ
れよう。政策立案演習のような政策能力に関わる科目では，グループワークは
PBLとして実践に近づけるというねらいもある。課題の発見ということで，
多数ある公共課題の中からグループで取り組むべき課題をどうやって選ぶか，
限られた時間の中で何をどのように調査するか。これらを考え，他のメンバー
に提案し，役割分担して取り組むことが貴重な学びとして重視されている。

交流の重視と新しい教育手法の導入

　交流の重視も共通する特徴である。自治大学校，市町村職員中央研修所，全
国市町村国際文化研修所では全国各地から集まった研修生同士が交流し，ネッ
トワークが形成されることが期待されているし，職員研修所において都道府県
職員と市町村職員が合同で研修を受けるのは効率のためだけではなく，交流を
通じて互いを知り，ネットワークが形成されることが期待されているからであ
る。

　政策ディベートやケースメソッドないしロールプレイング，ファシリテー
ションといった新しい手法を積極的に取り入れていることも共通の特徴である。
異業種との交流を試みていることも新しいと言えよう。研修の企画は比較的少
数の職員によって行われており，自ら策定する研修計画に基づいて実施される
ものの，機動的に新しい取り組みを行うことが可能となっている。

第Ⅱ部　政策人材の育成現場

三つの課題

　一方，課題としては以下のようなことがある。自治大学校，市町村職員中央
研修所，全国市町村国際文化研修所，職員研修所・研修担当課の公務員研修に
おける政策人材の養成は，全国の大学の政策系の学部・大学院における政策人
材の養成とも共通する部分が大きい。また，首長や議員等を対象とする研修に
ついては，自由民主党の中央政治大学院・地方政治学校や松下政経塾に代表さ
れる政治塾と教育内容や方法について共通する部分が大きいと考えられる。ま
た，共通するだけではなく，新しい手法の積極的な採用などが進んでいる場合[5]
もあると考えられる。目的や手法や内容の点で共通する部分も大きいこれらの
間で交流が少ないことがまさに大きな課題であろう。研修機関の研修の講師を
大学教員が務めることはあるし，筆者もそうであるように政策人材の育成に関
わる研修の企画に関わる場合もある。全国市町村国際文化研修所と京都大学の
公共政策大学院が連携して連続セミナーを開催するという例もある。とは言え，
研修機関間の，研修機関と公共政策系の学部・大学院の間で教育・研修の内容
や方法についてさらなる交流を進めること，連携を進めることには大きな可能
性があるのではないだろうか。

　公共政策学においてはポリシーマインドや政策型思考と呼ばれるある種のマ
インドが，公共政策の研究や実践に関わる者に共有されるべきものとして重視
されている。ポリシーマインドの内容については，足立幸男によれば，公共決
定の当事者としての自覚を持つこと，デザイン能力を鍛えることなどがその内
容となる（足立，2005）。自治大学校，市町村職員中央研修所，全国市町村国際
文化研修所，職員研修所・研修担当課の公務員研修において政策人材の養成の
ために行われている政策立案演習では，政策系の学部・大学院におけるそれら
と類似している部分が大きいが，ポリシーマインドに触れている場合は少ない。

　自治大学校，市町村職員中央研修所，全国市町村国際文化研修所，職員研修
所・研修担当課の公務員研修における政策人材の養成については質保証も課題
となる。これらの研修機関では講師や受講生に研修の効果や満足度を尋ねるア
ンケートや聞き取りを行うことにより質保証・効果検証を行っている。アン

第**5**章　実務における政策人材の育成

ケートや聞き取りは一般的な方法であるが，個別の研修科目の効果測定が中心とならざるを得ない。公共政策系の学部・大学院は，公益財団法人大学基準協会のような専門評価機関による外部評価を定期的に受けることが義務付けられており，それにより質保証がなされている。研修機関も専門評価機関の外部評価を受けるべきという単純な主張をしたいわけではないが，どの大学も受ける認証評価や公共政策系の専門職大学院の認証評価などから研修機関も学べる点があることは間違いないと考えられる。

　本章では自治大学校，市町村職員中央研修所，全国市町村国際文化研修所，職員研修所・研修担当課の公務員研修における政策人材の養成における数ある研修科目のそれぞれについて，政策人材の育成に関わる科目なのかそうでないのかの判断を行う必要があったが，抑制的に行うようにし，過大な判断となることを避けるようにした。

　公共政策系の学部・大学院と研修機関との役割分担も興味深い。教育・研修内容が共通するなら，民間でできることは民間でという原則により，政策人材の育成は公共政策系の学部・大学院に任せるべしという考え方もあり得るだろう。一方で，共通していても，多様な主体が並列的に教育・研修を提供することに意義があるという考え方も説得力がある。

　政策人材にとって悩みとなることのひとつは，新しい公共政策を企画立案する，あるいは現在実施されている公共政策で必要性や有効性に問題のあるものを終了させるということを自ら主体的に発案し，そのプロセスを主導するということは滅多になく，滅多にない非日常なだけに，日常のルーティンワークとの切り替えが難しいことである。また，教育や研修における PBL グループワークが現実の政策形成に近い形になっているかという疑問もある。複数の人間が関わっていることはその通りであるが，現実の政策形成では，自らの利害に固執する者，自らのよって立つ価値に固執し合意形成を拒む者，公共政策の決定や終了で必然的に発生する政治的影響力の増減にもっぱら関心を寄せる者などがいるが，一定程度共通のバックグラウンドや予備知識も持った学生・研修生による PBL のグループワークがそのための有効な経験になるだろうか。

第Ⅱ部　政策人材の育成現場

　公共政策系の学部・大学院と研修機関が交流し，連携することによりこうし
た課題についても研究が進み，公共政策の決定や終了が改善されていくことが
期待される。

【付記】

本章は『法学論集』70巻（2）および（3）に掲載された拙稿「地方公務員を対象と
する研修機関における政策人材の育成」を大幅に改稿したものである。

注

⑴　このほか巡回アカデミーがある。巡回アカデミーは市町村アカデミーで研修を受
　　講することが困難な地域の市町村職員等を対象として，広域研修機関と連携の上，
　　専門実務課程の研修を3日間程度に凝縮したかたちの研修を実施するものである
　　（公益財団法人全国市町村研修財団　2020：10）
⑵　ただし，管理職を対象者とする2科目は市町村長を対象者とする2科目に参加す
　　ることとなっており，実質的には6科目である。
⑶　東北自治研修所は1964年に東北6県が設立した広域的な研修機関である。秋田県，
　　山形県，宮城県，福島県はそれぞれ独自の研修機関も持っている。
⑷　ケースメソッドであるので，エコエネルギーセンターの設置を主導した市長であ
　　り，2度目の再選のための選挙をまもなく迎える市長であり，部下の多くはエコエ
　　ネルギーセンターの存続は難しいと考えているというような情報も与える。
⑸　政治塾についても研究の蓄積は乏しいが，上甲（1994），嘉田（2013）などから
　　その内容を知ることができる。自由民主党愛知政治大学院のような代表的な政治塾
　　はウェブサイトで情報提供を行っている。筆者も以前，地方議員の学習機会という
　　観点からこのテーマを取り上げたことがある（窪田　2012）。

引用・参考文献

足立幸男（2005）「政策研究」北川正恭・縣公一郎・総合研究開発機構編『政策研究
　　のメソドロジー──戦略と実践』法律文化社，12-29。
稲継裕昭（2009）『現場直言！　自治体の人材育成』学陽書房。
上山信一・梅村雅司（2003）『行政人材革命』ぎょうせい。
嘉田由紀子＋未来政治塾編（2013）『若手知事・市長が政治を変える──未来政治塾

講義Ｉ』学芸出版社。

窪田好男（2012）「地方議会議員の能力開発の現状と動向」土山希美枝編著『「質問力」からはじめる自治体議会改革』公人の友社，46-59。

全国市町村研修財団（2023）『令和6年度研修計画』。

自治大学校（2022）『地方公務員研修の実態に関する調査』自治大学校。

―――（2014）『自治大学校六十年の歩み』自治大学校。

上甲晃（1994）『志のみ持参――松下政経塾十三年の実践録』致知出版社。

全国市町村国際文化研修所（2023）『全国市町村国際文化研修所』。

土山希美枝（2005）『地域人材を育てる自治体研修改革』公人の友社。

―――・大矢野修編（2008）『地域公共政策をになう人材育成――その現状と模索』日本評論社。

林奈生子（2013）『自治体職員の「専門性」概念――可視化による能力開発への展開』公人の友社。

山梨学院大学行政研究センター編（1992）『政策研究と公務員教育』第一法規出版。

参考URL（最終閲覧日は全て2025年1月23日）

愛知政治大学院（https://jimin-aichi.jp/aichi-seijidaigakuin.html）。

市町村アカデミー（https://www.jamp.gr.jp）。

全国市町村国際文化研修所（https://www.jiam.jp）。

総務省自治大学校（https://www.soumu.go.jp/jitidai/index.htm）。

『総務省自治大学校』（https://www.soumu.go.jp/main_content/000567995.pdf）。

兵庫県自治研修所（https://web.pref.hyogo.lg.jp/jk01/pa24_000000001.html）。

■　　■　　■

読書案内

上山信一・梅村雅司（2003）『行政人材革命』ぎょうせい。

　本書は行政の人材育成のあり方を問い直すことが行政改革につながるという認識に基づき，行政職員の研修，人事，大学院について現状おあり方を論じている。国内外の大学院で学んだ人材の体験談が豊富に掲載されていることも魅力である。

土山希美枝・大矢野修編（2008）『地域公共政策をになう人材育成――その現状と模索』日本評論社。

第Ⅱ部　政策人材の育成現場

　本書は政策人材と関連した地域公共人材という人材像を提示し，それを育成する場としての政策系学部・大学院や地方自治体の公務員研修も取り上げている。事例も豊富であり，参考になる。

さらなる学びのために

①　日本では修士や博士の学位を持った政治家が少ないのはなぜか考えてみよう。

②　日本では修士や博士の学位を持った行政職員，特に地方自治体の行政職員が少ないのはなぜか考えてみよう。

（窪田好男）

第Ⅲ部
政策人材の育成における多様な実践的手法

第⑥章

政策コンペと PBL

―― この章で学ぶこと ――

　政策コンペは，プレゼンテーションを通じて政策提言の良し悪しを競い合うものである。政策コンペの目的や審査基準は様々だが，出場までのプロセスは PBL（Project-Based Learning：プロジェクト学習）との親和性が高い。本章では，政策コンペは公共政策学教育にとっても有効だが，政策人材として必要なスキルが習得できているかどうかを客観的に審査できる審査基準が設定され，公開・共有される必要があることを論じる。また，「京都から発信する政策研究交流大会」と，京都府立大学公共政策学部における PBL 型の演習科目である「公共政策実習Ⅰ」を事例として取り上げる。

1　政策コンペの特徴

政策コンペの概要

　本節では，日本における政策コンペの現状を説明する。政策コンペの定義として定まったものはないが，本章では，参加者が個人またはチームである課題を防止または改善，解決するための公共政策をプレゼンテーションによって提言し，それらについて審査員が審査基準に基づいて順位をつける取り組みと定義する。

　政策コンペに関する文献は少ないが，政策コンペを主催している団体がウェブサイトに情報を掲載している場合が多い。以下ではそれらの公開されている情報に基づき，政策コンペの起源と実施主体，目的，出場までのプロセスを整理する。まず，本章における定義にあてはまる政策コンペは2024年6月時点で

133

56件であった。最初に実施されたのは1999年度であり，2014年度以降，実施件数が増加している。これは，地方創生に関連して，地方自治体が地方創生推進のためのアイディアを若者から募集するという形で実施されるものが登場していることも影響していると考えられる。政策コンペの名称は様々だが，コンペまたはコンテストのどちらかの単語が含まれているものが多い。

　主な対象者は大学の学部生であり，大学の学部生以外が参加できる場合には年齢または属性ごとに部門が分けられていることが多い。また，チームで取り組むことが基本であり，個人で出場できる枠がある場合は少ない。実施主体は，大学や学会，NPO法人，財団法人などの非営利組織，行政である。運営の一部に学生が関わる場合や共催や後援などの形で民間企業が関わる場合もある。

　政策コンペの実施主体が目的としていることは，参加者の学習や成長に関するものと政策コンペが開催される地域や社会一般への影響に関するものに分けられる。前者としては，課題解決能力・提案力の習得または向上，参加者同士の交流が挙げられる。後者としては，地域活性化，学生・若者のアイディア募集，地域への関心や愛着を持たせることまたは高めること，地方の政治や行政，地域活動への若者の参加意欲の向上などが挙げられる。また，少数ではあるが，最近の流れを反映したものとしてデータの処理や活用ができるようになることを目的の一つとしている場合もある。その他に，地域住民や地域の行政職員，関係団体との交流，実践の場の提供などもある。

　政策コンペでは，提言を行政の関連部署などの関係者や，大学教員，市民などの一般の聴衆の前でプレゼンテーションすることが最終段階とされていることは共通しているが，最終的なプレゼンテーションに至るまでのプロセスには主に四つのパターンがある。第一は，最終的なプレゼンテーションまでに政策提言に必要な知識などを学ぶ講座の受講や，行政職員や専門家などから意見をもらう中間発表のような機会が設けられており，参加が義務付けられているものである。指導やサポートの体制が充実しており，政策コンペへの参加を通じた学習や成長が重視されている。第二は，グループごとに指導やサポートを行う人がついており，日常的に指導を受けながら取り組むものである。これは例

えば，大学の授業内で政策コンペを実施する場合，授業の履修条件として外部で実施される政策コンペへの出場が義務付けあるいは推奨されている場合などが該当する。大学の授業が代表的な例だが，それ以外でもこのパターンに該当するものはある。第三は，2泊3日程度の宿泊を伴うものである。これは他のパターンに比べると短期的，集中的に取り組む点が特徴である。第四は，学習や指導の機会は特に設けられておらず，最終のプレゼンテーションまで基本的に参加者のみで取り組むものである。また，第一から第三のパターンで地方自治体が実施するものは，政策コンペが実施される地域でのフィールドワークが含まれており，参加が必須となっている場合も多い。

　合宿を伴うものの場合は短期間で終了するが，申し込みから最後のプレゼンテーションまでの標準的な期間は6ヶ月前後である。また，新型コロナウイルス感染症の影響で2020年度からは様々な分野でオンライン化が進んだが，政策コンペもオンラインで実施されている。本章で対象としている56件のうち，2020年度から2023年度の間に1回以上オンラインで実施されたものは17件である。

政策コンペの審査基準

　政策コンペは競争を伴うものであることから，審査基準は重要な要素の一つである。審査基準は，申込み前にわかる場合とわからない場合がある。ただし，表彰制度がある以上は何らかの基準があるはずであり，申し込み後に参加者にのみ公開されると考えられる。56件のうち申込み前から公開されているものは28件，公開されていないものは28件であった。審査基準の数や内容，具体性は様々である。内容を分類すると，課題設定の適切さと論理性，調査と分析の妥当性，提言の実現可能性，提言の継続性・発展性，独創性，プレゼンテーションの完成度などが主なものとして挙げられる。その他に，政策コンペが対象としている層が主に大学の学部生であることから，学生あるいは若者らしい視点が入っているかどうかという基準もある。また，審査員による審査ではなく一般の聴衆による投票や参加者相互の投票によって順位をつける場合もある。

第Ⅲ部　政策人材の育成における多様な実践的手法

このような審査基準に基づいて提言は審査され，上位のものが表彰される。入賞者には図書カードや記念品，地域の特産物，賞金などが授与される場合もある。表彰された提言については，特に地方自治体が開催している政策コンペでは地方自治体において事業として実施することが検討される場合もある。また，提言内容に関連する部署の行政職員などの前でプレゼンテーションを行って意見やコメントなどをもらう機会を表彰されたグループに与えるなどフィードバックに力を入れている場合もある。

政策コンペは諸外国にも存在する。「Public Policy Contest」や「Contest of Public Policy」などの単語で検索すると，日本における政策コンペに類似するものがあることがわかる。ただし，グループではなく個人で取り組むことが基本となっており，プレゼンテーションではなく論文で競い合うという形式が多い。また，高校生も参加可能である場合が多い。このようなことからも，日本における政策コンペは大学の学部生が主な対象であること，グループで取り組むことが基本となっていること，論文も執筆し，審査の対象になっていても最終的な審査はプレゼンテーションによって行うことが特徴であると言える。

2　政策コンペの事例と出場までのプロセス

「京都から発信する政策研究交流大会」

本節では，京都府立大学のPBL型の科目であり，政策コンペへの出場が推奨されている「公共政策実習Ⅰ」を取り上げる。本節で取り上げる政策コンペは「京都から発信する政策研究交流大会」である。これらの事例紹介を通じて，政策コンペの具体像を示すとともに，出場までの過程がPBLとなっていることを述べる。これらの二つを事例として取り上げるのは，筆者が「公共政策実習Ⅰ」のティーチングアシスタントとして，「京都から発信する政策研究交流大会」に出場する学生の指導に関わってきたとともに，筆者自身も「公共政策実習Ⅰ」の履修と，「京都から発信する政策研究交流大会」への出場経験があり，両方の立場を経験しているからである。

136

第**6**章　政策コンペと PBL

　「京都から発信する政策研究交流大会」は，大学コンソーシアム京都加盟校の学生が，都市が抱える幅広い問題・課題を見つけ，日頃の研究成果を活かして政策を提言し，情報発信の場となることを目的として開催されている。2005年度から開催されており，公益財団法人大学コンソーシアム京都が主催し，都市政策研究推進委員会と学生実行委員会が企画運営を担っている。[(2)]

　対象は大学コンソーシアム京都の加盟校の学部生と短大生であり，個人でもグループでも参加できる。大学院生は2019年度までは参加できたが，2020年度からは学部生と短大生のみとなっている。また，口頭発表とパネル発表の２部門で実施されてきたが，2020年度からはオンラインでの実施となったことに伴ってパネル発表はなくなり，口頭発表のみとなった。毎年度約60〜80組が参加しており，３回生のゼミ，またはゼミ内で形成した５人程度のグループで参加している場合が多い。提言を行う分野やテーマは限定されておらず，発表者のテーマに応じて分科会が設けられる。発表者のテーマとしては例えば観光，公共交通，子どもの貧困，教育，男女共同参画，健康づくり，医療，防災，移住・定住，ゴミ問題，環境問題などが挙げられ，10前後の分科会に分けられる。

　全体のスケジュールは，年度によって変更される部分もあるが，概ね以下の通りである。６月下旬から８月上旬に申込みを行う。また，７月中旬から下旬に事前説明会が実施される。事前説明会では今後のスケジュールや審査基準，賞に関する説明があり，前年度の受賞者によるプレゼンテーションを見ることもできる。事前説明会への参加は義務ではないが，説明を聞いた上で申し込むこともできる。2020年度からは動画配信による事前説明が行われている。10月下旬に論文を提出し，11月中旬から下旬の間に論文による事前審査の結果発表と，政策コンペ当日のスケジュールに関することなどを説明する発表者向けの事前説明会が行われる。2020年度からはオンラインで実施されており，同時期に接続テストも実施された。その後，12月中旬にプレゼンテーションを行う。

　「京都から発信する政策研究交流大会」では，事前に提出する2,500字程度の論文と当日のプレゼンテーションから審査される。ただし，応募者の増加に伴い，論文による事前審査が2017年度から実施されており，応募者全員がプレゼ

第Ⅲ部　政策人材の育成における多様な実践的手法

表6-1　「京都から発信する政策研究交流大会」における審査基準

審査基準		論文	プレゼン テーション
論理性	解決すべき課題が明確か。論理的に構成され，飛躍がなかったか。	○	○
発想力・着眼点	今までにない新しい視点やユニークな発想（独創性）が見られるか。	○	○
分析力・精緻度	研究方法が明確であり，地道な調査，分析の努力や緻密な考察が見られるか。	○	○
文章力	文章が的確に表現されており，相手に理解を促すものとなっているか。	○	×
提案力	政策としての実行可能性の視点を持っているか。	×	○
表現力	プレゼンテーションはわかりやすく，理解を促すものであったか。	×	○
質疑応答への対応	審査員による質問に的確に答えられていたか。	×	○

注：○はその審査基準が該当すること，×は該当しないことを意味している。
出典：大学コンソーシアム京都ウェブサイト「事業概要」をもとに筆者作成。

ンテーションまで進めるわけではない。審査基準は申込みの前にもわかるようになっており，表6-1のようなものである。論文は論理性と発想力・着眼点，分析力・精緻度，文章力という四つの基準で審査され，プレゼンテーションは論理性と発想力・着眼点，分析力・精緻度に加えて提案力，表現力，質疑応答への対応という六つの基準で審査される。審査員は大学コンソーシアム京都の加盟校の教員またはその他の加盟団体の職員であり，各分科会に2人の審査員が配置される。

　また，名称にも「交流」という単語が含まれているように，教員を含めた研究交流の機会とし，それぞれの成果を発表するとともに自らの研究を深化させることも目的の一つとされている。そのため，コンペの当日は参加者が相互に質問を行うことと，他の参加者の発表を見てコメントシートを記入することが求められており，終了後のフィードバックも行っている。参加者が相互に質問を行うことは指定質問者制度と呼ばれており，事前に指定された同じ分科会の

別の発表者に対して指定質問者として質問を行うものである。指定質問者は，事前に公開される論文を読み，当日のプレゼンテーションを聞いた上で，審査員との質疑応答が終わった段階で必ず質問をしなければならない。各分科会において最も優れた指定質問者が選出され，「ベスト質問賞」が授与される。コメントシートの記入は義務ではないが，同じ分科会に限定せず，当日見た発表に対して自由にコメントを記入できるものであり，コメントを記入した相手に後日送付される。

　終了後は全ての発表者に自己得点と平均点との差を示したレーダーチャート，審査員のコメントを記載した通知表，他の参加者からのコメントシートが送付される。また，2019年度からは受賞者による報告会も実施されている。これは，研究の深化と研究成果を社会還元につなげることを目的とする取り組みであり，受賞者の研究テーマに関連のある京都府庁と京都市役所の部局の職員の前で発表・質疑応答が行われる。研究内容に直接関係する行政機関の担当者と意見交換を行ったり，コメントをもらったりすることが学生にとっては研究を深める機会となっている。

「公共政策実習Ⅰ」

　「公共政策実習Ⅰ」は京都府立大学公共政策学部公共政策学科の2回生が対象のPBL型の演習科目であり，必修ではないが，毎年度多くの学生が受講する。毎年度五つのゼミが設けられ，受講者は関心に応じてゼミを選択し，1年を通して取り組む。基本的には受講者の関心に応じて自由にゼミを選択できるが，特定のゼミに学生が集中した場合は1ゼミあたり10人程度となるよう調整される。また，一つのゼミの中で複数のグループに分かれ，異なる課題に取り組む場合もある。

　「公共政策実習Ⅰ」を履修する上では，「公共政策学入門Ⅱ」を履修済みであることと，「ケースメソッド自治体政策」を同時に履修することが推奨されている。「公共政策学入門Ⅱ」は，よい政策のつくりかたを習得し，それを使って，国や地方自治体やNPOなどによる公共政策の良し悪しを判断できるよう

第Ⅲ部 政策人材の育成における多様な実践的手法

になることを目指す科目である。また，「ケースメソッド自治体政策」とは，「公共政策学入門Ⅱ」で学んだことの実践，政策形成における暗黙知の獲得，政策形成過程に関わるアクターの実態を理解することで実践的な政策力の獲得を目指す科目である。つまり「公共政策実習Ⅰ」は，座学で理論や知識を習得し，それらを使う練習をした上で自分たち自身で実践してみるという位置付けの科目である。

「公共政策実習Ⅰ」では，ゼミまたはゼミ内でのグループごとに地方自治体などの公的な団体とパートナーシップを結んで取り組み，12月中旬に「京都から発信する政策研究交流大会」に出場するとともに，2月中旬に学内で開催される全ゼミ合同の成果報告会でプレゼンテーションを行う。前期の最初はチームビルディングや，ゼミで取り組む課題の決定を行い，協働相手がこれまでに取り組んできたことやこれから取り組もうとしていることを調査する。また，夏休みも利用して先行研究の整理や関連するテーマの学習，フィールドワークなどの調査に取り組む。学生自身が考えたプログラムやイベントを実施し，その効果測定を行う場合もある。これらを踏まえ，これまで学んできたことや各自の特技なども活かして改善のための政策提言を行う。後期は調査や，プログラムやイベントの実施，効果測定などにも継続して取り組みつつ，後期の最初は，「京都から発信する政策研究交流大会」で提出する論文を執筆する。論文提出後はスライドの作成やプレゼンテーションの練習に取り組み，12月中旬に「京都から発信する政策研究交流大会」に出場する。その後は審査結果も踏まえ，学内での成果報告会に向けて研究をブラッシュアップする。学内においては，政策提言を1万字程度の活動成果報告書にまとめて1月末に提出し，2月中旬に学内で開催される全ゼミ合同の成果報告会でプレゼンテーションを行う。

学内の成果報告会での発表は，1ゼミあたり20分のプレゼンテーションと5分の質疑応答から構成されている。質疑応答では，教員や他のゼミに所属する2回生，成果報告会に出席している他学年の学生などからの質問に答える。また，成果報告会には協働相手も招待し，コメントをもらう。ただし協働相手については，別の日程で報告の場を設ける場合もある。この成果報告会でも審査

を行っており，学生審査員が審査を行う。学生審査員は2回生を除く各学年から2人ずつ選んで依頼する。また，成果報告会には公共政策学入門Ⅱを受講している1回生も出席し，次年度に向けて「公共政策実習Ⅰ」について知り，活動のイメージを持つ機会としている。また，1回生も点数をつけてコメントを記入する。審査基準は内容とプレゼンテーションの二つに大きく分けられる。内容については，協働相手や事業についての理解，先行研究の学習と整理，活動内容の説明の明確さ・適切さ，提言内容の明確さ・適切さ，論理性の5つの要素について各5点満点で採点する。プレゼンテーションについては，わかりやすさと工夫，発表時間，質疑応答の適切さの三つの要素について各5点満点で評価する。また，審査基準にないもので，5点以内で自由に加点できる項目も設けている。また，これらの採点に加えて感想やコメントも記入する。1回生についてもこれらの基準を同様に説明するが，各要素を総合して内容とプレゼンテーションの2項目を各5点満点で評価するという方法をとっている。ただし，成果報告会は政策コンペとしてではなく1年間の活動と成果を報告する場として実施されており，審査基準はこの科目で習得を目指している能力や技術の程度を確認するためのものであるため，結果はその場では公表しない。ティーチングアシスタントが審査結果とコメントを整理し，各ゼミの教員を通じて点数とコメントが学生に後日伝えられる。

　このような取り組みを進めていく上では，各ゼミにティーチングアシスタントがつく場合もある。ティーチングアシスタントは公共政策学研究科の大学院生が務め，どの程度関わるかはゼミによって異なる。日常的に活動をサポートする場合もあるが，必要に応じてサポートする場合や事務的な作業のみを担当する場合もある。また，ティーチングアシスタントは成果報告会での司会や発表時間の管理などの運営も担当している。

　「公共政策実習Ⅰ」を受講することで学習者は，与えられた時間的制約やその他の政策条件の範囲内で，個別具体的な目的を実現する施策・事業案を企画立案し，提案する能力をさらに向上させることができる。また，1回生で受講するゼミで習得した文献を読む能力，口頭発表の資料を作成する能力，口頭発

第Ⅲ部　政策人材の育成における多様な実践的手法

表を行う能力も向上させることができる。

3　公共政策学教育における政策コンペの意義

政策コンペと PBL

　本節では，まず政策コンペと PBL の特徴を整理し，両者は親和性が高いことを述べる。次に，公共政策学教育におけるアクティブラーニングと PBL の位置付けを説明し，政策コンペには教育的効果も期待できることを述べる。

　PBL では，まずプロジェクトのテーマを設定し，そのテーマの中で解決すべき問題や問いを明確化し，仮説を立てる。次に先行研究のレビューやデータの収集を行い，必要な知識や情報を収集し，整理する。そして，それらの結果を踏まえて考察を行い，論文や報告書，スライドなどの成果物としてまとめ，発表する。政策コンペ出場に向けての取り組みもこのプロセスにあてはまる。まず政策コンペのテーマに合わせて取り組む課題を決め，仮説を立てる。次に先行研究のレビューやデータの収集を行い，その結果を踏まえて政策として提言したいことをまとめる。そして，それらの結果を論文などの文書とスライドにまとめ，プレゼンテーションを行う。また，PBL はグループで取り組む協働学習であることが特徴の一つだが（溝上 2016），政策コンペもグループでの出場が条件となっていることが一般的であり，その点においても共通していると言える。

　PBL には，学習に対する学習者の動機を高める，学びと現実の世界を関連付ける，クリティカルで創造的な思考を促す，学習や研究の方法に関する学びを促す，現実の社会の状況に類似した方法で取り組むことで理解が深まるといった効果があるとされている（トープ／セージ 2011＝2017）。これらを政策コンペの目的や審査基準にあてはめると，学習者の動機については，コンペであることから競争が生じることや，コンペの場で他者の発表を聞くことによって刺激を受け，学習に対する動機も高まることが期待されている。学びと現実の世界との関連付けについては，現実の社会における課題とその改善のための政

第❻章　政策コンペと PBL

策を提言するプロセスを通じて地域社会への関心や愛着を高めること，政治や行政への参加意欲を高めることが政策コンペの目的の一つとされていることが該当する。クリティカルで創造的な思考については，課題解決能力や提案力の育成，アイディアの募集が目的とされていることや，課題設定の適切さや論理性，提言の実現可能性，継続性，発展性，独創性が審査基準となっていることが該当する。学習や研究の方法に関する学びについては，データの処理・活用や調査・分析の精度，プレゼンテーションのスキルなどが目的や審査基準となっていることが該当する。理解の深まりについては，政策コンペ出場までのプロセスを通じて実現可能で継続性や発展性もあり，かつ独創性も備えた提言ができるようになることが目的や審査基準となっていることから，学習者がこれまでに学んできた理論や知識に対する理解を深めることを目指していると言える。また，理解が深まった結果，地域社会への関心や愛着が高まることや，政治や行政への参加意欲が高まることも関連していると言える。

　また，PBL では学習者が自身の取り組みについて他者に説明できること，発表する場を設けることが重視されており，発表はパフォーマンス評価として，評価の一部にもなっている（藤原 2020：72-79；トープ／セージ 2011＝2017）。政策コンペはプレゼンテーションによって最終的な審査を行うことから発表が重視されていると考えられ，この点においても PBL と共通していると言える。

　このように，政策コンペへの出場のプロセスや政策コンペの目的，審査基準は，PBL のプロセスや特徴と共通していることから，政策コンペは PBL との親和性が高いと言える。さらに，アートとしての側面を持つ公共政策学では，理論の学習や分析の技法習得と同等かそれ以上に，学んだ技法や思考枠組み，行動手順を実際に経験することと，知識の系統的な学習と実践を繰り返すことが重要であるとされている[4]（窪田 2009）。また，政策評価や公共政策学では，理論と実践の適切な相互作用の構築が学問分野の発展にとっても必要であるとされている（窪田 2008a）。政策コンペは，座学で習得した理論や分析の技法を実際に使って政策過程を体験するものであり，実践であると言える。また，行政機関が関わって開催されている政策コンペも多く，理論と実践の相互作用と

143

第Ⅲ部　政策人材の育成における多様な実践的手法

いう側面もあると言える。

公共政策学教育におけるアクティブラーニングと PBL

PBL はアクティブラーニングの手法の一つであり，大学教育においても様々な分野で実践されており，様々な分野での事例を紹介している文献もある（小田 2016）。また，大学教育の質向上や Society 5.0 に向けた大学教育において有効な手法であり，さらに力を入れていくべきものの一つとして挙げられている（日本経済団体連合会 2018；日本経済団体連合会 2020）。さらに，幼稚園から高等学校においても，「主体的・対話的で深い学び」を実現するためにアクティブラーニングを実践していくことが新しい学習指導要領のポイントの一つとされている。

公共政策学教育においては，PBL はアクティブラーニングの中でも代表的かつ重要な形態であるとされている（河井 2018）。また，PBL はアクティブラーニングの様々な手法の中でも活動範囲が広く，構造の自由度が高いものであり，知識の活用や創造を目指すものであるとされている（河井 2018；山地 2014）。公共政策学教育とアクティブラーニング，PBL については日本公共政策学会の「学士教育課程における公共政策学分野の参照基準」に示されている。主体的に政策課題を把握し，問題解決を自ら試みる態度を習得するためにはアクティブラーニング型の科目を配置することが有効であるとされている（日本公共政策学会 2015）。具体的な手法としては，グループディスカッション，PBL，フィールドワーク，論文作成，公開プレゼンテーション，ディベートなどが各大学で実施されているが，公共政策学教育において特に親和性が高い手法はPBL であるとされている（日本公共政策学会 2015）。また，個別の政策領域についての理解を深める各論政策学の学習の展開としてケーススタディや応用実践，フィールドリサーチ型学修，キャップストーンや PBL などの課題解決型実践研究へと展開していくというように，専門教育における応用あるいは展開においても PBL は重視されている。

PBL には問題解決学習（Problem-Based Learning）とプロジェクト学習（Proj-

144

ect-Based Learning）の2種類があり，両者は重なる部分も多い。しかし，公共政策学教育に関する研究においてはプロジェクト学習であると解されていることから（河井 2018；窪田 2020），本章でもプロジェクト学習を対象とする。PBLは，実世界に存在する問題や問い，仮説をプロジェクトとして検証し，解決していく学習である（溝上 2016）。PBLは主体的に取り組むことを学生に求め，問題や問い，仮説などの立て方，問題解決に関する思考力や協働学習などの能力や態度を習得する教育方法である（溝上 2016）。この点で，PBLには，民主主義社会における公共政策の決定に参加する能力を育む公共政策学教育の中核を担うとされている（河井 2018）。このようなことから，PBLと親和性の高い政策コンペを適切に活用すれば，公共政策学教育にも有効性を期待できると考えられる。

4　政策コンペにおける審査基準の重要性

審査基準の内容

　政策コンペはPBLとの親和性が高いが，政策コンペではなくてもPBLの学習を行うことはできる。しかし，本章が政策コンペを取り上げるのは，適切な審査基準を設けることで学習効果が高まるからである。政策コンペは競争と表彰を伴うものであることから，審査基準が設けられている。審査基準は政策コンペの目的に応じて設けられており，審査基準を意識して取り組むことでスキルの習得につながり，学習効果が高まる。また，政策コンペに出場することはわかりやすいゴールとなるとともに，表彰があることでモチベーションの維持や向上につながり，達成感も得やすいといった一般的に競争に期待されるような効果もある。そのため，政策コンペでは審査基準の内容が重要である。適切な内容であり，かつ具体的なものでなければ学習効果は期待できないし，それに基づく競争も生じにくくなる。例えば「わくわく感」「元気さ」「若者らしい斬新な視点」のような抽象的なものは，どうすれば審査基準を満たせるのか，どの程度満たせているのかについての理解が人によって異なり，審査において

も審査員の主観が反映されやすい。また，参加者や一般の聴衆による投票に基づいて審査を行う場合もあるが，この方法には注意すべき点もある。明確な審査基準を設け，それらが共有されるようにしなければ，政策提言としての良し悪しではなく発表のインパクトやおもしろさなどの主観的あるいは恣意的な基準による人気投票になりやすい。このような審査では参加者の学習にはつながらない。参加者相互による投票であれば，審査基準の共有は比較的容易であり，政策を評価することの学習にもつながると考えられる。一般の聴衆による投票は，政策コンペ当日に誰でも自由に見に来ることができる場合に取り入れられていることが多いが，このような一般の聴衆に審査基準を理解してもらうことは，複雑な審査基準ではなくても容易ではない。そのため，学習のために実施する政策コンペとしては投票の票数だけで審査することは不適切である。複数の賞の一つとして投票によって決まるものを設ける，あるいは複数の審査基準の一つとして投票の票数を取り入れるといった方法の方が学習効果も期待できる。さらに，具体的に表現された審査基準であっても，公共政策学教育で習得すべきとされているスキルとは関連性の低いものであれば，審査基準を満たすように取り組んでも政策人材としてのスキルは高まらない。このようなことから，審査基準は具体的に表現されており，どうすれば審査基準を満たせるのか，どの程度満たせているのかについての理解が人によって大きく異ならないことが必要である。

　では，具体的にどのような内容であるべきなのかということについては，「学士課程教育における公共政策学分野の参照基準」において公共政策学教育における基本的な素養と習得すべき知識，技能，能力として挙げられているものが基本となる（日本公共政策学会 2015）。これらについて理解できているか，理解したものを使うことができているかを問うような審査基準が考えられる。参照基準においては習得すべきものとして，政策の働きに関する基本的理解，公共政策学に関する思考方法，公共政策学の理論モデルについての基礎的理解，政策が形成され，廃止または修正されるまでの現実のプロセスの枠組みの理解，政策過程に関する制度理解とその実践に関与する技術や方法，政策問題を主体

第**6**章 政策コンペと PBL

表6-2 公共政策学教育における基本的な素養と習得すべき知識，技能，能力

習得すべきこと	概要
1 政策の働きに関する基本的理解	①研究の概況を理解するための前提 公共政策学研究の歴史や概論，理論史の概論，政策哲学・政策倫理など基礎的な思想や背景。 ②公共政策学の基礎概念の理解 政策決定論，政策過程論，政策分析論。
2 公共政策学に関する思考方法	政策を中心に置いて論理的に思考する方法を習得する。特にロジックモデルの習得が有効。
3 公共政策学の理論モデルについての基礎的理解	公共政策学研究の方法論についての理解。 政策分析，政策評価，費用効果分析，実施過程分析，制限された合理性，意思決定論，合理的選択，公共選択，マクロ分析，ミクロ分析，ゲーム理論，組織論，政策過程モデルなど。
4 政策が形成され，廃止または修正されるまでの現実のプロセスの枠組みの理解	現実の政策課題やその政策過程を理解しておく。 政策過程を技術的手続きとしてのみ捉えるのではなく，政策が登場し論点となる背景の理解が重要であり，現実の政策が持つ文脈を理解しておくべき。
5 政策過程に関する制度理解とその実践に関与する技術や方法	執政や行政府などの制度や組織への理解。 制度や組織が政策過程にどのように関わるのかという実践実務への理解。
6 政策問題を主体的に考える力	主体的に政策問題を把握し，問題解決を自ら試みる態度の習得が期待される。

出典：日本公共政策学会（2015）をもとに筆者作成。

的に考える力が挙げられている（表6-2）。

　また，公共政策学においては，研究や実践に関わる者に共有されるべきものとしてポリシーマインドが重視されている（足立 2005）。そのため，公共政策決定の当事者としての自覚を持って取り組んでいるか，公共政策として適切にデザインされているかについても審査基準に含まれるべきである。デザインの適切性については様々な基準が存在するが，主に学部生が取り組む政策コンペの審査基準としてであれば，例えば政策デザインのプロセスに沿って３段階でシンプルに整理された窪田（2008b）によるガイドラインで示されている内容に関する審査基準が考えられる。これは初心者や経験が浅い者であっても概ね妥当な政策提言をまとめることを意図したガイドラインであり，政策デザイン

147

第Ⅲ部　政策人材の育成における多様な実践的手法

に必要な思考と作業の構成要素が3段階で示されている（窪田 2008b）。

　第一段階では，問題の定式化と現状データの収集，政策目的・目標の設定，公共政策によって何をどのように変化させるのかを明らかにする。第二段階では，原因の解明，利害関係者の調査，関連する法令の調査，既存・先進事例の調査を通じて公共問題の解決策を発想するための準備を行う。第三段階では，定式化した問題の解決・改善や設定した目的・目標の達成に有効であると考えられる複数の案を作成し，その中から最善のものを選択する。複数の解決策の中から最善案を選択する基準としては必要性，有効性，費用対効果，不確実性，実行可能性，適時性，副次的効果と弊害の有無と程度が挙げられている。

　政策コンペでは，大きく分けると政策提言の内容とそのプレゼンテーションという二つの観点から審査される。政策コンペにおいてプレゼンテーションは最終的な審査として位置付けられており，提言内容を文章で説明した論文や企画書などは作成せず，プレゼンテーションのみで審査される場合もあるため，重要な要素である。また，実際に政策提言を行う際にも，自らの提言が公共政策として優れていることを明らかにし，関係者を説得して賛同を得ることや合意を形成することが必要となる。公共政策として優れているからといって自然と実現するわけではないし，実現したからといって必ずしも公共政策として優れているわけではない。公共政策によって社会に影響を与えるためには優れた公共政策を実現することが必要であり，重要である。よって，効果的なプレゼンテーションができるようになることは重要である。また，本章第三節で述べたように，PBLにおいても学習者が自身の取り組みについて説明できるようになることや説明する場を設けることは重視されている。そのため，プレゼンテーションの完成度は重要な審査基準の一つだが，発表の完成度だけが評価されないようにする必要がある。プレゼンテーションの力は公共政策の実現のために重要なものであり，政策コンペのプレゼンテーションにおいても工夫や演出はあってよいし，必要である。しかし，特に審査する側はその工夫や演出がどれだけ印象的であり，気に入ったとしても，そのことに左右されすぎてはならないし，他の基準によってそれを防止または緩和できるようにするべきである。

148

第**6**章　政策コンペと PBL

── コラム⑥　政策コンペにおける競争の意味と効果 ──

　勝ち負けを明らかにすることや競争の導入については，教育においては否定的，あるいは批判的に捉えられることもある。しかし，本章のテーマである政策コンペにおいては，審査員が審査基準に基づいて採点を行い，順位をつけることが重要な要素の一つとなっている。受賞を目指す競争によるモチベーションの維持・向上や学習者の成長，受賞した場合の自信の獲得・向上などの効果もあるが，政策コンペにおける競争の意味はそれだけではない。

　教育的効果を重視して政策コンペを用いる場合には，審査基準を満たすように取り組むことで，政策人材としての技能の獲得・向上につなげることを目指しており，審査基準は順位をつけるためだけのものではない。そのため審査基準の内容や具体性が重要となるが，審査基準は審査を行うために設定されるものであるため，審査をしないならば，満たすべき基準が政策人材に求められる技能とは関係性が低いものである，抽象的である，設定されないといった場合もある。つまり，審査を行うから基準が具体化されるという面もあり，審査基準は政策人材としての獲得し，向上させるべき技能を具体化したものであると言える。

　政策コンペにおける競争にはこのような意味があることから，審査基準を満たすように取り組むことで政策人材としての能力向上につながるが，それは同時に受賞を目指すということでもある。指導する側としては，頑張って取り組んでいるのだから受賞させてあげたい，受賞によって自信を高めてほしいという思いはあるが，受賞しなければならないと考えているわけではない。しかし，審査基準を満たすように指導されることについて，受賞を目指せと言われていると受け取る学生もいる。勝ち負けへのこだわりや受賞への意欲には個人差があり，勝利を目指すことには興味がない，競争や勝負を意識させられるとむしろモチベーションが低下するという学生もいる。

　競争が学習面でもモチベーションの面でもプラスに作用すれば，政策コンペの教育的効果も高まる。しかし，競争を求められることでモチベーションが低下する，受賞できなかったりうまく発表できなかったりした場合に落胆するだけで終わるなどのマイナスの効果が生じる場合もあるし，競争にインセンティブを感じないことから何も効果をもたらさない場合もある。そのため，出場までのプロセスで審査基準を意識して取り組ませることは重要だが，それは学習において有効だからだということを認識させることも必要である。また，受賞すれば達成感や自信も同時に得られる。一方で，受賞できなかったり本番ではあまりうまくいかなかったりすると，落胆するだけで終わりがちだが，できたことやできるようになったことを確認して自信をつけさせることも教育的効果を重視する場合には重要である。

149

政策コンペを運営する上で注意すべきこと

政策コンペを運営するにあたっては，適切な審査基準が設けられ，運営や審査を行う側に共有されていること，審査基準についての政策コンペの参加者の理解を促すこと，審査基準を公開し，誰でも確認できる状態にしておくことが必要である。審査基準が事前に公開されていれば，政策コンペに出場するまでの過程で審査基準を満たすように取り組むことにつながる。取り組んでいることが学習者自身にどのように関わるのか，役立つのかという意味付けがなされることは，学習者の意欲を高める要素の一つであるとされている（亀倉 2016）。また，審査結果を踏まえて審査基準をどの程度満たしていたのか，どうすればより高い水準となるのかがわかり，事後的な学習効果も期待できるため，審査基準を公開し，理解を共有することは重要である。

また，政策コンペの目的は多様であり，一つの政策コンペに複数の目的が掲げられている場合もある。政策コンペの目的は，主に開催する主体によって重視する点が異なると考えられる。例えば，地方自治体などの行政機関が主催している場合には，アイディアを収集する場や情報発信の場，行政や政治への参加の場として政策コンペを捉える傾向にある。このような政策コンペでは，優れた政策提言は実現に向けて検討されることも多く，成果や学生ならではのアイディア，参加が重視されていると言える。一方，大学や学会などが主催している場合には，教育手法の一つとして政策コンペを捉えるため，成果も審査の対象ではあるが，知識や技能の定着，人材育成をより重視する場合が多い。政策コンペの目的としてはどちらも重要なものだが，方向性の異なる目的が存在することを認識し，複数の目的を掲げる際には優先順位を考えることも重要である。また，政策コンペには，一つの主体だけで開催されるものの他に，共催や後援，協力など形は様々だが，複数の主体が関わることも多い。そのような場合には，目的や審査基準を整理し，理解を共有することの重要性はより高い。

このような点に関しては，企業とともに実施したPBLによる授業において，企業と大学の間で最終的な発表の内容や評価の基準が共有されていなかったことにより，学生に不満や不公平感が残るような結果になってしまったという失

敗事例も紹介されている（亀倉 2016：52-54）。この事例における失敗の原因としては，企業の担当者と教員との評価基準に関する共通認識の不足，企業の担当者と教員がそれぞれの評価基準をお互いに伝えていなかったこと，評価基準を学生に示していなかったことが挙げられている。この事例からも，目的を明確化して目的に対応した審査基準を設定すること，審査基準を公開して関係者が理解を共有することは重要であると言える。

注

⑴　大学コンソーシアム京都をはじめ，地方創生☆政策アイデアコンテスト，日本公共政策学会のウェブサイトより。

⑵　大学コンソーアム京都とは，大学間の連携と相互協力を推進して教育・研究の水準を高めるとともに地域社会や産業界に成果を還元することと，高等教育の発展，社会をリードする人材の育成を目指す組織である。大学や短期大学，地方自治体，地域の経済団体が加盟している。

⑶　「公共政策学入門Ⅱ」を履修する上では「公共政策学入門Ⅰ」を履修していることが推奨されている。「公共政策学入門Ⅰ」は，公共政策学とはどのような学問なのか，何をどのように学ぶのか，学んだことを社会でどのように活用するのかを学習する科目である。

⑷　ただし，可能な限り現実の経験を積むよう配慮することは必要であり，重要だが，実際には模擬的・疑似的な経験で代替することになるだろうとされている（窪田 2009：49）。模擬的・疑似的な経験については本書第7章を参照のこと。

⑸　ただし，競争にはマイナス面もあり，一般的に期待されるような競争の効果が発揮されない場合もある。このような点については本章のコラムで述べる。

引用・参考文献

足立幸男（2005）「政策研究　規範，倫理，公共性」『政策研究のメソドロジー　実践と戦略』法律文化社，12-29。

小田隆治（2016）『大学におけるアクティブ・ラーニングの現在』ナカニシヤ出版。

亀倉正彦（2016）『失敗事例から学ぶアクティブラーニング』東信堂。

河井紗央里（2018）「公共政策学教育におけるプロジェクト・ベースド・ラーニングの意義——5大学の政策系学部の公開情報をもとに」『同志社政策科学研究』20

（1），131-145。

窪田好男（2008a）「公共政策学・政策評価論・日本型政策評価」『日本評価研究』8
（1），59-71。

―――（2008b）「公共政策の多様性と政策デザインのガイドライン」『研究叢書
第38冊』，157-188。

―――（2009）「公共政策学の特性に応じた教育手法の必要性――ケース・メソッ
ドを中心に」『京都府立大学学術報告　公共政策』（1），45-62。

―――（2020）「公共政策学教育におけるケース・メソッドの重要性――PBLとの
相違を中心に」『公共政策研究』（20），日本公共政策学会，49-60。

トープ，リンダ／セージ，サラ（2017〔2011〕）『PBL　学びの可能性をひらく授業づ
くり――日常生活の問題から確かな学力を育成する』伊藤通子・定村誠・吉田新
一郎訳，北大路書房。

日本経済団体連合会（2020）「Society 5.0 に向けた大学教育と採用に関する考え方」。

日本公共政策学会（2015）「学士課程教育における公共政策学分野の参照基準」。

藤原さと（2020）『「探究」する学びをつくる　社会とつながるプロジェクト型学習』
平凡社。

溝上慎一（2016）「アクティブラーニングとしてのPBL・探究的な学習の理論」溝上
慎一・成田秀夫編『アクティブラーニングとしてのPBLと探究的な学習』東信
堂，5-23。

山地弘起（2014）「アクティブ・ラーニングとはなにか」『大学教育と情報』（1），2-7。

参考 URL

京都府立大学　シラバス（2024年10月4日アクセス，https://www4.kpu.ac.jp/up/
faces/up/co/Com02401A.jsp）。

大学コンソーシアム京都　京都から発信する政策研究交流大会（2025年1月23日アク
セス，https://www.consortium.or.jp/project/seisaku/conference）。

大学コンソーシアム京都　大学コンソーシアム京都の使命（2025年1月23日アクセス，
https://www.consortium.or.jp/info/mission）。

地方創生☆政策アイデアコンテスト 2024（2025年1月23日アクセス，https://con-
test.resas-portal.go.jp/2024/）。

日本経済団体連合会（2018）「今後の採用と大学教育に関する提案」（2025年1月23日
アクセス，http://www.keidanren.or.jp/policy/2018/113.html）。

日本公共政策学会　研究大会・フォーラム（2025年1月23日アクセス，https://ppsa.
　jp/conference）。
文部科学省「平成29・30・31年改訂学習指導要領（本文，解説）」（2025年1月23日ア
　クセス，https://www.mext.go.jp/a_menu/shotou/new-cs/1384661.htm）。

読書案内

藤原さと（2020）『「探究」する学びをつくる──社会とつながるプロジェクト型学習』
　平凡社。
　PBLで取り組んだ内容を外部の人に学習者が発表することの必要性と重要性につ
いて述べられている。

リュトゲ，クリストフ（2020〔2014〕）『「競争」は社会の役に立つのか──競争の倫
　理入門』嶋津格訳，慶應義塾大学出版会。
　競争を正しく行うことの必要性と有効性を倫理的な観点から述べ，教育における競
争も取り上げられている。

トープ，リンダ／セージ，サラ（2017〔2011〕）『PBL　学びの可能性をひらく授業づ
　くり──日常生活の問題から確かな学力を育成する』伊藤通子・定村誠・吉田新一
　郎訳，北大路書房。
　PBLにおけるカリキュラム設計や実践方法，評価のあり方などプロセスが詳細に
説明されている。

さらなる学びのために
①　本章で事例として取り上げた「京都から発信する政策研究交流大会」のウェブサ
　イトを見て，学生がどのような研究を行って発表をしているのか実際に見てみよう。
②　政策コンペの審査基準として重要だと考えるものとその理由を挙げてみよう。

（池田葉月）

第*7*章

PBL とケースメソッド

─── この章で学ぶこと ───

　本章では，政策人材を育成する公共政策学の教育手法の中から PBL とケースメ
ソッドを取り上げる。PBL とケースメソッドには共通している点もあれば異なる点
もある。両者はどのような点で共通しており，どのような点で異なるのかということ
を説明した上で，政策人材を育成する上では両者がどちらも必要であり重要であるこ
とを論じる。PBL とケースメソッドは，政策過程の学習であること，知識と体験の
統合を行うものであるという点において共通している。公共政策学教育において政策
人材の育成のために行われる PBL は，教員等に支援されつつ学習者が政策過程の完
全な実体験をする教育手法である。PBL が政策現場との関わりを持つのに対し，
ケースメソッドは模擬的手法であり政策現場との関わりを持たない。そこから，学習
者では本来扱えないレベルの政策を扱うことができる，要点に焦点を合わせて短時間
で学べる，反復的に学習することが可能といったことがケースメソッドの特徴である。
また本章では PBL やケースメソッドなど公共政策学教育の手法についての研究の課
題についても指摘する。

1　公共政策学教育における PBL

二つの PBL

　本章ではまず，公共政策学における PBL について，公共政策学における
PBL が教員と学習者による政策形成の完全な実体験であることを，筆者の
PBL の実践を踏まえて説明する。

　PBL には問題解決学習（Problem-Based Learning）とプロジェクト学習（Proj-
ect-Based Learning）があるとされる（溝上・成田編 2016：5）。問題解決学習は，

第Ⅲ部　政策人材の育成における多様な実践的手法

1960年代後半にカナダのマックマスター大学メデイカルスクールで開発された
ものだとされており，実世界で直面する問題やシナリオの解決を通して，基礎
と実世界とを繋ぐ知識の習得，問題解決に関する能力や態度等を身につける学
習と定義される（溝上・成田編 2016：6-8）。一方，プロジェクト学習（PBL：
Project-Based Learning）の歴史は問題解決学習より古く，20世紀初頭にキルパ
トリック（W. H. Kilpatrick）が，デューイ（J. Dewey）の経験主義教育理論を具
体化した方法として開発したプロジェクトメソッド（Project Method）にルーツ
があると説明される。プロジェクト学習は，実世界に関する解決すべき複雑な
問題や問い，仮説を，プロジェクトとして解決・検証していく学習のことであ
る。学生の自己主導型の学習デザイン，教員のファシリテーションのもと，問
題や問い，仮説などの立て方，問題解決に関する思考力や協働学習等の能力や
態度を身につけるものと定義される（溝上・成田編 2016：10-11）。いずれにせよ
PBL はアクティブラーニング（Active Learning）の中心的な手法の一つであり，
公共政策学教育以外にも様々な分野に取り入れられているし，大学以外でも行
政職員等を対象とする研修や高等学校，中学校，小学校でも取り入れられてい
る。それだけに，問題解決学習，プロジェクト学習といっても非常に多様であ
り，それぞれ唯一の決まった形があるわけではない。また，①実世界の問題解
決に取り組む，②問題解決能力を育てる，③解答は一つとは限らない，④学
生・学習者が自ら問題や仮説を立て，知識や情報の収集を行う自己主導型学習
（Self-Directed Learning）を行う，⑤学生・学習者がグループなどで協働し，学
習だけではなく，課題やそれぞれの役割や時間などをマネジメントすることを
含む協働学習を行う，⑥構成的アプローチといって，学生・学習者の既有知識
や経験を問題解決で活かしたり，他者や集団の理解や考え方を取り込んだりし
て，自身の知識世界を社会構成的に発展させるというアプローチを採るという
点では両者は類似しているとされる（溝上・成田編 2016：12-13）。

　公共政策学における PBL が問題解決学習なのかプロジェクト学習なのかに
ついては，これまで詳しく論じられて来なかったが，河井紗央里は PBL を公
共政策学教育の中核を担うものと論じる場合，PBL をプロジェクト・ベース

156

ド・ラーニング，すなわちプロジェクト学習と解している（河井 2018：132）。

問題解決学習とプロジェクト学習の相違点

問題解決学習とプロジェクト学習はそれぞれ多様で，上述した通り両者は重なり合う部分も多いとされるが，あえて相違点を探るとすれば，①解決すべき問題の設定主体の違い，②プロセス重視型かプロダクト重視型かの違い，③支援者の違い，④カリキュラムにおける位置づけの違い，⑤問題解決の時間的展望の違い，⑥時空間における制限の違いがあるとされる（溝上・成田編 2016：13-15）。①については，解決すべき問題を，問題解決学習では教員が設定し，プロジェクト学習では学習者が設定する場合が多いことを意味する。②については，力点の相違ではあるものの，問題解決学習がプロセス重視型であるのに対し，プロジェクト学習はプロダクト重視型であることを意味する。ここにいうプロダクトは公共政策学教育における PBL の文脈では，アウトカム等の活動の結果として社会に生じる変化等であると解することができる。③については，問題解決学習では，チューター（Tutor）が学習者の自己主導型学習を支援するのに対し，問題解決学習では教員がファシリテーターあるいはコーチ（Coach），スーパーバイザー（Supervisor）の役割を担って，TA 等のアシスタントもついて学習者の自己主導型学習を支援することが多いことを意味する。問題解決学習では教員が必須ではないのに対し，プロジェクト学習では教員の役割が多様で大きいということである。④については，プロジェクト学習はカリキュラムにおいて多様な形態をとることが多いことを意味する。⑤については，問題解決学習は現在起こっている問題を与えられての解決学習であることが多いのに対し，プロジェクト学習は未来に向かっての社会的な課題解決の学習であることが多いことを意味する。⑥は，問題解決学習が教室や授業を中心としたものであるのに対し，プロジェクト学習は地域や関連する実践現場をも舞台に，授業時間外にも拡がることが多いことを意味する。

図7-1は問題解決学習とプロジェクト学習のそれぞれにおける学習のステップを図に示したものである。ここでも，問題解決学習では問題が与えられ

第Ⅲ部　政策人材の育成における多様な実践的手法

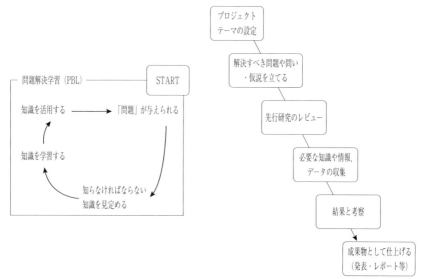

図7-1　問題解決学習のサイクルおよびプロジェクト学習のステップ
出典：溝上・成田編（2016：9, 11）。

るものであること，プロジェクト学習では解決すべき問題が学習者により創造的に設定されることが強調されている。

　これらを踏まえて考えれば，公共政策学におけるPBLは，問題解決学習にもプロジェクト学習にもなり得るが，少なくとも演習や実習といった科目名を与えられた科目においてはプロジェクト学習である場合が多いと言ってよいだろう。公共政策学教育におけるPBLはプロジェクト学習として，その本質は政策形成の体験そのものであり，教員と学習者が政策過程の全体を完全に体験するものだということである。もっとも，公共政策学教育におけるPBLが，教員と学習者による政策形成だけであるかというとそういう場合は少なく，研究を兼ねている場合が多い。どのような政策を形成し，どのような結果を出すかという政策形成に力点を置くか，先行事例の調査や政策のロジックモデル（Logic Model）の裏付けとなる理論や自分たちが形成した政策の事後評価などの研究に力点をおくかは，カリキュラムで決めることもできるし，シラバスに示すこともできるが，個別のPBLを行う教員に委ねられていることが多い。

教員は TA 等のアシスタントと共に学習者の自己主導型学習を支援する。学習者の自己主導型学習では，解決すべき問題や達成すべき目的，それを実現する政策手段，適切な実施ができたかやねらった結果が生じたかを事後的に評価するための方法などが，自主的かつ創造的に行われる。また，学習者のグループ内での役割分担，外部の協働相手との連絡・調整，決定のための合意形成，実施，評価，成果発表等が行われる。まさにプロジェクト学習と言えるだろう。

　プロジェクト学習としてのPBLは公共政策学教育の中核であることについては筆者も異論はないが，PBLだけで必要十分であるかというとそうではない。アートを教える公共政策学教育においては，ポリシーマインドに裏付けられた政策能力の獲得が求められるが，PBLはそれを必要十分に満たすことはできないと考えられる。公共政策学におけるプロジェクト学習としてのPBLは，教員と学習者による政策過程の完全な実体験であり，そうであるがゆえの課題や限界があるからである。そうした課題や限界には，回数をこなせないこと，グループワークの質がPBLと実際の政策過程では異なること，扱える政策のレベルが限定されることなどである。以下，筆者の実践を事例として説明する。

　筆者が勤務する京都府立大学公共政策学部公共政策学科ではPBL科目として「公共政策実習Ⅰ」という科目を設けている。この科目は２回生配当の通年の演習科目である。公共政策学科の演習科目の中では例外的に必修科目ではないが，毎年度，入学定員50名の２回生のほとんどが履修している。公共政策学科の13名の教員のうち５名が交代でゼミを開き，各ゼミには約10名のゼミ生が所属し，全員で一つのプロジェクトを動かすか，２〜３のプロジェクトを動かす。この科目は2008年の学部開設以来存在する科目で，筆者は一貫して科目代表者を務めるとともにゼミを開いている。

　この10年間のプロジェクトのテーマは以下の通りである。2010年度は京丹後市で農業に大きな被害をもたらしている鹿や猪を食肉利用するジビエの取り組みの改善提言を行った。2011年度から2014年度は京丹後市や京丹後市観光協会と協働し，大学生の若者の感覚で地域を紹介する動画を作成した。動画は４年

間で10本近く制作した。2011年度の第一作『なつかしい庭』をはじめとする多くの作品はYouTubeで「京丹後　窪田ゼミ」というキーワードで検索すれば現在でも視聴可能である。なお，2012年度は京都府長岡京市の市民団体と協働し，市民による事業仕分けを企画立案し，実施するというプロジェクトも行った。2015年は新任の同僚教員と合同ゼミとして開き，京都府が進めるふるさとレスキュー，協働防犯ステーション，ユースコミュニティ等の事業について調査を行い，改善提言を行った。2016年度は京都市政策評価委員会と協働し，京都市の政策評価制度の改善提言を行った。2017年度は京都府南丹市と協働し，委託を受けて，次世代の行政評価を調査研究し，ヤングレビューという新しい評価制度を提案した。ヤングレビューは事業仕分けを独自に進化させた政策評価の一種であり，翌2018年度に，地方創生推進交付金を受けて京都府宇治田原町が実施している事務事業を対象として行った。2018年度は私立大谷高等学校と協働し，学生がデザインした『なりきり公共政策』というゲームを用いたイベント型の主権者教育を企画立案し，実施，その効果測定を行った。2019年度は「小学生向けオープンゼミ　政策チャレンジ2019 大学生と茶ッピータウンの未来を考えよう」という小学生を対象としたイベント型の主権者教育を企画立案し，実施し，その効果測定を行った。2020年度は二つのプロジェクトを行った。一つは私立大谷中学校・大谷高等学校と協働した，学生がデザインした『公共政策人生ゲーム』というボードゲームを用いたイベント型の主権者教育を企画立案し，実施し，効果測定を行った。もう一つは京都府南丹市を舞台に南丹市や市内の三つの高等学校や地元NPOと協働した「高校生YouTuber養成講座」というプロジェクトで，高校生を対象とする連続講座を開いてYouTuberとしての基礎を身につけてもらい，南丹地域の魅力を高校生の視点で発見し，発信してもらい，その過程や成果を地域の人々に見てもらおうというものであった。

　プロジェクトの活動成果および研究成果は，学内では全てのゼミが集まって行う成果報告会で報告され，京都の政策系の学部・大学院が集まって毎年度開催される公益財団法人大学コンソーシアム京都主催の「京都から発信する政策

第**7**章　PBL とケースメソッド

研究交流大会」でも発表を行い，さらに協働相手に出向いて成果報告を行う。また，プロジェクトに必要な資金については，教員の研究費と学習者の自己負担で行うのが基本であるが，地方自治体の委託を受けて行う場合もあり，まちづくり活動支援のための交付金等を獲得して行う場合もある。

　以上のような「公共政策実習Ⅰ」という科目とそこにおける筆者らの取り組みは，公共政策学教育における PBL の典型例の一つと考えられる。このような，教員と学習者による政策過程の完全な実体験としての公共政策学教育における PBL には他の手法にはないよい面がある。それはアウトカムが発生することである。学習者が，教員の指導を受けながらも，自主的にテーマを選び，問題を定義し，目的を設定し，政策手法を選択し，実施し，効果測定と評価をするという一連の過程をグループワークで行い，さらに協働相手や対象者への説明や交渉，合意形成を行うこと，結果が関係者や社会からの評価を受けることはかけがえのない経験となり，学習者のポリシーマインドに裏付けられた政策能力を向上させる。また，副次効果または外部性として大学の地域貢献にもなる。しかし一方で，課題や限界もある。

PBL の課題と限界

　PBL の課題と限界の第一は，グループワークとして行われる PBL が実際の公共部門における政策過程のシミュレーションとしては不完全なことである。「公共政策実習Ⅰ」がそうであるように，公共政策学におけるプロジェクト学習としての PBL はグループワークで行われるのが一般的である。公共部門における政策過程も複数のアクターが関与するものであるから，PBL が現実のシミュレーションとなっているとも考えられるが，そうではない。PBL のグループワークにおいて学習者は，プロジェクトの公共政策としての活動に必要な役割と研究としての必要な役割を分業する。グループとしてやるべきことを分業するという意味での分業は，実践と同様にあるものの，実践にあるような指揮命令系統，ラインは存在しない。そのため，公共政策学教育の PBL における経験はそのままの形で公共部門における政策過程に活かせる経験とはなら

ないのである。公共政策学教育における PBL がグループワークを採用するのは，実際の政策過程をシミュレートするためではなく，多人数を学習させるという都合によるものではないかと考えられる。

　課題と限界の第二は，公共政策学教育における PBL が教員と学習者による政策過程の完全な実体験であるがゆえに，時間がかかり，何度も繰り返せないことである。筆者の公共政策実習 I の場合で見ても，1 年間の通常授業を全て使い，さらに夏期休業や冬期休業の期間にもフィールドワーク等を行うことによって成立している。京都府立大学公共政策学公共政策学科のカリキュラムでは 2 回生に PBL 科目である公共政策実習 I を置くことにより，学習者が希望するなら 3 回生の専門演習 I や 4 回生の専門演習 II・卒業論文で PBL を反復できるようにしている。しかし実際には PBL は 2 回生のみで，専門演習 I 以降は文献の輪読を中心とする従来型のゼミが選ばれることが多く，最大で 2・3 回の体験が学習者のポリシーマインドに裏付けられた政策能力の獲得と向上に必要十分であるかというと疑問も残る。

　課題と限界の第三は，学生が実践できるレベルの公共政策しか扱えない，PBL は学習者が関与できるレベルの公共政策しか扱えない，国や地方自治体の執政レベル，国際レベルの公共政策は扱いにくいことである。もし扱えるとしても，その場合は学習者が自ら企画立案し実施する公共政策としての活動よりも，研究や政策提言という要素に注力したものとならざるを得ない。筆者が挙げた例を見ても分かる通りである。もちろん，前述の例のような比較的小さな公共政策を企画立案し，決定・実現し，実施することにともなう様々な活動は，学習者がポリシーマインドに裏付けられた政策能力を獲得し向上させる上で大きな意味があるだろう。しかし，動画を作成したり，主権者教育プログラムを企画立案して実施したり，高校生 YouTuber 養成講座を企画立案して実施したりすることにともなう様々な活動の経験によって獲得され向上するポリシーマインドに裏付けられた政策能力が国や地方自治体の執政レベル，国際レベルの公共政策の形成に有用なポリシーマインドに裏付けられた政策能力とイコールであるかは疑問が残るのである。例えば，高校生 YouTuber 養成講座

では，講座用のホームページを作成したり，参加者募集のチラシをデザインして枚数を決めて印刷発注し，それを配布してもらえるよう高校と何度も交渉したり，完成したチラシを高校に届けたり，さらなる広報のため，地域の新聞社やケーブルテレビなどに取材依頼をしたり，会場を選定して予約したりといった作業がある。こうした作業を適切に行って成果を出すことがある種のポリシーマインドや政策能力の獲得や向上につながることは間違いないと考えられるが，国や地方自治体の執政レベル，国際レベルの公共政策のデザインに必要とされるようなポリシーマインドに裏付けられた政策能力の獲得や向上につながるかというと疑問である。

　なお，公共政策学教育におけるプロジェクト学習としてのPBLは，一方で教員と学習者による政策過程の完全な実体験であり，他方で研究と二つの活動を兼ねている場合が多いが，そうである必要性は必ずしもないことを指摘しておきたい。政策過程の完全な実体験と研究を兼ねることによい点もあることは言うまでもないが，兼ねることによりうまくいかない場合もある。政策過程の完全な体験を研究とは切り離して行うことも考えられる。また，学習者が自主的・創造的に自らの公共政策を企画立案し，実施し，評価するというパターン以外にも公共政策学教育におけるプロジェクト学習としてのPBLはあり得ると考えられる。例えば教員の関与を増やし，学習者の負担を軽減する方法が考えられるだろう。教員と学習者による政策過程の完全な実体験においては，あまりに多くの作業をこなすことが求められたり，政策過程が初体験かそれに近い学習者にとっては高度過ぎる判断が求められたり，政治家や行政職員，非営利団体のメンバーといった異なるセクターの人々との交渉や合意形成が求められたりといったように，やることも考えることも多いからである。教員が大まかに企画立案し，決定や実施に向けて合意形成の道筋をつけた公共政策について，学習者は見学するとか，要所要所で教員が提示する問題に回答したりするというような方法でも，ポリシーマインドに裏付けられた政策能力の獲得や向上に有用であると考えられる。実習のパターンについては，これまで議論が行われてこなかったため，定説はないが，公共政策学教育におけるプロジェクト

第Ⅲ部　政策人材の育成における多様な実践的手法

学習としてのPBLには，教員と学習者による政策過程の完全な実体験以外に
も様々なパターンが構想できるのではないだろうか。

2　公共政策学教育におけるケースメソッド

「ケースメソッド自治体政策」

　日本公共政策学会が2015年に作成した「学士課程教育における公共政策学分
野の参照基準」に記された公共政策学教育を通じて学習者が習得すべき知識，
技能，能力のうち，参照基準の7-1政策の働きに関する基本的理解，7-2公共
政策学に関する思考方法の習得，7-4政策が形成され廃止または修正されるま
での現実のプロセスの枠組みの理解，7-5政策過程に関する制度理解とその実
践に関与する技術や方法の習得，7-6政策問題を主体的に考える力を習得する
ための学習方法，教育方法としては，PBLの他にケースメソッドもある。
ケースメソッドは公共政策学教育の方法としてPBLほど普及していないが参
照基準の8-4にも学習方法，教育方法の一つとして挙げられているほか，実践
もあり，大きな重要性を有している。公共政策学教育におけるケースメソッド
の実践については，京都府立大学公共政策学部公共政策学科の2回生配当科目
である「ケースメソッド自治体政策」[2]という科目と中央大学が作成した三つの
ケースブック，そしてその後に筆者らが作成した一連のケースブックが今のと
ころは主要な取り組みである。

　京都府立大学の「ケースメソッド自治体政策」では15回の授業で通常は5つ
のケースを取り上げる。ケース1はその年度の学習者にとってケースメソッド
を練習する回という位置付けもある。筆者が作成したケースブック「大阪府庁
舎のWTCへの移転をめぐる政治過程」を用いて授業を行う。橋下徹大阪府知
事（当時）の立場，または橋下府知事の架空の助言者の立場でレポートを作成
し，討論を行う。ケース2・3・4は，各々3回の授業を使う。1回目の授業で
はゲスト講師の京都府職員がケースとして取り上げる公共政策について説明し，
学習者と質疑応答を行い，教員がレポートと討論のための設問を提示する（窪

164

田 2009)。説明で取り上げられるのは，①当該政策が企画立案された背景・経緯，②当該政策が企画立案され，合意形成され，決定されたプロセス，③当該政策の内容，④当該政策の実施の成果・課題である。2回目の授業では，学習者が6名程度のグループに分かれ，各々が作成したレポートをもとに意見交換し，グループとしての発表内容をまとめる。2回目の授業は教員と学習者のみで行う。3回目の授業では，再び京都府職員が参加し，学習者の各グループが2回目のグループワークでまとめた内容を発表し，それに対して，府職員や教員が講評する。ケース5は増田寛也客員教授が担当し，執政レベルのケースを扱う。ここではA4用紙で2〜3ページ程度の比較的短いケースブックが用いられる。京都府立大学のケースメソッド自治体政策では，中心となるケース2・3・4では，ケースブックを用いず，当該政策の担当者が口頭で説明を行うリアルケースという方法を採用しており，ビジネススクールや医学など，他分野でのケースメソッドの実践と比べると一般的ではない方法を用いていることになる[3]。

　表7-1は2009年度から現在までに「ケースメソッド自治体政策」で扱ったケースの一覧である。ケース2・3・4で取り上げられるのは京都府の自主性・独自性が強い公共政策である。ケース5では岩手県知事や総務大臣の経験者である増田客員教授が担当者であることを活かし，知事や市長といった立場での政策判断を扱う。県政や市政に重要な影響を与える政策，知事や市長が自らリーダーシップを発揮してきた政策，それでいて様々な問題を抱える政策を継続するか廃止するかといったことを扱う。扱うケースは京都府内のものとは限らない。政策判断が政治に与える影響や政治家として果たすべき責任が焦点となる。ただし，ケースメソッドでは，学習者にある種のロールプレイが求められるが，学部の2回生を中心とするこの授業の学習者が，知事としての自分，市長としての自分を想像してロールプレイを行いにくい場合は，知事や市長の親しい助言者という仮想的な立場をおいてレポート作成や討論を行わせている。

　その他，筆者が関係する試みとしては，京都府立林業大学校の1回生配当科目である「森林公共政策入門」という科目において全15回中3回をケースメ

第Ⅲ部　政策人材の育成における多様な実践的手法

表7-1　京都府立大学公共政策学部公共政策学科ケースメソッド自治体政策が扱ったケース

	ケース1	ケース2	ケース3	ケース4	ケース5
2009年度	大阪府庁舎のWTCへ移転	京都府鴨川条例	京都府自転車安全利用促進条例	京都エコポイント事業	Ｉ県奥産道継続・中止問題
2010年度	大阪府庁舎のWTCへ移転	京都府鴨川条例	京都府自転車安全利用促進条例	京都エコポイント事業	Ｂ市Ａ市長の政策転換
2011年度	大阪府庁舎のWTCへ移転	京都府鴨川条例	京都府自転車安全利用促進条例	京都版排出権取引制度	Ｂ市Ａ市長の政策転換
2012年度	大阪府庁舎のWTCへ移転	京都府鴨川条例	京都府自転車安全利用促進条例	京都版排出権取引制度	Ｂ市Ａ市長の政策転換
2013年度	大阪府庁舎のWTCへ移転	京都府鴨川条例	京都府自転車安全利用促進条例	京都ジョブパーク	Ｂ市Ａ市長の政策転換
2014年度	大阪府庁舎のWTCへ移転	向日町競輪場の存続・廃止	京都ジョブパーク	地域力再生プロジェクト	Ｂ市Ａ市長の政策転換
2015年度	大阪府庁舎のWTCへ移転	京都ジョブパーク	きょうと婚活応援センター	京野菜のブランド化	Ｂ市Ａ市長の政策転換
2016年度	大阪府庁舎のWTCへ移転	きょうと婚活応援センター	商店街の活性化	次世代下宿京都ソリデールー	―
2017年度	大阪府庁舎のWTCへ移転	ヘルプマーク	エシカル消費（倫理的消費）	お茶の京都	Ｋ市エコエネルギーセンター
2018年度	大阪府庁舎のWTCへ移転	京都農福連携センター	京都移住コンシェルジュ	文化庁の京都移転	Ｋ市エコエネルギーセンター
2019年度	大阪府庁舎のWTCへ移転	オープンデータの利活用	若者ライフデザイン・育児と仕事両立体験事業	京都府観光総合戦略	Ｎ市五輪聖火リレー受入可否
2020年度	大阪府庁舎のWTCへ移転	次世代下宿京都ソリデール	再生可能エネルギー	京都府の防災政策	Ｎ市五輪聖火リレー受入可否
2021年度	大阪府庁舎のWTCへ移転	STOP氷河期・学生就職応援事業	集落連携100ha農場づくり事業	上郡町ふるさと同窓会支援事業	Ｎ市五輪聖火リレー受入可否
2022年度	Ｋ町における消防行政の広域化	上郡町ふるさと同窓会支援事業	京都府新移住促進条例	次世代下宿京都ソリデール	Ｔ市市長選当選後の公約修正
2023年度	Ｋ町における消防行政の広域化	上郡町ふるさと同窓会支援事業	若者対象の消費者被害防止	次世代下宿京都ソリデール	備前市補助金等の要件としてのマイナンバーカード取得の要請

出典：筆者作成。

ソッドに充てている。また、兵庫県自治研修所の「中堅職員研修」という研修科目を筆者が担当する場合は、研修時間のうち少なくとも1・2時間程度をケースメソッドに充てている。そこでは、一般的なケースブックを用いたケースメソッドの他に、筆者の研究室が作成した、カードゲームを兼ねるミニケースを用いる場合もある（窪田 2015）。ミニケースでは、アメリカ合衆国大統領、知事、市長など政治家の立場での政策判断も積極的に取り上げている。

公共政策学におけるケースブック

公共政策学教育におけるケースメソッドとしては、中央大学大学院公共政策研究科（当時）が2014年に作成した三つの本格的なケースブックを忘れることはできない。これらは教員と学習者の双方が読むケースブックと教員のみが読むティーチング・ノートが別々に作成されるなど、他の専門領域におけるケースメソッドに匹敵するものであった。

作成されたケースブックの第一は、『裁判員制度——裁判体の問題を中心に』である。これは全体で61ページあり、そのうち本編は28ページで残りは参考資料である。植野妙実子（中央大学大学院公共政策研究科教授）と兼頭ゆみ子（一般社団法人公務人材開発協会ケース等開発検討委員会研究員）が執筆にあたった。作成されたケースブックの第二は、『福島原発事故の初動危機管理』である。これは全体で27ページあり、そのうち本編は17ページで残りは参考資料である。丸山剛司（中央大学大学院公共政策研究科特任教授）と佐藤雄也（早稲田大学環境総合研究センター招聘研究員）、志々目友博（中央大学大学院公共政策研究科教授）、野澤慎太朗（一般社団法人公務人材開発協会ケース等開発検討委員会研究員）が執筆にあたった。作成されたケースブックの第三は、『小金井市におけるごみ処理施設立地問題』である。全体で76ページあり、そのうち本編は15ページで残りは参考資料である。幸田雅治（中央大学大学院公共政策研究科特任教授）と堀内匠（一般社団法人公務人材開発協会ケース等開発検討委員会研究員）が執筆にあたった。その後、筆者と本書第6章の執筆者の池田葉月は同様の形式のティーチングノートおよびケースブックを7本作成している（窪田・池田 2021a, 2021b, 2022a,

167

第Ⅲ部　政策人材の育成における多様な実践的手法

2022b, 2023a, 2023b, 2024）。

　以上のように，公共政策学教育におけるケースメソッドは，広く普及しているとまでは言えないものの，着実に実施されつつあると言えるだろう。

3　ケースメソッドと PBL の相違

　先行研究が PBL を公共政策教育の中核であるとしている理由は，政策プロセスの学習であること，政策現場との関わりを持つこと，知識と体験の融合の3点である（河井 2018：131）。これらの三つの点について，ケースメソッドはどうかということを見てみれば，政策プロセスの学習であることと，知識と体験の融合であることは PBL と共通している。政策現場との関わりという点については，PBL が実体験として政策現場と関わるのに対し，ケースメソッドでは模擬体験・疑似体験として関わるのであり，異なると言えるだろう。本章では，これら三つの点以外に，本書第2章で明らかにした PBL の特徴とも対比させながら，ケースメソッドと PBL の相違を明らかにしていきたい。

　ケースメソッドはプロジェクト学習としての PBL とは異なるものであることは明らかであるが，問題解決学習とは類似する部分も多くある。既述のように，問題解決学習は，実世界で直面する問題やシナリオの解決を通して，基礎と実世界とを繋ぐ知識の習得，問題解決に関する能力や態度等を身につける学習であり，ケースメソッドにもそういう面は確かにある。しかし，問題解決学習とケースメソッドには異なる点もある。その異なる点とは，ケースメソッドにおいては教師が答えを持っていて，教師との関わりの中で学習するのに対し，問題解決学習では学習者が自主的に答えを見つけ，最終的には自立していくことであるとされる（Barrows 1988：iii）。

　プロジェクト学習としての PBL は，研究の要素を持つことも多いものの教員と学習者による政策過程の完全な実体験であり，ロールプレイではない。一方で，ケースメソッドは，実際にあった公共政策の形成過程をシミュレートするものであり，学習者は政策過程における特定のアクターの立場に立ち，自分

ならどうするかを考える（窪田 2015）。それは政策過程の疑似体験でありロールプレイである。

　ケースメソッドとPBLではどちらもグループワークが行われる。しかし，ケースメソッドとプロジェクト学習としてのPBLではグループワークの意味内容が異なる。プロジェクト学習としてのPBLでは，政策過程の実体験として，グループワークで政策の企画立案，合意形成と決定，実施，評価が行われる。一方で，ケースメソッドでは学習者が個人で政策判断を行い，レポートを作成する。そして，その結果をグループワークで行われる授業で討論したり発表したりする。グループワークを行うことにより，学習者の間で共有されているポリシーマインドと，そこに含まれる公共政策のデザインの技法や評価の手法が，具体的なケースにおいてどのように適用されたか，―それらは学習者により一定程度変化するものであり，その変化と変化の裏付けとなるエビデンスなどの根拠は学習者により一定程度変化するものである― を学習者は相互に学ぶことができ，グループとして学習効果を高めるという意味があるが，その意味はPBLにおけるグループワークの意味とは異なる。

　プロジェクト学習としてのPBLとは異なり，ケースメソッドで得られる体験は疑似体験であり，アウトカムが発生しない。自分がもし大阪府知事なら，○○という公共政策を担当する京都府職員なら，I県知事なら，B市やK市，N市の市長ならどうするかということを，彼らが置かれた文脈に即して考え，その中には，新しい公共政策を作ったり，既存の公共政策を修正したり廃止したりということも含まれ，新提案や修正の場合は具体的な提案も求められる。しかし，それは仮想的，模擬的なものであり，実際のアウトカムを産まない。それを物足りないと捉えることもできるが，失敗や府の外部性で社会にネガティブな影響を与えることもないという安心感もある。

　プロジェクト学習としてのPBLと比べてケースメソッドが優れているのは，プロジェクト学習としてのPBLによる実体験では扱えないレベルの公共政策も扱えることである。ケースメソッドにおけるシミュレーションやロールプレイングなら，学習者は都道府県知事や市長，京都府職員の立場で，そうした立

第Ⅲ部　政策人材の育成における多様な実践的手法

場でしか扱えないレベルの公共政策を扱う。

　プロジェクト学習としての PBL と比べて，ケースメソッドは教員と学習者による政策過程の完全な実体験ではないが，ケースとして扱う公共政策やそれに関する政策過程の教育上重要な部分・局面にスポットライトを当てて取り上げることができる，いわばいいとこ取りができるというメリットがある。学部生や大学院生である学習者が，一定の経験を積んだ行政職員でないと扱えないような公共政策や選挙で選ばれた首長でないと扱えないような公共政策を，教室に居ながらにして扱うことができる。これはケースメソッドには可能で，PBL には不可能なことである。

　プロジェクト学習としての PBL と比べてケースメソッドが優れていることとして，同じ時間で PBL より多くの体験ができることが挙げられる。京都府立大学における PBL 科目である公共政策実習Ⅰとケースメソッド科目であるケースメソッド自治体政策とを比較すると，公共政策実習Ⅰでは 1 年間で 1 本の公共政策を企画立案し，決定し，実施し，評価するのに対し，ケースメソッド自治体政策では半年間で 5 本の公共政策を扱うことができる。

4　模擬的手法を支える実証研究

　公共政策学教育の PBL はプロジェクト学習であり，プロジェクト学習としての PBL は公共政策学の中核であるが，必要十分であるかというとそうではない。公共政策学教育においてはアートやクラフトが重視されるため，ポリシーマインドに裏付けられた政策能力の獲得が求められるが，PBL はそれを必要十分に満たすことはできない。公共政策学におけるプロジェクト学習としての PBL は，教員と学習者による政策過程の完全な実体験であり，そうであるがゆえの課題や限界があるからである。そうした課題や限界には，回数をこなせないこと，グループワークの質が PBL と実際の政策過程では異なること，扱える政策のレベルが限定されることなどである。公共政策学教育におけるプロジェクト学習としての PBL の課題や限界を補完することができるのがケー

第**7**章　PBLとケースメソッド

── コラム⑦　教育訓練における模擬的手法の歴史と広がり ──

　公共政策学におけるケースメソッドの歴史は21世紀に入ってからのものであるが，先行して導入された法学や経営学においては100年以上の歴史がある。教育学における教員養成や警察学校における警察官養成においても，ケースメソッドに似た面もある模擬的手法であるロールプレイ（Role Play）が用いられている。

　航空機のパイロットの養成ではフライトシミュレータと呼ばれる訓練装置が用いられる。これは航空機の操縦席を模した装置であり，1920年代末に最初のものが誕生している。その後の発展の中で，パイロットが行う操作が引き起こす情況の変化を，計器の表示の変化はもちろん，視界や音声や振動といった点でもリアルに再現できるようになり，今では民間旅客機でも軍用機でも機種ごとのフライトシミュレータが用意され，それを用いた訓練が義務付けられている。自衛隊など軍事組織も教育訓練に模擬的手法を多用する。フライトシミュレータの他に，戦車のシミュレータもあるし，海に墜落したヘリコプターからの脱出を模擬的に行う訓練施設といったものもある。潜水艦のダメージコントロールを模擬的に体験できる訓練施設もある。この施設は現実の潜水艦を模したもので，真っ暗か非常灯の暗い灯りしかない中で，パイプからの高圧の浸水を止めるなどの訓練を行うことができる。部隊や艦隊を動かす演習も，昔ながらの現実に部隊や艦隊を実働させるものもある一方，コンピュータを用いた模擬的手法・シミュレーションによる演習も多用されるようになっているという。

　模擬的手法を用いるのは軍事組織だけではない。鉄道事業者向けにも運転手訓練シミュレータはもちろん，車掌向けにドア操作や異常時の対応などを訓練できるシミュレータなど様々なシミュレータが開発されており，教育訓練に使用されている。シミュレータは自動車やオートバイの教習にも導入されているので，体験したことのある読者も多いのではないだろうか。

　教育訓練に模擬的手法を用いる分野には特徴がある。それは専門知識だけではなく，技能や職務遂行能力の獲得や維持や向上が必要となる分野である。そこでは実践を通じた体験や経験に価値があることは言うまでもない。しかし，何らかの理由で実践が希少なもの，あるいは実践に危険がともなうものでは，実践を補うものとして模擬的手法が用いられているとも考えられる。

　模擬的手法については，シミュレータ等をスペックダウンするなどしてアレンジしたものが娯楽として楽しまれること多いことも興味深い。模擬的手法では学べないことがあること，模擬的手法による学習を過信してはいけないことはもちろんであるが，模擬的手法により多くの関心を向け，研究を行い，成果を蓄積していくことが必要ではないだろうか。

スメソッドである。ケースメソッドはプロジェクト学習としてのPBLに比べて取り組み事例は少ない。しかし，回数をこなせること，実際の政策過程のアクターを疑似体験できること，扱える公共政策のレベルに限定がないことなどの特徴があり，プロジェクト学習としてのPBLの課題や限界を補完することができる。こうしたことを本章では論じてきた。

　本章では公共政策学教育におけるPBLとケースメソッドの相違を扱った。ケースメソッドとゲームの相違は既に扱っている（窪田 2015）。今後の課題としては，ケースメソッドと，ケーススタディやルポタージュ，自伝・評伝・オーラルヒストリーとの相違を明らかにすることも重要であろう。これらの方法はいずれも政策過程の学習であるし，大学院生や学部生である学習者が通常は体験できないレベルの公共政策を扱うことができる，政策過程の任意の重要な局面に焦点を合わせることができるといった点がケースメソッドと共通していると考えられる。知識と体験の統合，シミュレーションでありロールプレイングの要素も持つというケースメソッドとの共通点はゲームには当てはまるが，ケーススタディやルポタージュ，自伝・評伝・オーラルヒストリーには当てはまらないだろう。そして，ケースメソッドを含むこれらの方法との対比において，教員と学習者による政策過程の完全な実体験としてのPBLは，政策現場との関わり，アウトカムやインパクトの発生，それらを通じた知識と体験の統合という他にはない特徴を持つ手法としてあらためて重要性が確認されると考えられる。

　本章における議論は重要なポイントについて仮説に依拠していることには注意を要する。そのポイントとは，一つはPBLの実体験とケースメソッドの疑似体験のどちらでもポリシーマインドに裏付けられた政策能力が獲得でき，伸長できるとしていることであり，もう一つは，現実の政策過程のアクターにとり，政策体験は希少であり，体験や疑似体験でポリシーマインドに裏付けられた政策能力を獲得・伸長させ，準備を整えておくことが必要，あるいは有効であるということである。これらに関して，国や地方自治体の政策アクターの政策経験についての調査を行う必要性があるだろう。政策アクターの多くにとっ

ても実は政策過程において公共政策を企画立案し，合意形成を経て決定し，実施し，終了することを実体験として経験することはそう多くないのではないか，それゆえ，関係するアクターの，ポシリーマインドに裏付けられた政策能力が不足しており，それが原因となって失敗する公共政策もあるのではないか。こうした論点について実証的研究を行うこと，例えば自治体職員に対するインタビューやアンケート[5]を行うことは重要であると考えられる。

　学習とは，経験の変容によって知識が創造されるプロセスである（Kolb 1984：38）。ケースメソッドは模擬的手法による疑似体験であるが，PBL によるものを含む政策過程における実体験よりも短時間で体験し，経験を積むことができる。経験の質や量がアクターのポシリーマインドに裏付けられた政策能力向上や伸長につながるならば，ケースメソッドは重要性を増す。

　ケースメソッドと PBL は公共政策学教育において相互補完的に重要である。公共政策の実践においては思索と知識と体験・経験がいずれも重要である。そして自然に身を委ねていてはこれらのうち体験・経験が顕著に不足する。それを補うのがケースメソッドである。今後の教育実践の普及と研究の進展に期待したい。

【付記】

本章は『公共政策研究』第20号に掲載された拙稿「公共政策学教育におけるケース・メソッドの重要性——PBL との相違を中心に」を大幅に改稿したものである。

注

⑴　成果発表は大学内での成果報告会の場合もあるし，政策コンペのような場であったり，政策を提言する相手であったり，政策形成を行った地域が相手である場合もある。成果発表の形式は論文あるいはレポート，プレゼンテーション等がある。

⑵　2013年度までは自治体政策特殊講義で2014年度からケースメソッド自治体政策に科目名称が変更された。

⑶　元々はリアルケースで開始し，ケースブックを用いた方法に移行することが考えられていたが，学習者にとって実務家から学ぶ場は貴重であり，京都府にとっても

第Ⅲ部　政策人材の育成における多様な実践的手法

　重要な政策について学習者の生の声を聞くことができる場は貴重ということもあってリアスケースを支持する声が大きく，リアルケースとケースブックを併用する形態が定着している。

⑷　この段落の役職はいずれも当時のものである。

⑸　一つまたは複数の自治体や府省を取り上げてできれば全数調査する。政策経験を尋ね，多くの行政職員にとって政策体験はレアなこと，突然くるものであることを明らかにする。どのような知識が有用だったかについての認識を尋ね，疑似でも模擬でもよいので体験が有用という認識があるかも尋ねる。なお，政策体験としては，立法，計画策定や改定，事務事業の企画立案や裁量による変更などが考えられる。

引用・参考文献

河井紗央里（2018）「公共政策学教育におけるプロジェクト・ベースド・ラーニングの意義――5大学の政策系学部の公開情報をもとに」『同志社政策科学研究』20（1），131-145。

河井紗央里・新川達郎（2019）「学士課程教育における公共政策学教育の実質化のために――ディプロマ・ポリシー及びカリキュラム・ポリシーをめぐって」『同志社政策科学研究』21（1），63-76。

―――（2020）「公共政策学教育におけるカリキュラムの実態――京都市の公共政策系学部3大学を事例に」『同志社政策科学研究』21（2），195-210。

窪田好男（2009）「公共政策学の特性に応じた教育手法の必要性――ケースメソッドを中心に」『京都府立大学学術報告（公共政策）』1，45-61。

―――（2010）「大阪府庁舎のWTCへの移転をめぐる政治過程」『政策形成における価値の生成と変容』関西大学法学研究所，53-86。

―――（2015）「ケースメソッドとゲームの交錯」『福祉社会研究』15，107-118。

―――（2020）「地方公務員を対象とする研修機関における政策人材の育成」『関西大学法学論叢』70（2・3），71-88。

窪田好男・池田葉月（2021a）「ケースブックおよびティーチングノート　次世代下宿『京都ソリデール』事業」『福祉社会研究』21，187-200。

―――（2021b）「まいづる"ハツラツ職場"推進事業」『公共政京都府立大学学術報告（公共政策）』13，189-207。

―――（2022a）「ケースブックおよびティーチングノート　ふるさと同窓会支援事業」『福祉社会研究』22，95-110。

第**7**章 PBLとケースメソッド

―――（2022b）「宝塚市における行政評価制度の見直し過程」『公共政京都府立大学学術報告（公共政策）』14，201-222。

―――（2023a）「ケースブックおよびティーチングノート　久御山町における消防の広域化」『福祉社会研究』23，191-212。

―――（2023b）「ケースブックおよびティーチングノート　吉備中央町における政策のPR動画の制作」『公共政京都府立大学学術報告（公共政策）』15，195-218。

―――（2024）「ケースブックおよびティーチングノート　備前市が政策的事業として実施する補助金等の要件としての世帯全員のマイナンバーカード取得の要請」『福祉社会研究』24，145-167。

新川達郎（2015）「『公共政策教育の基準』に関する検討とその課題」『公共政策研究』15，64-77。

溝上慎一・成田秀夫編（2016）『アクティブラーニングとしてのPBLと探求的な学習』東信堂。

Barrows, Howard S., (1988), *The Tutorial Process*, Southern Illinois University School of Medicine.

Kolb, D. A., (1984), *Experiential Learning: Experience as the Source of Learning and Development*, Prentice Hall.

Lasswell, H. D., (1971), *A Pre-View of Policy Sciences*, New York, American Elsevier Publishing.

■　　■　　■

読書案内

高木晴夫監修・竹内伸一（2010）『ケースメソッド教授法入門――理論・技法・演習・ココロ』慶應義塾大学出版会。
　ケースメソッドの理論，技法，演習の進め方について説明している。DVDもついている。経営学においてケースメソッドを用いるための教科書ではあるが，公共政策学教育において政策人材の育成のためにケースメソッドを用いる際にも大いに参考になる。

ルイス・B・バーンズ／C・ローランド・クリステンセン／アビー・J・ハンセン編著（2010〔1994〕）『ケースメソッド教授法』高木晴夫訳，ダイヤモンド社。
　経営学におけるケースメソッドの教科書である。ケースメソッドを用いた教育をど

第Ⅲ部　政策人材の育成における多様な実践的手法

のように行うかということや，ケースメソッドを用いた教育で留意すべきこと，発生しがちな問題などについて，事例を用いてわかりやすく説明している。

ウィリアム・エレット（2010〔2007〕）『入門 ケース・メソッド学習法』斎藤聖美訳，ダイヤモンド社。
　ケースメソッドで学ぶ学習者のために書かれた本である。学習者に向けて，ケースメソッドとは何かということを説明した上で，ケース分析，問題分析，意思決定分析，評価分析という要素に分けて学習方法をガイドしている。事例も豊富。

さらなる学びのために
① ケースメソッドとゲーミング・シミュレーションとは似ている点もあれば異なる点もある。両者はどのような点で似ており，どのような点で異なるのか考えてみよう。
② ケースメソッドとロールプレイングとは似ている点もあれば異なる点もある。両者はどのような点で似ており，どのような点で異なるのか考えてみよう。

（窪田好男）

第8章
政策ディベートの有効性

この章で学ぶこと

　本章では，公共政策学教育の具体的な教育手法の一つとして，政策ディベートについて紹介をする。まず前半では，政策ディベートは公共政策学教育において何故必要なのか。またディベートや政策ディベートとはどのような教育手法なのかについて説明する。次に，実際に大学や大学院の教育機関の授業や研修所等のOFF-JTで政策ディベートを実施する際に，企画者や指導者，受講者の参考になるよう，自治研修所や大学授業，ゼミでの政策ディベート教育の実施事例や政策ディベートのルール，準備の仕方，ディベートを行う上での留意点等に関し解説する。そして最後に，政策ディベート教育で習得したディベート的思考・スキルの活用可能性及び，政策ディベート教育の今後の課題についても考察を行いたい。

1　政策ディベート教育とは何か

政策ディベート教育の重要性

　近年，アクティブラーニングの重要性が認識されつつある。従来の教育方法は，座学中心で教員が教科書に沿って授業を行い，学習者がそれを受動的に学習するSBL（Subject-based Learning：科目進行型学習）が一般的であった。しかしそれとは異なり，アクティブラーニングは学習者が自立的に課題を発見し，その課題の解決能力を身につけることを目指す学習方法で，自立型人材の育成や，実体験を通してのみ身につく知識の獲得が可能である。

　そのアクティブラーニングの教育手法の一つとして，ディベートがある。ディベートは特定の論題について，肯定と否定に分かれ，一定のルールの下で議論をして勝敗を決める思考ゲームであるが，近年アクティブラーニングや

第Ⅲ部　政策人材の育成における多様な実践的手法

PBL（Project Based Learning：問題解決学習またはプロジェクト学習）の重要性への認識がわが国でも高まる中で，学校教育や大学・大学院教育，行政機関や企業の研修等のOFF-JT（Off the Job Training：職場から離れた人材教育）等で実施されるケースが増えてきている。個人的経験から言えば，長年大学でディベート教育を実施してきているが，授業評価でもディベート授業は，SBL型の講義に比べ学習者の参加意欲や学習後の満足度も高い傾向があるように思われる。

　ディベート教育では，①プレゼンテーション能力，②エビデンスを基にした論理的思考（Logical Thinking），③批判的思考（Critical Thinking）等の訓練が可能である。また人は往々にして，公平性を心掛けていても，意思決定過程において従来から持っている思想や先入観等でバイアスが掛かりがちである。しかしディベートでは，自分の本来の考えとは異なる立場で議論しなくてはならない場合があり，相手側の主張にもいままで見落としていた説得力があると気付かされる時がある。このようにディベート教育の最も重要な効用は，肯定否定双方の主張に関しメリット，デメリットを分析し最適解を見出す思考習慣が習得できる点にあるよう思われる。そして，極めて複雑な利害関係の中での意思決定を求められる政策過程においては，そのような特定の考えに縛られず，エビデンスに基づきメリット，デメリットを分析し決定を行う能力が求められる。そのような能力の習得に，多様な政策課題を論題としてディベートを行う，政策ディベート教育は不可欠である。

　また，ディベートでは相手ではなく，審査員（第三者）を説得できなければ勝てない。政策形成過程においては，説得や根回しによる同調者獲得は不可欠である。そのような第三者を説得し，味方・同調者を増やす訓練が可能な点も政策ディベート教育のメリットである。

　2013年に総務省自治大学校が全国の地方公共団体を対象に実施した「地方公共団体の人材育成のための職員研修の活用に関する調査」でも，具体的な行政課題に対する対応事例を題材に，グループで討議又はディベート（政策ディベート）を行う研修を取り入れている団体が，主事，主任等の一般職員研修では124団体，係長，課長補佐等の監督職員級の研修では151団体に上っている。

第8章　政策ディベートの有効性

　本章では，ディベートとは何かについて解説した上で，政策ディベートの紹介とその行い方の説明，また課題等について考察したい。

ディベートとは何か

　まず，ディベートとは何かについて説明したい。前述の通り，ディベートはある特定の論題について，肯定と否定に分かれて議論を行い，いずれの主張が説得力があるかの比較検討を行う教育手法の一つである。①プレゼンテーション能力，②エビデンスを基にした論理的思考（Logical Thinking），③批判的思考（Critical Thinking）等の訓練が可能である。

　ディベートは，特定のテーマに関して，自分の意見を自由に言い合って議論するディスカッションとは異なり，必ず勝ち負けが決まるゲーム的要素も持ち合わせているので，ルールが存在する。よって例えば，ディベート開始前の肯定否定の決定時に自分の考えと反対の立場に当ってしまったら，その立場に立ってディベートを行わなければならない。

　ディベートの起源については，一説では古代ギリシヤのソフィストたちの「弁論術」や「論争術」，あるいはソクラテスやプラトンの「問答法・弁証法・弁証術」にまで遡ると言われているが，英米では19世紀頃から大学でディベート大会が開かれていた。

　特にアメリカではディベート教育が非常に盛んで，初等教育の段階からある論題について，まずブレインストーミングで，賛成意見（For）と反対意見（Against）を全員で出し合い，その後論拠をあげながら相手を説得するといった授業が日常的に行われており，ディベート教育は大学，大学院に至るまで，様々な形で広く採用されている。またアメリカの裁判制度自体にディベートとの類似点が多く見受けられる。アメリカでは市民の司法参加を重視した陪審員裁判制度が採用されているが，判決を下す陪審員はディベートで言えば審査員，裁判官は議長，そして弁護士は反対尋問をする側のディベータ，被告及び原告は反対尋問される側のディベータといった役回りとなる。大きな相違点は，弁護士が被告や原告に反対尋問を受けることは無いという点くらいである。

179

第Ⅲ部 政策人材の育成における多様な実践的手法

政策ディベートとは何か

では，本章で取り上げる政策ディベートとは何か。ディベートでは，例えば「LINE の既読スルーの肯定・否定」や「美容整形の肯定・否定」のような価値論題や推定論題がディベートのテーマとして取り上げられる場合もある。それらと区別をし，特定の政策課題について行うディベートを，政策ディベートという。ディベートテーマの中でも，政策論題は人気があり，取り上げられるケースは非常に多い。中学生，高校生を対象に1996年より毎年開催されている全国中学・高校ディベート選手権（ディベート甲子園）の過去の論題も，全て政策論題である。

また，実際にディベートまで行わなくとも，特定の論題について，メリット，デメリットを常に比較し，最適な判断を行おうとするディベート的思考やディベート的討論スキルは，様々な政策過程や行政実務において求められるものである。例えば海外の映画やドラマでは，外交や国防，安全保障等に係る緊急時に，アメリカの国家安全保障会議（NSC）において，出席者がディベートに近い議論を行い，それに基づいて大統領が意思決定を行うシーンがよく見受けられる。政策研究では，政策形成者が政策決定の段階で，自らの目標を明確に定義し，それらの目標を達成するための多くの政策代替案を比較検討し，その中で最も合理的な解を選択するべきであるとする「合理的意思決定モデル」という考え方があるが，政策ディベートは政策代替案の比較検討の訓練手法として有効である。

質問や反駁といったプレゼンテーション能力の訓練にもなるため，地方公共団体におけるディベート研修では，議会質問への回答の訓練として，ディベートが非常に有効であるとの実務家の意見も聞く。

2　政策ディベート教育の実施事例

地方公共団体の政策ディベート研修の実施事例

では現状で，政策ディベート教育はどのような形式で実施されているのであ

ろうか。筆者が2011年まで数年間講師として関わっていた茨城県自治研修所の政策ディベート研修の事例及び，大学のゼミ及びプレゼミで実施しているディベート教育について紹介したい。

　茨城県自治研修所は，茨城県職員及び県内市町村職員のOFF-JTを目的とした研修機関で，当時はその年主任の発令を受けた県職員及び，31歳から33歳までの非役付市町村職員を対象に主任研修で政策ディベート研修を実施していた。本研修は，中京大学（当初は常磐大学）の桑原英明教授が考案したものである。研修は2泊3日で，初日は人材開発会社講師によるプレゼン研修，そして2日目，3日目で政策ディベート研修を行う日程であった。ディベートテーマは，時事的な政策課題に関するもので毎年変えられた。そして研修者には事前に周知し，研修開始までに肯定，否定双方の論点を箇条書きで整理した用紙を1枚提出させる形式で，事前準備をさせていた。

　2日目からの政策ディベート研修では，まずディベートのルール，準備の仕方等についての1時間半程の講義を大部屋で実施し，その後6班（5〜6人程）に別れ，内4班はディベート班として班ごとに割り当てられた個室でディベート準備のための予備討議を3〜4時間程行い，その後1回目の政策ディベート（本討議）を実施した。残りの2班は，議長及び審査員の担当班で人数は総員で偶数，審査員数は必ず奇数になるように班分けをしていた。審査員数は，偶数だと審査で引き分けが生じる可能性があるため奇数とした。

　この研修方式の場合，議長及び審査員に当たった2班が，予備討議の時間に何もすることがなくなるため，筆者が講師を務める際には（政策ディベート研修は年に数回実施されていて，複数の講師が担当していた）予備討議の時間に大部屋でやはり模擬ディベートのための準備をさせ，本討議前に簡易版の模擬ディベート（配当時間を短縮させたもの）を班対抗で行わせて，ルールや審査方法について随時説明しながら確認を行っていた。その際には，議長は講師である筆者が務め，議長役受講者にも模擬ディベート班に入って貰った。

　予備討議の時間の講師の仕事は，前半は各部屋を回って，ディベートルール，準備の仕方，勝ち方等の個別質問への応答及び解説と各部屋の準備状況の進行

第Ⅲ部　政策人材の育成における多様な実践的手法

管理である。そして後半の1時間程は，大教室で前述の議長及び審査員班の模擬ディベートの指導であった。

　そしてその後，2部屋に分かれ本討議を行い，その後大教室に全員集合して結果発表と講評を行い，政策ディベート研修の1日目は終了である。その後，研修生は研修所に宿泊するが，空き時間に翌日の準備をするよう指示していた。

　翌日も，初日の議長及び審査員がディベート班に入るように，6班の組換えを行い，朝からほぼ同様のスケジュールで2回目の政策ディベート準備及び実施を行い，やはり最後に結果発表と講評を行い解散という流れであった。政策ディベート研修の2日目のディベートでは，初日が入門型だったのに対し攻守交替型（詳細については後述）という前日とは少し異なるタイプのディベートを行った。茨城県自治研修所の政策ディベート研修は，システムがよく練られており，全員ではないものの受講者の多くが，研修中に2回ディベートを経験できる（前述の通り工夫をすれば，全員2回経験できる）点や，本方式を採用すれば1人の講師で多人数の受講者のディベート研修が実施可能である点が大きなメリットである。一方，部屋が複数必要であること，受講者の事前の班分け作業が複雑になる点がデメリットである。部屋を確保出来る教育機関や研修所では，非常に能率の良いシステムである。

大学における政策ディベート授業の実施事例

　前述のように，OFF-JTでは長期間の研修はなかなか難しいため，実際のディベートの体験回数は多くて2回程度が限度ではないかと思われる。実際の政策過程で，ディベート的思考やスキルを活用するためには，それだけでは困難である。そのため，大学の学部や大学院等の教育機関での政策ディベート授業が，今後更に必要であるよう思われる。

　ただ，やはり大学カリキュラムでも，政策ディベートだけに特化した通常の授業はほとんど無いのではないかと思われる。15回の授業で，政策ディベートを指導できる教員がまだ少ないこと，教室数の確保が困難なことが背景にあるよう思われる。筆者が所属する関西大学社会安全学部では，全2回生が対象の

182

必修授業である「基礎演習」（プレゼミ）で15回授業の内の前半の数回を充てて
ディベート授業を行っている。ただ，10クラスに分かれ（教室数の関係で月曜5
クラス，水曜5クラスに分け実施している）担当教員も異なるため，初回に大ホー
ルに全員を集めて筆者が共通のルール説明等を行っているものの，クラスごと
に多様性がかなりある授業になっている。また予備討議にかなり時間を掛けな
いと，なかなかディベートの質の確保が困難なため，ディベートは1人1回経
験するだけとなっている。そのため，ディベート的思考やスキルを習得すると
いうよりは，ディベートはどのようなものか，一度経験してみる程度の授業と
なってしまっている点が今後の課題である。大人数の横並びの授業でのディ
ベート教育は，限界があるのが現状である。

　一方，筆者のゼミでも，長年にわたり政策ディベート教育を実施しており，
毎年3回生の前期の授業のほとんど（10数回）を政策ディベートに充てている。
3班体制（班員は3人から5人）で，前期授業開始前に数回プレゼミを行い，政
策ディベートのルール，準備の仕方等の講義と数回の模擬ディベート体験を春
休み中に済ませておく。そして1回目の授業から前期最終授業まで，毎週ディ
ベートを実施している。ディベートテーマは，前回のディベート終了時に発表
し，ゼミ外の時間に1週間でディベートの準備をしなくてはならない。1回の
ゼミ授業で，肯定否定の2班でディベートを一つ実施する形で，残りの1班が
議長，タイムキーパー，審査員を務める。ディベートで負けた班は，勝つまで
ディベートを毎週続けなくてはならないという負け残り制を採用している（学
生間の相互評価が厳しくなりフリーライダーの発生を防止できる。一方で，学生の負荷
も増すので，教員による個々の学生に対する細かいフォロー等の配慮が必要である）た
め，最終的に体験出来るディベートの回数は班ごとに変わってくるが，本方式
ではディベート的思考やスキルの徹底的な習得が短期間で可能な点がメリット
である一方，研究活動や学生イベントの準備等が前期中全く出来ない点がデメ
リットである。

第Ⅲ部　政策人材の育成における多様な実践的手法

3　政策ディベートの方法

ディベートのルール

ディベートの形式には，様々な種類がある。大別すれば，一定の準備期間を設けディベートを実施する調査型（Prepared Debate）と，議題発表後に短時間でディベートを行う即興型（Parliamentary Debate）の二種である。これらは二者択一の関係にあるわけではなく，教育や研修で調査型ディベートを通し，ディベート的思考やスキルが習得できると，即興型ディベートも出来るようになるという関係にあるように思われる。政策過程の様々なシーンにおいて，正式なルールに基づいてその都度ディベートを行いながら意思決定等を行うのは現実的ではない。その準備や実施に時間も要し，むしろ迅速な決定を阻害しかねない。また行政組織の各部署に配置されている人員数を考慮すると，ディベートを行う人員を常時確保するのは容易ではない。よって，政策過程においてディベート的思考方法やスキルが活用されるとすると，それは全て即興型で特定のゲーム形式に囚われない，より簡易なものとなる。

　調査型のディベートとして有名なものに，ポリシーディベートスタイル（Policy Debate Style）がある。全米ディベート大会（National Debate Tournament）で採用されている形式で，事前に膨大な証拠を集めての論理構築を行った上でのディベートが求められる。

　なお本章では，前述の茨城県自治研修所の政策ディベート研修や，関西大学社会安全学部の基礎演習，永田ゼミで採用している調査型ディベートの一形態である，入門型政策ディベートと攻守交替型政策ディベートについて紹介したい。元々は，1980年代頃から首都圏の複数の大学の政治学，行政学のゼミが集まって行っていたインカレディベートを起源としており，筆者をはじめこれらのゼミ出身の研究者には馴染み深い形式である。

　これらはいずれも，①立論，②YES・NO質問（クロス），③駁論（リバッタル），④最終弁論（終論）の４段階に分かれており，各段階の間に作戦タイムが

第8章　政策ディベートの有効性

表8-1　政策ディベート（入門型）の構成，時間配分，ディベートの流れの例

1	立論	代表者（各3分）
作戦タイム（3分）		
2	YES・NO 質問	双方全員（各1分）
作戦タイム（3分）		
3	駁論	双方全員（各3分）
作戦タイム（3分）		
4	最終弁論	代表者（各3分）

予鈴
1鈴　30秒前，2鈴　終了

立論1（是側の代表者）　3分以内
立論2（否側の代表者）　3分以内
作戦タイム　3分
否側 YES・NO 質問1　1分以内
否側 YES・NO 質問2　1分以内
…ディベータの人数によって，否側 YES・NO 質問3，4…と続く。
是側 YES・NO 質問1　1分以内
是側 YES・NO 質問2　1分以内
…ディベータの人数によって，是側 YES・NO 質問3，4…と続く。
作戦タイム　3分
是側駁論1（是側の第1質問者から否側の回答者1名を指名）　3分以内
是側駁論2（是側の第1質問者から否側の回答者1名を指名）　3分以内
…ディベータの人数によって，是側駁論3，4…と続く。
否側駁論1（否側の第1質問者から是側の回答者1名を指名）　3分以内
否側駁論2（否側の第1質問者から是側の回答者1名を指名）　3分以内
…ディベータの人数によって，否側駁論3，4…と続く。
作戦タイム　3分
最終弁論1（否側の代表者，立論の代表者とは違う人）　3分以内
最終弁論2（是側の代表者，立論の代表者とは違う人）　3分以内

出典：筆者作成。

入る。立論は，最初に肯定・否定が互いに自分たちの主張を述べる段階である。次の YES・NO 質問では，YES，NO，NOANSWER で答えられる短い質問を互いに投げ合う。ここで不用意な回答をすると，相手側にその回答を使って次の駁論段階で矛盾を指摘されかねない。そのように，駁論での相手の主張出来る範囲を制限するために設けられているのが，YES・NO 質問である。そしてディベートにおいて，最も重要な段階が駁論である。駁論では，肯定・否定が相手の主張に対し質問をし合う，またその質問に対し回答をする段階である。最後に自分たちの主張を双方まとめ，再確認を行う段階が最終弁論である。

第Ⅲ部　政策人材の育成における多様な実践的手法

　時間配分は自由であるが，表8-1は，永田ゼミでの政策ディベートの構成，時間配分等をまとめたものである。立論は，双方の代表者が各3分で行い，次のYES・NO質問は双方全員参加で各自の持ち時間は1分である。駁論も全員参加で，各自の持ち時間は3分である。これらYES・NO質問，駁論の持ち時間の中には，質問時間のみならず相手が回答する時間も含まれている。そして最終弁論も，代表者が3分で行う。立論と最終弁論を同じ人間が行うと負担が大きいため，永田ゼミでは異なる代表者が担当するルールとなっている。また，それぞれの段階の間には，各3分間の作戦タイムが入る。

　いずれの段階でも，この時間を守ってディベートを行うことが求められる。そのため予鈴を各段階の各自の持ち時間の30秒前に1鈴，終了で2鈴鳴らすようにしている。特に，プレゼン能力が求められる立論及び最終弁論では，30秒前より短すぎる場合や時間オーバーの場合は減点となる。それ以外に，注意を要する減点対象としては，YES・NO質問でのNOANSWERが多すぎる場合，駁論での質問返し，最終弁論での新事実がある。NOANSWERは，YESと答えてもNOと答えても自分たちにとって不利になるような鋭い質問の場合に用いるものであるが，回数制限を加えないと全ての質問にNOANSWERと答えるといった悪用も可能である。そのような逃げが生じないよう，永田ゼミでは各班が全員で2回までは良いが3回目からは減点としている。次に，質問返しであるが，駁論では質問者は質問に，回答者は回答に徹しなければならない。質問者の貴重な質問時間を，妨害することに繋がりかねないからである。そのため，回答者が質問した場合は減点対象となる。最後に新事実であるが，最終弁論で今まで議論の中で持ち出していなかった新たな事柄に言及した場合は，減点となる。これは，最終段階なので相手が反駁する機会が無いため，言い逃げという形になってしまうからである。

ディベートの座席配置

　また座り方であるが，永田ゼミでは図8-1のように座るよう指示している。そして入門型では，YES・NO質問や駁論は指名制で，質問者が相手を指名す

186

第8章 政策ディベートの有効性

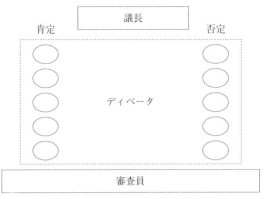

図8-1 ディベートの座席配置
出典：筆者作成。

る形をとっている。立論，YES・NO質問，駁論，最終弁論の順番は，不公平が生じないよう立論は肯定から，YES・NO質問は否定から，駁論はまた肯定から，そして最終弁論も同様に否定からと，段階ごとに順番を変えている。よって入門型では，否定の第一質問者がまず肯定の回答者を指名し，1分の持ち時間内でYES・NO質問を行ったら，次は否定の第二質問者に移るという形となる。そして否定の質問が全員終わったら，次に肯定のYES・NO質問の番となる。

駁論に関しては，今度は肯定からになるが，やはり指名制で否定の回答者を指名し，3分以内で質疑応答が終わったら，順番で肯定の質問者が全て質問してから，否定の質問時間となる。なお指名制なので，回答者は特定の人間に集中しても良いこととなるが，それではディベート教育にならないので，特定の人物に偏らないようルール化している。

一方，攻守交替型は，質問する側と回答する側が毎回入れ替わる形となる。第一質問者は，やはりYES・NO質問は否定から，駁論は肯定からとなるが，第一質問者の質問が終わったら，次は相手側の第一質問者の質問時間となる。攻守交代型で指名制を行うことも可能であるが，研修や授業では極力参加者全員に質疑応答の体験をさせたいので，回答者が次の質問者となる形にして，次

第Ⅲ部　政策人材の育成における多様な実践的手法

の回答者は前回の質問者の隣の座席の討論者が行う形にしている。

　その他の細かいルールとしては，双方に A3 用紙 1 枚の配布用のレジュメを作らせている。また，ディベートに緊張感を出すため，発言者は必ず回答者も含め起立するよう指示している。また名前で呼び合うため，研修等では討論者の名が互いに分かるように名札を用意している。更に，人数に余裕がある場合は，議長とは別にタイムキーパーを指名している。なお，審査員は同点による引き分けを避けるため必ず奇数になるようしている。偶数の場合は，教員も審査に入るようしている。

ディベートの準備

　では政策ディベートは，どのように準備すれば良いのであろうか。ディベートの準備には，大きく三つの作業がある。

　第一の作業は，まず肯定と否定双方の論点整理を行うという作業である。ここで注意を要するのは，必ず自分の側の論点整理だけでなく，相手側の論点整理も行うべきであるという点である。班員が各々，論題に係る様々な文献や資料を収集しまとめてきた双方の論点を，全員が集まった時に収斂させるという方法が最も効率的である。ただし，あまり論点整理に時間を掛け過ぎるのは望ましくない。ディベートに慣れないうちは，論点整理に時間を掛けすぎて他の準備がおろそかになる班が研修や授業でもよく見受けられる。全員での論点整理の際，進行管理を行う司会者や班長を決めておくことが望ましい。

　次に第二の作業は，①整理した自分側の論点について相手の予測される攻撃を想定し，②それに対する反駁まで考えておくという作業である。これは非常にディベート的な作業である。ディベートでは質問で自分側の論点を崩されてしまえば，それで負けである。相手の質問に対して全てアドリブで反駁するのは困難なので，予め相手側の質問を想定しそれに対する回答を事前に用意しておくことが望ましい。無論，相手側が必ず予測通りの攻撃で来ない可能性もディベートではあるが，そのような想定外が無いよう，考えられる限りすべての相手側の出方を事前に予測するようにしておくことが本作業では求められる。

第8章 政策ディベートの有効性

　最後に第三の作業は，相手側の論点に対して自分たちがどのように攻撃するかを事前に考えることである。ディベートは，自分の論点を守りながら，相手の論点を崩さなければ勝てない。第二の作業が守りのための作業なのに対し，第三の作業は攻撃のための作業となる。

　とりあえず，これら三つの作業を通し頭を整理すれば，ディベートを行うことは可能である。更にこれ以外の細かい作業としては，①YES・NO質問はすぐにその場で考えるのは難しいので，予めいくつか用意しておくと良い。②また，レジュメを事前に作成しておかねばならない。レジュメには，自分の主な論点や統計資料等を載せる。レジュメはディベート開始の際に，双方で交換し，審査員にも渡す。審査員はレジュメを見ながらディベートを聞くので，パッと頭に入ってくる分かりやすいものにするよう工夫せねばならない。③更に，立論及び最終弁論の担当者は予め，ある程度その原稿を作っておく必要がある。立論は，完全に原稿を用意することが可能である。一方，最終弁論は前半で自分たちの主張を振り返って，更に後半でディベートの議論を振り返って相手側の矛盾点や自分たちの主張の正当性を整理する必要がある。前半の原稿は事前に用意出来るが，後半はアドリブでまとめざるを得ない部分が出てくる。

採点及び講評

　ディベートの採点方法も，色々なやり方があるが，ディベート終了後に，審査員が審査を行う。評価項目も様々であるが，永田ゼミでは①論理性，②実証性，③説得力，④プレゼンテーション力，⑤チームワーク，（⑥レジュメの完成度）等の評価項目で審査員が評価を行い，審査員は総合点で勝敗を決める。更に，勝ちとした審査員の人数が多いグループが勝利する形式を採用している。そのため，審査員の人数は，引き分けとならないよう奇数にしている。

　そして審査後は，結果発表と講評を行う。議長が結果発表を行い，その後審査員が一人一人ディベートの講評を行う。その際には，審査員は各自どちらを勝ちとしたか，勝敗の理由について明確に説明する必要がある。更に，時間がある場合は，ディベートのテーマや，ディベートの方法について全員で振り返

第Ⅲ部　政策人材の育成における多様な実践的手法

りの議論を行うことが望ましい。

ディベートを行う上での留意点

次に，立論，YES・NO質問，駁論，最終弁論を行う上で，研修等でもよく質問があるテクニカルな留意点に関し説明したい。まず立論では，時間を有効に使って自分たちの立場について説得力をもって主張することが求められる。そのため，前述の通り原稿の準備が必要である。また事前に，何度か時間を計りながら読み上げて，時間内にきちんと読み上げられるかの準備をするべきである。立論では自分たちの主要な論点について，説明する必要がある。ただし自分たちの隠し球のような論点を，一部後半にとっておくという作戦も可能である。

だがディベートではYES・NO質問，駁論という流れがあり，場合によってはタイミングを逸してしまい，自分たちが大切にとっておいた隠し球を持ち出せずにディベートが終わってしまうという危険性もある。どちらを選ぶかは各班の判断である。

次にYES・NO質問であるが，前述の通り駁論での相手の立場を限定させるということを目的としているので，持ち時間を有効に使って，一つでも多くの質問をすることが望ましい。そのためには，「YES」「NO」「NOANSWER」で答えられる非常に短い質問を予め用意しておくことが必要である。大体1分の持ち時間で初心者では3〜4問，上級者で7〜8問を質問することが可能である。各自が考えてきたYES・NO質問を班員全員で共有化し，質問シートにまとめて，それを一人ひとり読み上げていくという方式が効率的で，質問の重複も防げる。

駁論はディベートにおいて，最も重要な部分である。ここで勝ち負けのかなりの部分が決まる。駁論ではディベートに慣れてくると，答える側が質問している側の持ち時間を有効に使わせないためにわざと長い回答をする場合がある。これをどのように評価をすべきかという質問が，研修等でもよくある。駁論では質問側は，常に主導権をとる必要がある。回答側の長い回答が許されるとい

うのは，質問側が主導権を取れていないということで減点対象となりかねない。相手の話をよく聞くことは必要であるが，質問が出来なくては議論も深まらない。長い回答は，早く回答するよう促すか，途中で打ち切る等の主導権を発揮することが質問側には求められる。

　また，上級者になると勝つためにわざと相手が予測していない争点を持ち出す場合がある。これで議論が噛み合わなくなり，ディベートを壊すことに繋がりかねない。注意が必要である。ただ，様々な争点の可能性を洗い出し，穴が無いよう準備するという作業は，公共政策学教育上も重要な訓練であると思われる。

　最終弁論は，ディベートにおいて最も難しい部分である。咄嗟に判断し発言するアドリブの要素が求められるからである。前述のように，最終弁論では自分たちの主張の再確認をした上で，更にディベートの経過を振り返っていかに自分たちの主張が説得力があったかを整理する必要がある。前半は原稿を事前に準備できるが，ディベートの経過の部分はやってみないと分からないので事前には準備できない。担当者は，作戦タイムの時間にメンバーの意見を聞いて，相手側の主張の矛盾点や自分たちの主張で説得力のあった部分を即座にまとめておく必要がある。

4　政策ディベートの活用可能性と今後の課題

政治レベルでの政策ディベート的思考・スキルの活用可能性

　本章では，政策ディベートについて紹介してきた。最後に，政策ディベート的思考・スキルの活用可能性と今後の課題について考察を行いたい。

　前述の通り，政策過程の様々なシーンにおいて，正式なルールに基づいてその都度政策ディベートを行いながら意思決定等を行うのは現実的ではない。しかし政策ディベート教育で獲得した，ディベート的思考やスキルは，①政治レベル，②行政レベル，③住民レベルの多様な政策過程において活用や応用が可能であるように思われる。ますはディベート的思考・スキルがどのようなケー

スで活用可能性があるかについて，検討を行いたい。

　まず，政治レベルでの政策ディベートは，主に政治家が行う政策に関するディベートである。選挙におけるテレビ討論，あるいは国会での党首討論や代表質問等が，政治レベルでの政策ディベートの代表的な例である。政策ディベート教育で得られたディベート的思考やスキルが，明確に役立つ分野と言える。

　選挙活動で行われる政策ディベートは，その場での発言が公約となり，正式な政策代替案や実際の政策となる可能性を秘めたものである。よって，政策形成過程での政策ディベートといえよう。また議会での討論も，政策形成の一過程での政策ディベートと言える。特にディベート発祥の地であるアメリカでは，政治レベルでの政策討論が二大政党制を支える重要なツールとして活用されている。共和党と民主党の間では，大統領選挙のみならず，上院議員選挙や下院議員選挙，州知事選挙，議会等で，ことあるごとに活発な政策討論が行われており，政策の争点や政党間，候補者間の政策の違いを明確化するのに寄与している。最も有名なのが，アメリカ合衆国大統領選挙討論会（United States Presidential Election Debates）である。

　また政策討論に精通した政治家の養成の見地からも，政策ディベートは有用である。近年は，わが国でも国会における党首討論が定着してきたが，時間配分を間違えて有効な質問が出来ない党首や，相手側の質問に対し回答を避け逃げる党首，全く国民の心に響かない質疑応答をする党首等が毎回のように見受けられる。また国会の代表質問等でも，時間配分を間違えて有効な質問ができない場面がよく見受けられる。党首討論や代表質問は，ディベートでは駁論の質問，回答にあたる部分で，前述のような対応は大きな減点対象となり即負けに繋がりかねない行為である。ディベート教育が広く有権者に対しても行われているアメリカでは，極めて不誠実な態度ないしは能力不足と見做されかねない。

　貴重な国会での発言時間を有効に使う上でも，また国民へ分かりやすい政策提案を行う上でも，政治家の政策ディベート教育は必要である。また併せて，

第8章　政策ディベートの有効性

―― コラム⑧　映画『候補者ビル・マッケイ』での政策ディベート ――

　アメリカ社会において，政策ディベートが如何に深く根付いているか分かる映画として，1972年制作の『候補者ビル・マッケイ』というロバート・レッドフォード主演の映画がある。

　この映画は政治家を選挙に当選させることを仕事としている選挙コンサルタントが，若い弁護士を候補者に担ぎ上げて，上院議員選挙で当選させるという映画で，当時既に政治家の資質よりもテクニカルな選挙ノウハウが当落を大きく左右するようになっていた選挙の現実を極めてアイロニックに描いた作品である。

　この映画のひとつの見せ場として，相手候補とのテレビ討論会のシーンが出てくる。テレビ討論会は司会者が個々の候補者に対し，争点となっている政策のポイントについて質問していき，それに候補者が答えるという方法が一般的で，ディベートそのものである。

　この映画で印象的なのが，テレビ討論会の最後の場面で主人公が賭けに出るというシーンである。テレビ討論は淡々と進み，双方が用意してきた優等生的な答えに終始し，優劣がはっきりしない。このままでは選挙前予測でリードされている主人公は，劣勢を挽回出来ない。そこで主人公は，とっさに作戦を変更し，ほぼ討論が終わり，司会者が締めの一言をお互いに要求した時点で，「今日の討論会では，まだ話されていない問題がたくさんある」と攻撃を開始し，いくつかの政策分野について，相手候補者との差異を明確化する。

　これに対し，相手候補者は「君がそんな暴力主義者だとは知らなかった」，ルール違反だと激怒する。結果，相手の動揺を誘った主人公の大勝に終わるのであるが，ディベート的に言えば，相手が怒るのも無理はない。何故なら，主人公はディベートのルール上，反則技を用いているからである。

　ここで主人公が行った行為は，ディベートでは「新事実」といい，最終弁論の段階で，それまでのディベートの中で議論されてこなかった新たな話を持ち出し，言い逃げをするというものである。この新事実に対しては，相手側は最終段階なので反論することが出来ない。よって，正式なディベートであったら，非常に大きな減点となる。ただ映画ではテレビ討論会だったので，反則承知でビル・マッケイが起死回生の挑戦に出たというシーンで用いられる。

　ディベートを知り尽くした人間が書いた脚本だなと強く印象に残ったが，脚本家が1968年のアメリカ合衆国大統領選挙の民主党予備選で現職のリンドン・ジョンソンに肉薄し，再選を断念させる切っ掛けとなったユージーン・マッカーシーのスピーチライターだったと後で知り納得した。

193

その評価を行う国民の政策ディベート教育も，今後更に求められる。

行政レベルでの政策ディベート的思考・スキルの活用可能性

行政レベルにおいても，ディベート的思考・スキルは，様々な場面で活用や応用が可能である。まず政策専門家の育成時に，政策ディベート教育は有効である。長年，政策人材の育成が必要だとする議論が日本公共政策学会等でもなされており，近年は国家総合職の院卒者試験の2次試験でも，政策課題討議試験が課されるようになった。

従来，わが国では行政官に求められる専門性は法の理解・解釈・執行に偏重していた側面があったが，今後ますます多様化，複雑化が進む社会の政策ニーズに適切に対応するために行政官に求められるのは，政策的専門性の高度化である。そして彼らに求められるのが，重要な意思決定を行わなければならない時に，メリット，デメリットを網羅的に比較検討し，論理的思考と批判的思考の評価に晒して，最善の選択肢を選択するという能力である。また政策間競争において個々の政策案のメリット，デメリットを徹底的に洗い出し，より良い政策を選択出来る能力である。以前は，中央政府の官僚が政策決定をし，地方公共団体はそれを実施する側面が強かったが，地方分権の定着と共に地方公共団体の行政官が，自分自身で政策形成を行なわなければならない機会も増えてきている。ディベート的思考・スキルの習得は，国レベル地方レベルを問わず行政官に求められている。また，そのような能力は一朝一夕に身につくものではないため，教育機関での学生時代からの政策ディベート教育や，公務員研修等のOFF-JTでの政策ディベート研修等，継続的且つ実効性のある政策ディベートの教育体制強化が行政面からも求められている。

またディベート的思考・スキルは，行政実務において，行政のトップや部局の長の政策判断の補佐という側面からも有用であるように思われる。初期の行政学者であるルーサー・ギューリックは，行政組織のトップに求められる総括管理機能は一人でこなすのが困難であるため，トップを補佐する組織の必要性を提言した（1937年の「行政管理に関する大統領委員会」の報告書）。いわゆるライ

ンとスタッフでいうスタッフである。前述のように，アメリカ大統領の意思決定時には，側近スタッフが複数の政策選択肢について即興型ディベートのような議論を行い，大統領の意思決定の補佐をする場合があるようである。しかしながら行政の活動もその後多岐を極め，また政策管理の重要性が高まる中で，行政組織のトップのみならず，個々の部局の長も非常に多岐に亘る視点から重要な政策判断というものを行わなければならない状況が生じている。部局の長にまでスタッフを付けることは不可能であるが，部局職員の補佐機能の向上という側面からも，政策ディベート教育は有用である。

住民レベルでの政策ディベート的思考・スキルの活用可能性

また，政策ディベート教育によって得られるディベート的思考やスキルは，住民層の政策能力の向上や政策過程への参加促進という視点からも有益であるよう思われる。活用可能性の一つとして考えられるのが，フィシュキン（2011＝2009）の討論型世論調査等の熟議型民主主義（Deliberative Democracy）への応用である。

熟議型民主主義は，市民が十分な情報を持った上で，互いに徹底的に議論して熟考する過程で，意見を集約し，公共政策の改善につなげようとする考え方である。近年，わが国の地方公共団体でも，住民投票制度やパブリックコメント制度といった参加型デモクラシーが根付きつつあるが，これらの制度は個別住民の直接的意見の表出を担保する仕組みである。ただ，その前段階の熟慮，討議するプロセスまでは，十分に担保していないのが現状である。

熟議型民主主義に関しては，結果的に多数派の選好が少数派に押し付けられることになりかねない。あるいは当初から参加者が持っていた選好が討議を通して増幅化され，結果として偏った結論に至りがちだという問題（集団極性化の問題），主催者の議論の誘導をいかに排除するべきか等，様々な課題が指摘されている。しかし，一方で，熟議型民主主義を実現するための様々な試みも行われている。フィシュキンの討論型世論調査も，そのような試みの一つであるが，統計的にサンプリングされた国民を集め，特定の政策課題に関する三つ

第Ⅲ部　政策人材の育成における多様な実践的手法

以上の選択肢について，配布された資料に基づき小グループで討議し，さらに専門家や政策担当者に質疑し，全体討議を行うというプロセスを繰り返すというものである。討論型世論調査に政策ディベートを取り込み，本来の自分の選好とは異なる立場で参加者にディベートを行わせたら，自分とは異なる選好の言い分も理解でき，前述の熟議型民主主義の問題に囚われぬ議論が可能になるよう思われる。また，住民の公共政策学教育という意味からも有効であるよう思われる。討論型世論調査でなくとも，最近は，住民への公聴会，説明会等でグループワークを行うケースが増えてきている。このようなグループワークで，政策ディベートを行うことにより，住民層の偏りのない政策に対する理解が可能になるよう思われる。

　以上のように，政策ディベートは公共政策学教育において必要な教育手法である。今後，大学，大学院等の教育機関や研修機関での更なる導入が望まれる。一方で，今後の課題と思われるのが，①政策にもディベートにも精通した指導者の少なさ，②政策ディベート教育へ割ける時間の少なさ，③新規教育手法の開発ではないかと思われる。

　わが国でもディベートは根付きつつあり，ディベートを指導できる人材も増えてきているが，政策にも精通し大学や大学院，研修施設等で政策ディベートの専門的教育を行える人材はまだ少ないように思われる。特に，政策ディベート教育を行える大学教員は少ない。ディベートに精通していない指導者が見よう見まねで指導しても，実効性のある政策ディベート教育は期待できない。これが，政策ディベート教育の更なる普及のボトルネックの一つになっているように思われる。今後，政策ディベートにも精通した研究者の育成が望まれる。

　また，1，2回の政策ディベート体験では，実際の政策過程で役立つような政策ディベート的思考やスキルは身につかない。即興型政策ディベートのような政策過程の現場で活用可能な政策ディベート能力を身につけさせるためには，少なくとも半期の授業期間は必要である。これは，OFF-JT では不可能である。そのような視点からは，大学や大学院といった教育機関でのより本格的な政策ディベート科目の設置が期待される。

更に，ディベート教育の弊害としてよく指摘されるのが，詭弁を弄する，論点をすり替える，情に訴えて説得する等のディベートスキルの悪用である。これらは，不可避的なディベート教育の副産物である。ディベートスキルの悪用防止という観点からは，むしろわが国でもディベート教育を広くかつ早期から実施することで，悪用を見逃さない国民間におけるディベートリテラシーの普及が必要である。

引用・参考文献

足立幸男（2004）『議論の論理——民主主義と議論』木鐸社。

―――（2009）『公共政策学とは何か』ミネルヴァ書房。

加藤彰（2020）『即興型ディベートの教科書——東大で培った瞬時に考えて伝えるテクニック』あさ出版。

行政管理に関する大統領委員会（1937）「行政管理に関する大統領委員会」の報告書。

桑原英明・増田正（2003）『自治体行政評価の基礎』創開出版社。

フィシュキン，ジェイムズ（2011〔2009〕）『人々の声が響き合うとき——熟議空間と民主主義』早川書房。

総務省自治大学校（2013）「地方公共団体の人材育成のための職員研修の活用に関する調査」。

柳瀬昇（2003）「熟慮と討論の民主主義理論——公共理論と政治理論の架橋に向けての試行的考察」『法学政治学論究』（58），369-399。

■　■　■

読書案内

桑原英明・永田尚三編著（2008）『政策ディベート入門』創開出版社。

　政策ディベートについて，更に詳細な情報が欲しい場合に一読を勧める。各種フォーマットも掲載されている。

加藤彰（2020）『即興型ディベートの教科書——東大で培った瞬時に考えて伝えるテクニック』あさ出版

　即興型ディベートのやり方，テクニック等について詳しく紹介されている。ディベート上級者向け。

第Ⅲ部　政策人材の育成における多様な実践的手法

さらなる学びのために

① 「わが国は救急車の有料化をすべきである」という論題について，肯定と否定の
論点をそれぞれまとめてみよう。

② 「わが国はベーシックインカムを導入すべきである」という論題について，肯定
と否定の論点をそれぞれまとめてみよう。

（永田尚三）

第**9**章

公共政策学教育とゲーミング・シミュレーション

―― この章で学ぶこと ――

　本章では，公共政策学教育の手法としてのゲーミング・シミュレーション（以下，ゲーミング）を取り上げる。ゲーミングは，一般人が容易に体験できない政策決定者の選択と彼らの相互作用を疑似体験できることから，近年，文科省が推奨するアクティブラーニングの一手法として注目されている。例えば，常に国益にさらされ，専門性が必要とされる外交・安全保障領域の政策過程はまさに容易に体験できない領域の一つであるが，ゲーミングはこの種の疑似体験も可能であるがゆえに，国際公共政策に対する学習効果だけでなく，外交官や国際機関職員をはじめとした人材育成ツールとしても大いに期待されている。そこで本章では，筆者が開発に参画した「欧州難民危機ゲーミング」の開発工程と，その大学講義での実施を紹介しつつ，公共政策学教育におけるゲーミングの有効性と課題について考察する。

1　ゲーミング・シミュレーションで公共政策学を学ぶ意義

公共政策学における国際公共政策

　国際政治における公共政策の目的の一つは，国際平和の醸成及びその維持の追求である。しかし，主権国家を前提とするウェストファリア体制下にある現在の国際社会は，世界政府も主権国家に対する強制力をもった法も存在しないアナーキーである（山影 2014）。そのため，主権国家は自由であり，様々な政策選択及び行動をとりうる。しかし，特定国家の政策がそれ以外の国にとっても嗜好される政策であるとは限らない。国際社会には数多くの争点が生まれ，アクター間の対立が存在する。それゆえに，紛争解決のための外交が重要になる。

だが，外交はリスクの高いコミュニケーションである。なぜならば，外交は説得力の他にも軍事力や経済力といったパワーも併用され，時に交渉の失敗が力の行使や衝突につながるためである。また，外交交渉に成功したとしても，それが国内勢力によって支持されるとは限らない（吉永 2015）。それゆえに，外交における変数は多く，複雑でリスクも増す。ただし，これを解く鍵もまた存在する。グレアム・アリソンが「合理的選択モデル」「組織過程モデル」「政治過程モデル」の三つのモデルの中で「合理的選択モデル」を最も重要な概念としたように，主権国家の政策過程に関与するアクターは合理的判断のもと政策決定を下す（アリソン／ゼリコウ 2016＝1999）。またトーマス・シェリングも，「当事者双方の利益が完全に対立しあう純粋な紛争など滅多にあるものではない」とし，交渉の合意は「互いに不利益の行動を回避する」という目的によって実現できると主張する（シェリング 2008＝1960）。したがって，政策決定者の決定が合理性に基づくことに鑑みれば，国家間で交渉を行い，取引・妥協を通じて紛争解決を見出すことは可能である。そして，紛争解決を見出す外交の重要性を教えることが，国際公共政策教育の核心といえる。

ゲーミングによって修得が期待されるもの

現在の国際社会では，一国では解決しえない課題が数多く浮上している。地球気候変動問題，グローバルな感染症対策，食糧・水の安全保障，そして難民問題等は様々なアクターや要因が絡むため複雑であり，それゆえに，対処する諸政策を座学のみで見出すことは極めて難しい。さらにこれら問題には，外交交渉で妥協点を探り，そこに取引をもって解決手段を模索することが求められるが，それにあたる人材の外交能力の育成に関して，外交には常に国益が絡むために本番で研鑽を積むことは難しい。

そこでグローバル問題への理解や人材教育の手段の一つとして挙がるのが，ゲーミングである。ゲーミングの特長は，一般人が踏み入ることのできない政策過程・政策決定の場を疑似体験することで，座学ではアプローチしえない「気づき」（興味関心の増進，社会の複雑な問題構造へのより深い理解）を得ることに

ある。関寛治は，ゲーミングである種の「まねごと」の実践を通した技能の研鑽の重要性について説いている（関 1997）。同様にリチャード・デュークも，ゲーミングの意義の一つとして，技能の修得効果を挙げている（デューク 2001 = 1974）。それゆえに，公共政策学教育では，数多くのゲーミング学習が展開されている。例えば現在，国内では公の機関や学校等も関与する「模擬国会」や「模擬国連」が，学生の立法過程への興味関心の増進や交渉能力の育成を期待して開催されている。また，地方自治に関するゲーミングも盛んである。全般的な街づくりゲーミングだけでなく，より行政にフォーカスした予算編成の疑似体験を通した地方自治体経営ゲーミングや，震災の発生とそれに起因する社会混乱をシミュレートした防災ゲーミングなど数多く存在する（岩崎 1995；近藤他 2020）。

　このような公共政策学教育ゲーミングに期待される効果の一つに，自己の立場や価値観を超えた俯瞰性の獲得がある。この立場や価値観に基づく視点のことをゲーミングでは「アリの視点と鳥の視点」と呼ぶ。地面に這いつくばるアリは周辺の狭い範囲しか見渡すことができない（2次元）。対して鳥は高く飛翔することによって遥か遠くまで見渡すことができる（3次元）。これと同様のことが人間の思考においても当てはまる。アリの視点は当事者視点であり，鳥の視点は他のアクターの視点も巻き込んだ鳥瞰的視点である（近藤他 2016）。ゲーミングは，この二つの視点の獲得と切り替えを可能とし，さらに自身の立場や価値観の異なる政策決定を追体験することで複眼的視角の獲得を促す。この複眼的視角は，アクターの数だけ異なる利益が存在する公共圏で活躍する公共政策人材にとって必須といえる能力であることは明らかである。それゆえに，ゲーミングは公共政策学教育における格好の教育ツールなのである。

2　ゲーミング・シミュレーションの実践

欧州難民危機ゲーミングの開発

　ゲーミングの実践には，①ゲーミングの開発，②参加者へのブリーフィング

（事前学習と事前説明），③ゲーミングの実施，④参加者へのディブリーフィング（ゲーミングのふり返りと講評，「気づき」への誘導），⑤次回実施のためのゲーミングの改良，という大まかな流れがある。本章では，前述のそれぞれの作業について，筆者が開発に参加した「欧州難民危機ゲーミング」の工程をもとに説明していく。

題材選びと「気づき」に対する企図

ゲーミング教育における最初の困難さは，まずゲーミング自体の開発にある。ゲーミングの舞台となる世界観，アクター，ルール，イベント（事件・事故・戦争）など数多くの項目を設定しなければならない。教育の場へのゲーミングの導入・実践にあたり，第三者が開発したゲーミングを使用することも当然の選択肢の一つである（近藤他 2020）。だが本章では，公共政策学教育のツールとしてのゲーミングを読者により詳しく知ってもらいたいため，ゲーミング自体の開発も含めて紹介する。

　本章で紹介する欧州難民危機ゲーミングは，筆者も参加する教員・大学院生グループによって開発された[1]。グループによる開発は個人で開発する場合に比べて，格段に負担が軽減する。さらにその開発形態は，複数の開発参加者が持つ有意義な視点や研究知見をゲーミングの内容に盛り込むことが可能となり，ゲーミングがより精緻化するという利点も持つ。実際，当該ゲーミングも開発参加者らの知見が大いに活用された。

　当該ゲーミングは，難民問題の現状と国際政治で展開される現実主義外交への「気づき」を目的として，2015年に発生した欧州難民危機を題材とした。当該事案には「国際社会における現実主義」，そして「人道主義と現実の難民問題処理との間の乖離性」といった問題をはらんでいるためである。当時日本における欧州難民問題に関する報道では，難民発生国シリアの内戦状況，そして難民を受け入れる EU 諸国の動向がクローズアップされ，とくに日本人にはドイツのメルケル政権（当時）が難民受け入れに積極的で人道主義的政策をとっていると印象付けられた。しかし，当該問題で極めて重要な鍵を握っていたの

は「トルコ」であり，危機当時，EU・トルコ間で難民問題をめぐって交渉が持たれ，実際，取引が行われた。欧州難民問題でトルコが鍵となっている理由は，①シリアの隣国で，現在においても世界最大のシリア難民受入国であること，②欧州への難民移動ルートの内，最大のものが地中海・バルカンルート（シリア～トルコ～ギリシャ・ブルガリア）で，トルコの国境政策が難民移動の調整弁の機能を果たしていること，③EUとの取引以降，トルコのエルドアン政権が難民を対EU外交カードとして利用していることにある。

　トルコは，2011年のシリア内戦勃発以来，世界最大のシリア難民受入国であり，その難民数は2020年時点でおよそ370万人にのぼる[2]。EUは，2012年の早い段階から難民が増加していたシリア周辺国に対して資金援助を伴う人道支援を行った。しかし，2014年以降，欧州への難民流入数は増加の一途をたどり，2015年にその数が爆発的に増加，問題は危機へと転化した（Miller 2017）。その大きな変数となったのは，トルコの国境政策である。トルコが国境管理を緩めれば，ギリシャやブルガリアへの難民流入は拡大する。それゆえに，難民問題をめぐって，EUとトルコは2015年11月から2016年3月にかけて外交交渉をもった。この交渉の結果，EUとトルコの間で2016年3月20日以降にギリシャに入国したシリア難民はトルコに送還されるとともに，その見返りとしてトルコは，EU加盟交渉の再開と60億ユーロの経済援助を得ることとなった（遠藤2016）。すなわちEUは，資金とEU加盟をちらつかせて，難民をトルコに押し付けたのである。

　だがここで，人道主義上の大きな問題が発生する。トルコは難民条約加盟国であるが，難民を「欧州から逃れてきた人々」と定義し限定しているため，地理的に外れるシリア難民はトルコで難民として正式に保護されない存在となるとともに，エルドアン政権が，EUとの取引を逆手にとった難民外交を展開し始めたことである。2019年10月，クルド人武装組織が支配するシリア北部地域に越境攻撃を仕掛けたトルコに対して，EUがこれを批判した際には，エルドアン政権は「ドアを開けて360万人のシリア難民をあなた方のところに送る」と脅した[3]。2020年2月には，トルコは西側諸国からの支援が不足しているとし

第Ⅲ部　政策人材の育成における多様な実践的手法

て，欧州に通じる国境の開放に踏み切り，今後も流出を阻止しないとの姿勢を明らかにした。これに対して，フランスは「難民を利用して欧州を脅迫している」とトルコを非難したものの，一部のEU外交官は，欧州への難民流入の規制のためには欧州がより多くの資金をトルコに提供しなければならないことを認め，EUはトルコに対して10億ユーロの追加支援を打診したとの報道がなされた。実際には欧州難民危機は依然終息しておらず，人道主義を掲げるEUはトルコに難民を押し付けたままである一方，トルコはその状況を梃子にして対EU外交を展開する状況にある。

　このようにEU（加盟国）とトルコは，一般の日本人が到底及びもつかない難民をめぐる現実主義的な外交を繰り広げ，さらには難民を交渉カードとするような手法がとられるまでに至っている。だがこれは，完全な難民保護を行うには不十分な国家資源，そしてその現実に基づく一部国民の反発といった葛藤から導き出されたEUの現実的な妥協策なのである。他方，トルコによる難民の外交カード化も，EUからの支援を引き出すための現実的な外交政策なのである。この現実主義外交を学生にゲーミングを通じて疑似体験してもらい，国際難民問題の現状をあらためて考えてもらうことを今回のゲーミング開発では企図した。

ゲーミングのアクター及び諸ルールの設定

　欧州難民危機ゲーミングは，EU・トルコの現実主義外交と現状の難民政策への「気づき」を目的とするため，外交を主軸としたゲーム内容とすることを目指した。したがって，ゲーミングで設定されるアクターは，前述の外交で重要な役回りを果たした国家や機関が抽出され設定される。具体的には，交渉当事者であるEU（欧州委員会）とトルコ，実際に交渉を主導したEU加盟国のドイツとフランス，イギリス，欧州における難民の玄関口となったギリシャとイタリア，EU内で難民受け入れに拒絶を示したハンガリーとポーランドである。

　現実の外交は，首脳間・閣僚間・実務者間といった様々なレベルで展開され，これらに関わる人の数は膨大である。そして，これらすべてをゲーミングに反

204

映し，教育の場で実施することは正直不可能である。したがってゲーミングの設計では，重要な外交の場を抽出し，さらには講義時間に収まるように外交過程を抽象化しなければならない。

　欧州難民危機において，外交対立が先鋭化したのは，第一にEU加盟国間，第二にEU・トルコ間であった。とくにEU主導国であるドイツのメルケル政権は，人道主義に基づいた難民政策を主張し，実際に100万人以上の難民を受け入れた。他方，ドイツまでの難民通過国となったハンガリーや財政基盤が不安定なポーランドなど東欧諸国では，国境管理強化や難民受け入れを拒否する政策の実行，そしてドイツへの反発が見られた。[5]このEU加盟国間での対立をゲーミング内で再現するために，EU内に外交目標の異なる三つのグループを設定した。

　一つ目のグループはEU主導国で，難民受け入れに積極的な国家群であり，ここにはドイツとフランス，そしてイギリスを配した。この三ヶ国のアクターには，EUの協調体制の維持を図ると同時に，難民の拒否または受け入れられない場合に生じる「不名誉」を嫌い，さらに難民に起因するテロ発生を防止することを主たる国家目標として設定した。ただしイギリスは，2016年の国民投票によりEU離脱が決まったことから，ゲーム途中でEUから脱退するようにした。

　二つ目は，EU内で難民受け入れ拒否の姿勢を明確にしたグループで，実際に難民に対して強硬政策を示したハンガリーとポーランドをここに配した。両国の国家目標としては，可能な限り難民を引き受けないこと，また引き受けるにしてもその妥協条件として他のEU加盟国から「資源」を受け取ることを設定した。

　そして三つ目は，難民が殺到したEU加盟国グループで，ここには難民の玄関口となったイタリアとギリシャを配置した。両国の国家目標は，殺到する難民数の減少を第一とし，根本的な難民流入を減らすことを目的としたEU・トルコ協定の締結か，もしくは他のEU加盟国の難民引き受けを外交目標とするよう設定した。

205

このようにEU内を外交目標が異なる三つのグループに分ける設定によって，EU内には加盟国間の対立が存在し，それを調整する複雑な機構構造と外交交渉があることを学生に理解させる。そして，トルコと実際に交渉可能なのはEUとすることで，EU内で外交的一致をみなければ，トルコとの外交交渉が進まないという疑似国際環境をゲーミング上につくり上げた。

　他方，EU諸国に対するトルコは，国境政策の緩急を通じて難民を欧州に送り出せるように設定し，送り出す難民数の増減とEUとの外交を通じて「資源」を獲得することを国家目標とした。当該ゲーミングにおけるトルコの国境管理の緩急は振るサイコロの個数で，そしてトルコから流出する難民数は，振って出たサイコロの目の総数×5万人で表現した。これは，エルドアン政権がいかに難民を外交カード化しようとも，すべての難民の数や行動をコントロールできるわけではないという不確実性を表現するために「サイコロ」を用い，トルコの国境政策をサイコロの「数」として抽象化した。さらに2016年に起きたトルコ・クーデター未遂事件を再現するために，トルコ内の難民の増加とそれによる「資源」の低下によってクーデターが発生することとし，クーデターの防止をゲーミング上のトルコの秘密制約として加えた。

　したがって当該ゲーミングでは，三つの外交，すなわち，外交目標を同じにするグループの国家間，EU加盟国間，EU・トルコ間のそれぞれの外交が重層的にかつ複雑に行われることとなる。そしてその外交交渉で取引と妥協を行えるよう，各国家アクターには国家財政を模した「資源」が設定され，これをアクター間でルールの範囲内で交換可能とした。

ゲーミングの内容

　このようにして開発したゲーミングの概要およびルールは表9-1のとおりである。

　当該ゲーミングでは，各国ごとに外交目標があり，これを他国に対する「秘密目標」「秘密制約」として設定している。秘密制約は各アクターともゲーミング中絶対順守せねばならず，秘密目標はアクターがゲーミング中達成するよ

第9章 公共政策学教育とゲーミング・シミュレーション

表 9-1 欧州難民危機ゲーミングの概要・ルール

（注）ゲーミングにおける「ラウンド」を「１R」「２R」と表記する。

①アクター：参加者は，国家アクターないしはEU（欧州委員会）アクターとしてプレイする。それらアクターは以下である。
- EU加盟国グループA：ドイツ，フランス，イギリス（１Rから３Rまで）
- EU加盟国グループB：ポーランド，ハンガリー
- EU加盟国グループC：ギリシャ，イタリア
- EU（欧州委員会）
- EU加盟国外：トルコ，イギリス（４R以降）

②ゲーミングの原則：ゲーミング終了時の各国の「資源」残高と外交・国家目標達成による「得点」によってアクター間での勝者を決定する。ただし，各国の「資源」残高が０になった場合でも，当該国家アクターは脱落せずゲーミングを継続する。難民を受け入れられなかった場合，「不名誉ポイント」が発生し，これが各アクターのゲーミングの最終得点数に影響を与える。

③ゲーミング内での用語
- 「資源」：国家アクターとEUは１Rごとに決められた「資源」が割り振られる。「資源」は難民を受け入れることができる国力を示しており，一定の資源残高を超えて受け入れはできない。「資源」はEUと加盟国間，EUとトルコ間，加盟国間それぞれでやり取りすることができる。１万人の難民受け入れで，「資源」が１消費する。
- 「難民」：サイコロの目によって，EU域内に入ってくる人数が決まる。振るサイコロの数は，トルコが決める（サイコロの数は１～４個。欧州への難民流出が全くないというのは現実的ではないので，サイコロ数の最少は１個となる）。ゲーミング開始時，振るサイコロは２個から開始する。サイコロの数はEUとトルコ間で交渉し，時には「資源」をトルコに提供することによって減らすことができる。
- 「不名誉ポイント」：難民を受け入れられなかった場合は，EUの「不名誉ポイント」として１万人につき１ポイント加算される。EUは不名誉ポイント解消のためにトルコに「資源」を１渡す（それによって，EUの不名誉ポイントは５ポイント減る）。EUとトルコの「不名誉ポイント」に関する交渉は対外交渉の時間に行う。「不名誉ポイント」が20に達すると，「テロリズム」が発生する。「不名誉ポイント」が40になると，EUは機能不全に陥り，行動が制限される。さらにEUが機能不全に陥ると，グループAの国々のRごとの「資源」増加量が減る（共に10になる）。
- 「テロリズム」：「不名誉ポイント」が20になる度に発生する。
- 「国境封鎖」：各加盟国はそれぞれ一度だけ「国境封鎖」を実施することができる。「国境封鎖」を実施すると，加盟国内に入る難民の数はサイコロで決まった数の半分になるが，残り半分はそのまま「不名誉ポイント」になる。同時に，国境を越えた貿易が阻害されるため，自国のRごとの「資源」供給は半分になる。「国境封鎖」は何Rにわたっても構わないが，解除した場合，再封鎖は認められない。
- 「指令カード」：EUは難民の割り振りを加盟国に指示することができる。ただし，加盟国は必ずこれに従う必要はない。
- 「条約締結」：EUとトルコはともに，「難民」に関する協定（振るサイコロの数や資源提供をめぐって）を結ぶことができる（ただし，ゲーミング終了まで条約を結ばないという選択も可能）。

207

第Ⅲ部　政策人材の育成における多様な実践的手法

- 「トルコのクーデター」：トルコはある一定の「難民」を流出させないと軍部によるクーデターが発生する。EU はトルコ軍部とは交渉できない。

④ゲーミングの基本進行

ゲーミングは以下の順で進行する。（所要目安時間）

1）サイコロによる「難民」流入数（サイコロの目の総数×5万人）の決定。

2）加盟国グループ内での外交交渉（5分）

3）EU 内での加盟国間交渉【EU 加盟国間で自由交渉】（5分）

4）政策発表（外交交渉の結果発表）（10分）

5）EU—トルコ交渉（4R 以降，EU 離脱したイギリスも参加可能に）（5分）

6）EU—トルコ交渉の結果報告（4R 以降はイギリスも）

7）「難民」移動，各アクターは受け入れ数に応じて資源残高を計算。

1）～7）までを1R とする。1R＝1年とし，2014年から2019年までの計6R 行う。

⑤ルール

- 「難民の受け入れ」：1R ごとに「資源」に見合った数の難民を受け入れる。ただし，資源残高を超えた数の難民を受け入れることはできない。EU 加盟国間で「資源」「難民」のやり取りが可能である。加盟国が EU に対して「資源」を支援することもまたその逆も可能である。

- 「R ごとの各国の資源増加率」：各アクターの増加率は次のとおりである。ドイツ：20，フランス：15，イギリス：18，ポーランド：4，ハンガリー：4，ギリシャ：7，イタリア：8，EU：6，トルコ：1

- 「難民数」：1R ごとに「難民」の数を決める（＝振るサイコロの数を決定し，振る）。EU との交渉が可能で，交渉によって「資源」と引き換えに，サイコロ数の増減や不名誉ポイントの引き受けを行うことができる。

- 「EU の機能」：各加盟国間の調整を図り，難民流出をめぐってトルコと交渉する。EU は「指令」によって加盟国に難民の割振りを指示できる。「不名誉ポイント」が40を超えると，1）加盟国に「指令」が出せなくなる，2）加盟国と協議ができなくなる，3）トルコとの協議に加盟国が参加するようになる，4）加盟国がトルコと「資源」「難民」「サイコロ」「不名誉ポイント」を取引することになる。

出典：筆者作成。

うに努力しなければならない。これら目標を達成すると，各アクターに得点が加算されていく。これは，ゲーミングと現実の国際政治との間の乖離を可能な限り生じさせないようにするためである。これら秘密目標・秘密制約の設定では，欧州難民危機時において各国で出された難民政策や声明，外交交渉や取引に関する内容報道を参考にした。当該ゲーミングで設定した各アクターの秘密目標・秘密制約に関しては，紙幅の関係上ここでは割愛する。

　各アクターはゲーミング終了時の獲得得点をめぐって競い，最大の得点を獲得したアクターがゲーミング上の勝者となる。そのため，各アクターは資源を

第⑨章　公共政策学教育とゲーミング・シミュレーション

残し，難民を時には自国で受け入れ，また時には他国に割り振って「不名誉ポイント」を避けつつ，外交目標を達成しなければならない。まさに，資源（＝国益）を考えた計算と交渉能力が必要となるゲーミングとしている。

講義内でのゲーミングの実施

　欧州難民危機ゲーミングは，開発の中心を担った山上亜紗美が担当する京都府立大学公共政策学部における「公共政策特殊講義Ⅳ」講義内で実施された。当該ゲーミングは本来，対面講義で実施する予定であったが，コロナ禍で講義はハイブリッド講義となったため，ハイフレックス方式（対面とオンラインの混合方式）で実施された。以下，紹介する実施内容と分析は，筆者が実施回に参加し調査したものである。

　まず，ゲーミング参加学生には，前述の「欧州難民危機ゲーミングの概要・ルール」に基づき事前説明を行った。ここで重要なのは，ゲーミングの要点を説明できるか否かである。学生に上手く説明しルールを理解させれば，ゲーミングは大概成功する。今回は，当該ゲーミングが外交交渉ゲーミングであること，そして2015年欧州難民危機を再現したものであることを学生に伝え，そのルールに関して，「難民の受け入れ」と「資源」の関係，重層的な外交交渉，難民流入数決定とトルコの関係について重点的に説明を行った。

　次に，ゲーミングの題材となった欧州難民危機の概要について講義を行った。とりわけ，2011年のシリア内戦勃発によって大量の難民が発生したこと，それら難民が2015年頃からトルコなど周辺国を経て，欧州域内に大量流入し始め危機へと至ったこと，そして欧州ではシェンゲン協定によって締約国間での自由移動が保障されているため，大量の難民流入が欧州全体の問題となったことなどを説明した。しかしブリーフィングでは，トルコに関しての説明は最小限とした。なぜならば，トルコの攻略こそが当該ゲーミングの必勝法であり，そのことを事前に過度に説明することは，ゲーミング自体の楽しさを削ぎ，参加学生自らの「気づき」を阻害してしまうからである。

　学生には，これらブリーフィングを行った上で，アクターを希望選択しても

209

第Ⅲ部　政策人材の育成における多様な実践的手法

らった。今回の参加学生が９名であったため，各アクター１名ずつ割り振った。

　ゲーミングは，2021年７月20日と27日の２回の講義にわたって実施された。20日の講義は３Rまで，27日の講義では続く４Rから最終６Rまで行われた。参加予定の学生１名が欠席となったために，代わりに開発メンバーの１人である立命館大学宮脇研究室所属の大学院生に急遽フランス・アクターとして参加してもらった。

　ここでは紙幅が限られるため，実施されたゲーミングの結果を大まかに小括する。まず，今回のゲーミングでは，EU加盟国のどのアクターも「国境封鎖」を行わなかった。そして，EUも「難民受け入れ指令カード」を使用しなかった。５R目でのEU・トルコ交渉で難民協定が成立し，トルコはサイコロ数を１個に制限するとともに，その見返りとしてEUから「資源」が提供された。協定が成立するまでの間，３R目でトルコがサイコロを３個に増やし国境管理を緩和したことで，一時EU加盟国は難民の受け入れに失敗しかけたが，ドイツとフランスが資源限界いっぱいまで難民を受け入れたことで受け入れ失敗を回避した。また，受け入れに失敗しなかったことで，「不名誉ポイント」が生じず，テロも発生しなかった。

　結果的に，ドイツとフランスが積極的に難民を受け入れると同時に，受け入れ反対国に「資源」譲渡というアメを与えながら受け入れを認めさせたことで，EU加盟国間の協調体制は崩壊しなかった。ただし，４R目と５R目で振って出たサイコロの目の総数が比較的少なかったことも受け入れの失敗を回避できた要因ともいえ，もしこの時の難民流入数が多かった場合，ゲームの流れと結末は違ったものになったであろう。またトルコも，EUとの交渉の結果，５R目で協定を締結し，サイコロ数を減らし難民流出を抑制することで，EUからの「資源」提供を選択した。このように，今回のゲーミングの流れは，現実に起こったことをほぼ再現する結果となった。

　だが興味深いのは，得点を競うゲーミングとしての勝者は，「イタリア」だったことである。イタリア・アクターは，外交交渉や政策発表時に自国が「難民危機の渦中の国」であることを強調して，EUや他の加盟国に難民受け

210

第**9**章　公共政策学教育とゲーミング・シミュレーション

入れを迫ると同時に，難民対応のため自国に資源を提供するよう要求していた。結果的にイタリアは，難民を他国に押し付けながら，資源を提供してもらったことで，終盤には他国をはるかに凌ぐ資源残高を有した。他アクターがこのことに気づいたのは，ゲーミングの終盤，EU・トルコ協定によって難民数が抑制され，危機が一段落したあとだった。この結果はまさに，イタリアを担当した学生の交渉能力の妙によるものといえよう。

ディブリーフィング（ふり返りと「気づき」の誘導）

実のところ，終了後のディブリーフィングがゲーミング学習のなかで最も重要な作業である。なぜならば，参加学生に対してゲーミングと現実の格差を埋め，教育上の「気づき」を提供せねばならないからである（Crossley-Frolick 2010）。

ディブリーフィングにおいてはじめて，欧州難民危機におけるトルコの重要性及び「難民の外交カード化」について説明を行った。この際，学生から「（ゲーミングを進める内に）問題の中心はトルコだとわかってきたので，EUは早く（トルコと）協定締結しろと思った」との感想を得た。トルコを担当していた学生からは「譲歩することなく，欧州に難民を流出させ続けようかとも考えたが，みんな（欧州諸国のアクター）からの怒りもわかったし，EUからのある程度の資源提供で妥協してしまった」とのふり返りコメントが出た。

イタリアを担当した学生からは「徹底的に難民を引き受けず，いかにドイツとフランスから資源を提供してもらうかに腐心した」とのコメントを得た。それ以外のアクターを担当した学生からは，異口同音に「不名誉ポイントがつかないよう，大量流入する難民を各アクター間で資源残高を踏まえながら割り振る交渉に追われるだけだった」「危機の時には近視眼的な対応になるんだなと思った」との感想が得られた。

これら参加学生のふり返りコメントは素直な感想であり，奇しくも現実に起こった難民危機を正しく捉えるものといえる。現実のEU・トルコ交渉でも加盟国はEUに対し交渉を早く進めるよう急かしていたし，またその中心にはド

第Ⅲ部　政策人材の育成における多様な実践的手法

―― コラム⑨　オンライン講義とゲーミング ――

　本章で扱っているゲーミング講義は本来，対面型講義での導入を想定したものである。だが，2020年に起こったCOVID-19の流行による講義形態の変更，すなわちオンライン講義への移行は，ゲーミング実施方法の変更も迫った。

　そもそも，講義にゲーミングを取り入れるメリットの一つに学生のコミュニケーション能力の育成がある。外交交渉の場が仮想化されることの多い国際政治ゲーミングでは，学生は個々に設定されたアクター間で対面交渉する必要に迫られるため，必然的に学生個々のコミュニケーション能力や交渉力も高められる。したがって，学生がコミュニケーション能力を成長させることができるか否かが国際政治ゲーミングの教育効果を決める一つの要素となる中で，対面交渉が不可能になるオンライン講義でのゲーミングにはある種の懸念が存在する。

　オンライン講義でゲーミングを実施すること自体は可能である。大学のオンライン講義で使用されるプラットフォームはZoomないしはMicrosoft Teamsが主であるが，どちらにもルーム機能（ブレイクアウトルーム）が実装されており，グループ毎の相談・交渉が可能となっている。それゆえに，ゲーミングそのものは，オンラインのほうが対面に比べてより機密性が増し，より本格的になる。また，日本人特有の性格に起因すると推測するが，学生の発言や提案はオンラインのほうが多いという研究報告も出ている。

　しかし，オンラインゆえの問題点も存在する。第一には，ゲーミング講義において教員の注意がすべてに届きにくい点がある。教室内で行われる30人規模のゲーミング講義の場合，一人の教員でも学生の動きを俯瞰的に見，積極性に欠ける学生を指導することができる。しかし，オンラインでの場合，ルーム機能によって一人の教員だけの目では届かない空間と時間がどうしても発生する。そのため，オンラインでのゲーミング講義には一人ではなく，2，3人の教員ないしはTAであたることが適切ではないかと筆者は考える。加えて，第二の問題点として，交渉時間の不足がある。ハイフレックス方式でのゲーミングでは，対面の受講生同士によるハウリング現象を防止するために，交渉は文面によるチャット形式にならざるを得ない。それゆえに，チャットによる交渉は，対面口頭による交渉と比べて時間がかかり，結果的に交渉内容を詰め切れず，容易に合意に達しないという現象が多く見られる。

　このようにオンライン講義ないしはハイフレックス方式でのゲーミングの実施方法は，教員の監督，そして交渉時間の担保という点でいくつかの改善を必要とする。しかし，前述した学生の積極的発言・提案の誘発という利点もあることから，短所を改善すれば，オンライン講義でのゲーミングは対面式のそれを大きく上回る教育効果が期待できるといえよう。

イツがいた。前述の経済援助でトルコに難民を押し付ける外交は EU の破綻を食い止めるための緊急避難策であった事実を，まさにゲーミング開発で企図したとおりに学生は危機を追体験し学んだのである。

3　ゲーミング・シミュレーションの評価と教育効果

ゲーミング実施後のアンケート

　欧州難民危機ゲーミングによる学習効果を分析するため，ゲーミング実施後，参加学生からアンケートを取った。本節では，このアンケート結果とそれに基づく学習効果を分析する（欠席した学生は未回答で，計 8 名の参加学生から回答を得た）。

　ゲーミング参加学生に対するアンケートの質問事項と回答は以下のとおりである。

Q.1　あなたが今回担当したアクター名を記してください。

Q.2　あなたが国際政治で重要と考える価値観は何ですか。「国益」・「人道性」・「国際協調」・「経済合理性（移動の自由を含む）」の中から一つを選んでください。

　　　国際協調… 7 名　　　人道性… 1 名

Q.3　今回，ゲーミングを実施する上で最も重要視した価値観は何でしたか。「国益」・「人道性」・「国際協調」・「経済合理性（移動の自由を含む）」の中から一つを選んでください。

　　　国際協調… 6 名　　　人道性… 1 名　　　国益… 1 名

Q.4　あなたは，今回のゲーミングの実施前から，2015 年〜2017 年に起きた欧州難民危機について知っていましたか（新聞・ニュースで見聞あるだけでもかまいません）。

　　　はい… 8 名　　／　　いいえ… 0 名

Q.5　前問 4 で「いいえ」と答えた方に質問します。今回のゲーミングによっ

て欧州難民危機ついて理解できましたか。

Q.4にて全員が「はい」と回答したため，全員が無回答。

Q.6　あなたは，今回のゲーミング実施前から「シェンゲン協定」の存在及び内容を知っていましたか。

はい…3名　　／　　いいえ…5名

Q.7　前問6で「いいえ」と答えた方に質問します。今回のゲーミングによって「シェンゲン協定」の内容とその問題点について理解できましたか。

理解できた…0名　　／　　何となく理解できた…3名　　／

あまり理解できなかった…1名　　／　　理解できなかった…1名

Q.8　「手強さ」の観点で，ゲーミングの実施前と比べて，「思ったよりも強いな」と感じたアクターはどこですか。そのアクターを一つ挙げてください。

トルコ…3名　　イギリス…2名

イタリア・ギリシャ・ハンガリー…各1名

Q.9　「手強さ」の観点で，ゲーミングの実施前と比べて，「思ったよりも弱いな」と感じたアクターはどこですか。そのアクターを一つ挙げてください。

EU…4名　　ドイツ・フランス・ハンガリー…各1名

特になし…1名

Q.10　欧州難民危機で「鍵となるアクター」と感じたのはどの国ないしは国際機関ですか。1位から3位までを挙げてください。

1位　トルコ…5名　　EU…2名　　ドイツ…1名

2位　トルコ…3名　　ドイツ…3名　　イタリア…1名　　EU…1名

3位　EU…3名　　イギリス…3名　　ドイツ…2名

Q.11　今回のゲーミングで存在感がないと感じたアクターはどこですか（複数回答可）。

ポーランド…4名　　ハンガリー…4名　　ギリシャ…3名

EU…2名　　イタリア…1名　　特になし…1名

Q.12　今回のゲーミングで，難民問題を拡大させている国（国際機関も含む）はどこだと感じましたか。そのアクター名を一つ挙げてください。

トルコ…4名　　イタリア…3名　　EU…1名

アンケート回答の分析

　Q.2の国際政治で重要と考える価値観についての質問には，7名が「国際協調」，1名が「人道性」と回答した。さらにQ.3のゲーミングを実施する上で重要視した価値観に関する質問には6名が「国際協調」，1名が「人道性」，1名が「国益」と回答した。このQ.3の質問で「国益」と回答したのは「トルコ」担当学生だったので，参加学生は概ね自らが重要と考える価値観に則して担当アクターを演じたといえる。

　Q.4の設問で参加学生の全員が「欧州難民危機」を少なくともニュース新聞等で見聞きしたことがあると答えた。したがって，学生は全く知識がないままゲーミングに挑んでいないことがわかる。しかし，Q.6の「シェンゲン協定」を知らない学生が5人と多く，さらにゲーミング実施後でも2名が「あまり理解できなかった」「理解できなかった」と回答したことは，ゲーミングのルール設定及びディブリーフィングでの座学に対する課題を残した。ゲーミングの開発中，開発メンバーの一人から「難民が欧州域内に入ってからは，難民を加盟国が受け入れるか否か，そしてどの国に振り分けるかの問題になるので，このゲーミングはシェンゲン体制を上手く表現できていないのではないか」との指摘が出ていたが，まさにその指摘を裏付けるアンケート回答が出た。この部分に関しては，今後の改善点となる。

　Q.10の今回のゲーミングで鍵となるアクターを問う質問では，5名が「トルコ」を第1位と答え，さらに残り3名も「トルコ」を第2位に挙げた。さらにQ.8の「ゲーミング実施前後で手強いと印象が変化したアクター」を問う質問でも，最多の3人が「トルコ」と回答している。このことから，トルコが難民問題で鍵となる国との認識はゲーミングを通して十分に理解され，ゲーミングの目的は果たされているといえる。

　ただし，課題も存在する。Q.12の質問で，今回のゲーミングで問題を拡大させている国家として，4名が「トルコ」，3名が「イタリア」，1名が「EU」

と回答した。「EU」と回答したのは「トルコ」を担当した学生だったので，欧州諸国を担当した学生全てが，難民問題が第一に直撃している国に問題要因があると回答した（ちなみに，「イタリア」を担当した学生は，問題拡大国として「トルコ」と回答している）。そもそも，難民問題は一国では解決しえない問題である。それゆえに本来，周辺国が協調して問題に対処すべきだが，問題解決が進まない場合，外交交渉に乗り気ではなく，非協調で妥協しない国家もまた責められるべきである。Q.10 の「ゲーミングの鍵となるアクター」で EU が通算 6 票を取って期待度が高いにもかかわらず，Q.9 の「思ったよりも弱いアクター」の設問で最多の 4 票を取っている。このことは，EU が問題解決のための交渉力，そして加盟国に対する統率力に欠いていたことを示す。そして，Q.11 の「ゲーミングで存在感のないアクター」の質問では，受け入れに反対するポーランドとハンガリーが最多であった。その意味で，問題拡大アクターとして，EU やポーランド，ハンガリーが挙げられても本来おかしくないが，実際には挙げられていない。それゆえに，問題解決にあたるアクター評価という部分での複眼的視野の養成教育が必要なのではないかと感じた。

4 ゲーミング・シミュレーションの課題と可能性

　ここまでゲーミング開発・実践・評価をみてきた。その結論として，ゲーミングは学習効果を十分発揮しうる。

　だが，ゲーミングには課題も存在する。それは，ゲーミング参加者の信条・価値観・（国籍や社会的関係性に基づく）立場等から生じるゲーミングと現実世界との間のズレである。今回，ゲーミングでトルコを担当した学生による前述の「みんなからの怒りもわかったし，EU からのある程度の資源提供で妥協した」とのふり返りコメントは，そのことを最も端的に表している。外交とは国益のぶつかり合いなのだから，他国からどのような評価をなされたとしても，政策決定者は合理的判断から自国の国益が最大になるように行動・選択する。現実世界でエルドアン政権が難民を外交カード化しているのも，それがトルコの国

益になると考えているからにほかならない。このようなズレがゲーミング上で積み重なれば，現実との乖離はより大きくなる。さらに後発的な国民性や交渉者との人間関係の観点でも差異をもたらしうる（Fowler 2009）。

　それでは，現実との乖離が生じる可能性があるからと言って，ゲーミングという教育ツールを捨ててもよいのだろうか。その答えは「否」である。何度も指摘する通り，ゲーミングの最大の特長は，「疑似体験」「追体験」である。ゲーミングでの結果と現実世界との間にズレがあってもかまわない。重要なのは，学生に「なぜズレが生じたのか」「ズレの要因は何なのか」という疑問を生じさせ，ゲーミング学習の次の段階にて，現実世界の政策決定者の価値観や立場等，そしてそれらが政策過程にもたらしている問題について知ることにつながるのである。したがって，ゲーミングによる真の教育効果とは，それ独自で完結するのではなく，学生に対して，座学や問題解決学習，ケースメソッドをはじめとした次の教育手法へと至らせるインセンティブを与える側面が強いといえるだろう。

注
(1) 欧州難民危機ゲーミングの開発にあたって，コンセプトに関しては，山上亜紗美氏（京都府立大学非常勤講師）が担当し，アクター・ルールの設定・監修については筆者が担当した。さらに詳細な設定に関しては，立命館大学宮脇昇研究室の大学院生の協力を得た。
(2) UNHCR ウェブサイト（2025年1月23日アクセス，https://data2.unhcr.org/en/situations/syria/location/113）。
(3) 『朝日新聞』2019年10月11日付。
(4) ロイター日本語版ウェブサイト「アングル：トルコが切った「難民カード」，憤る欧州との摩擦激化」2020年3月7日付，（2025年1月23日アクセス，https://jp.reuters.com/article/syria-security-turkey-eu-idJPKBN20R140）。
(5) 欧州難民問題では東欧諸国の反発が大きく，ハンガリーは2015年9月に隣国セルビアとクロアチアとの間の国境封鎖を行い，ブルガリアも難民流入を阻止すべく，トルコ国境沿いにフェンスを建設した。

第Ⅲ部　政策人材の育成における多様な実践的手法

引用・参考文献

アリソン，グラハム／ゼリコウ，フィリップ（2016〔1999〕）『決定の本質——キュー
　　バ・ミサイル危機の分析　第2版』漆嶋稔訳，日経BP。

岩崎正洋（1995）「地方自治研究へのシミュレーション・ゲーミングの適用——住民
　　参加のまちづくりゲームを例として」『地方自治研究』10（2），46-53。

遠藤乾（2016）『欧州複合危機——苦悶するEU，揺れる世界』中央公論新社。

近藤敦・玉井良尚・宮脇昇（2016）「ゲーミング＆シミュレーションの開発・制作を
　　通した国際公共政策の理解」『政策科学』23（4），229-245。

近藤敦・豊田祐輔・吉永潤・宮脇昇編著（2020）『大学の学びを変えるゲーミング』
　　晃洋書房。

シェリング，トーマス（2008〔1960〕）『紛争の戦略——ゲーム理論のエッセンス』河
　　野勝監訳，勁草書房。

関寛治（1997）『グローバル・シミュレーション＆ゲーミング——複雑系地球政治学
　　へ』科学技術融合振興財団。

デューク，リチャードD.（2001〔1974〕）『ゲーミング・シミュレーション——未来
　　との対話』中村美枝子・市川新訳，アスキー。

山影進編著（2014）『アナーキーな社会の混沌と秩序——マルチエージェント国際関
　　係論のフロンティア』書籍工房早山。

吉永潤（2015）『社会科は「不確実性」で活性化する——未来を開くコミュニケー
　　ション型授業の提案』東信堂。

Crossley-Frolick, Katy A., (2010), "Beyond Model UN: Simulating Multi-Level, Mul-
　　ti-Actor Diplomacy Using the Millennium Development Goals," *International
　　Studies Perspectives*, 11 (2), pp. 184-201.

Fowler, Michael R., (2009), "Culture and Negotiation: The Pedagogical Dispute Re-
　　garding Cross-Cultural Simulations," *International Studies Perspectives*, 10 (3),
　　pp. 341-359.

Miller, Sarah Deardorff, (2017), *Political and Humanitarian Responses to Syrian Dis-
　　placement,* Routledge Focus.

読書案内

近藤敦・豊田祐輔・吉永潤・宮脇昇編著（2020）『大学の学びを変えるゲーミング』

第❾章　公共政策学教育とゲーミング・シミュレーション

晃洋書房。
　ゲーミングを取り入れた大学教育の実務経験者が，実践例を交えて，ゲーミング理論や教育方法，そしてゲーミングの効率的な作成方法を解説している。

デューク，リチャードD.（2001〔1974〕）『ゲーミング・シミュレーション——未来との対話』中村美枝子・市川新訳，アスキー。
　ゲーム理論やゲーミングを利用した政策論の歴史的展開を紹介しつつ，ゲーミングが正解を容易に見出せない国際社会問題に対応しうることを解説している。

関寛治（1997）『グローバル・シミュレーション＆ゲーミング——複雑系地球政治学へ』科学技術融合振興財団。
　ゲーミング理論を紹介するとともに，立命館大学で行われた実例に基づき，大学や研究所でのゲーミング・シミュレーション実施のための手順，必要な理論等を具体例をあげて解説している。

さらなる学びのために
① 　本章では，公共政策学教育におけるゲーミングの有効性について紹介したが，それでは逆に，ゲーミングには向いていない公共政策の題材とは何だろうか。加えて，ゲーミング学習では修得できにくい能力とは何だろうか。それらについて考えてみよう。
② 　現実世界とゲーミング結果のズレを生じさせる要因として，本章で紹介した現実の政策決定者とプレイヤーの間の価値観や認識のほかに何が考えられるだろうか。また，それを改善する方策はあるのだろうか。それらについて考えてみよう。

（玉井良尚）

終　章
政策人材の育成と公共政策学教育の発展に向けて

1　公共政策学教育と政策人材の育成に関わる課題

正解のない大人の学問

　筆者らは本書で公共政策学教育と政策人材の育成について論じてきた。基本的には，公共政策学教育における政策人材の育成の重要性，政策人材の育成の場の多様性，手法の多様性と魅力というポジティヴな面を強調してきた。公共政策学についてはともすればその難しさや複雑さ，容易には学び尽くせない広さなどが強調される傾向があり，それらが魅力と感じられる場合もあるとは思われるが，初学者を遠ざけてしまっている場合も多いのではないかと筆者は考えてきた。そのため本書を編集するにあたっては，公共政策学とその教育，政策人材の育成について，必要性と重要性，場の多様性，特徴的な手法のおもしろさや効果を強調するよう努めてきた。しかし一方で，政策人材の育成に関しては，容易なだけではない，いくつもの重要な課題が存在していることも無視することはできない。本章ではまずそうした課題について触れたい。

　公共政策については，解決しようとする問題が正解のない，人によってものの見方が異なる悪構造の問題であって容易に「解決」できるようなものではない場合が多いこと，将来予測という困難を乗り越えて政策デザインをしなければならないこと，実際に公共政策を決定するのは政治家であって政策づくりを行う者の意のままにはならないことといった難しい課題がある。政策人材の育成を論じるにあたっては，これらについても隠すことなく指摘する必要があるだろう。特に重要なのは，何が問題であるかを定義し，原因の因果関係を特定し，合意形成をすることが難しいという悪構造の問題である。政策人材の育成に関わる学びは簡単で，少し学べば容易に公共政策をつくることができ，問題

を解決することができるというのは誤解である。

　また，公共政策学は「大人の学問」であり，20歳前後で社会人経験もない学生が中心となる学部教育は困難という見方もあり，このことも公共政策学教育や政策人材の育成に関わる重要な課題である。学部では経済学や法学や政治学等を学び，社会に出てさまざまな経験を積み，大学院で公共政策学教育を受けることによって政策人材が育成されるという見方である。そのことも踏まえ，政策教育では視点や知識や技術を教えるだけでは十分ではなく，さまざまな体験・経験，（そこにはケースメソッドやシミュレーション・ゲーミング等による疑似的な体験・経験が含まれる）を積むことが重要であることもあらためて強調したい。そして，こうした疑似的なものを含む体験・経験が適切にあれば，学部であっても公共政策学教育と政策人材の育成は可能と思われるが，この点については今後のさらなる研究が求められると考えられる。

出口の問題

　公共政策学教育や政策人材の育成を論じるならば，いわゆる出口の問題を課題として避けることはできない。いくらよい公共政策学教育を受けて政策人材として育成されても，身につけたマインドや専門知識や技能を活かせる就職先・転職先などのポジションが政策デザイン（政策づくり・政策形成）の現場にないということであっては問題である。出口の問題については，いくら高度な公共政策学教育を受けた者であっても，学部を卒業したばかりの若者には政策デザインにおいて重要な役割を果たすポジションが与えられないのがわが国における現状であろう。この現状を変えていくには，公共政策学教育による政策人材の育成によって，これまでは実践による体験・経験を通じてしか身につかないと考えられてきた。政策デザインのアートも含め，学習者にどのようなマインドや専門知識や技能が身につくかが広く社会にも政策過程に関わっている人々にも理解されていくことが必要であろう。本書がその一助となれば幸いである。また，公共政策学教育を受けた一人ひとりの政策人材が，ポリシーマインドを確かに身につけた上で，どのような種類の専門知識や技能をどの程度身

につけているかを，可能な限り可視化していくことも必要と考えられている。可視化の方法としては，政策系の学部・大学院の学位記があるのは当然であるが，それ以外には，政策人材の育成のためのプログラムで修了者に修了証を発行するとか，政策人材に必要なマインドや専門知識や技能についての検定を行い合格者には合格証を発行するとか，さまざまな方法が考えられる。筆者も関わっている一般財団法人地域公共人材開発機構の地域公共政策士の制度などもこうした取り組みの典型的な例である。

　こうして，一方では優れた公共政策学教育が行われて政策人材が育成され，そのマインドや専門知識や技能が可視化され，他方でそれらが活かせるポジションが整備されていくという好循環が生まれることが期待される。そうした中で，わが国ではセクターを越えた人材の流動化も実現していくのではないだろうか。

2　研究テーマの広がり

公共政策学教育の国際比較

　政策人材が身につけるべき専門知識や技能，政策人材の魅力的な学びの場，魅力的な手法について本書で取り上げることができなかったものの中には重要なものがまだまだある。そうした場や手法についても簡単にではあるが最後に触れたい。

　大学の学部や研究科における教育が公共政策学教育と政策人材の育成の主な場の一つであることは確かである。しかしそれだけではなく，公務員の研修に代表される実務における政策人材の育成も重要であり，大学における公共政策学教育と政策人材の育成との共通性もあることを本書では論じてきた。実務における政策人材の育成については，公務員研修だけではなく，いわゆる政治塾のような政党等による政策人材の育成も重要な場となっている。政治塾は選挙の候補者をリクルートする場であると認識される場合も多いと思われる。しかし，政治塾はそれだけではなく，政策人材の育成の場ともなっている。

また，世界の公共政策学教育と政策人材の育成も重要である。アメリカ合衆国における代表的な公共政策学教育・政策人材育成の場としてハーバード大学ケネディスクールが有名であるし，アメリカ合衆国にもそれ以外にさまざまな場がある。アメリカ以外の世界各国にもあるだろう。世界各国の持続可能性や経済発展，人権の状況，幸福度といったことがそれぞれの国の公共政策にどの程度よるものか，そしてそれぞれの国の政策人材の育成とどの程度関わっているのか，それこそドロアの『公共政策決定の理論』以来の公共政策学の古典的な課題であるが，公共政策学における政策人材の育成論あるいは公共政策学教育論とでも言うべきわれわれの分野にとって解明すべき重要な課題であろうと思われる。

さらなる方法・コロナ禍の影響

　政策人材の育成手法としては，ファシリテーションも取り上げたかった。ファシリテーション（Facilitation）は会議やワークショップを円滑により効果的に進めるための技法である。公共政策のデザインや公共政策の決定に関わる合意形成にも使われており，効果的と思われる手法である。筆者も一部を執筆した書籍もあり（鈴木・嘉村・谷口編 2019），本書には含めなかったが，重要な手法であることは間違いないと思われる。

　本書の大部分は2020年から2021年ごろに執筆された。この時期はちょうど新型コロナウィルス感染症によるコロナ禍の時期であり，オンラインやオンラインと対面の「ハイブリッド」（英語では Hi-flex）が導入された時期でもあった。オンラインや「ハイブリッド」が公共政策学教育や政策人材育成の場や手法にどのような影響を与えたのかについて，本書では十分に取り上げることができなかった。今後の課題としたいが，決して停滞や退歩といったネガティヴな影響ばかりではなかったと考えている。筆者の経験でも，休止になった取り組みがある一方で，オンラインでPBLを行ったり，オンラインや「ハイブリッド」でゲーミング・シミュレーションの授業を実施し，筆者がデザインしたゲームを学習者にプレイしてもらったり，学習者が複数のチームに分かれて，それぞ

れがゲームをデザインしたりといったこともできた。また，ケースメソッドについても，本書第6章の執筆者である池田葉月と協働で担当してる京都府立大学公共政策学部の「ケースメソッド自治体政策」の授業でオンラインおよび「ハイブリッド」によるケースメソッドも実施した。

　本書が公共政策学における公共政策学教育論なり政策人材育成論の確立や発展の一助となることを強く願っている。

引用・参考文献

ドロア，イェヘッケル（2006〔1968〕）『公共政策決定の理論』足立幸男監訳・木下貴文訳，ミネルヴァ書房。

鈴木康久・嘉村賢州・谷口知弘編（2019）『はじめてのファシリテーション──実践者が語る手法と事例』昭和堂。

地域公共人材開発機構（2025年1月23日アクセス，http://www.colpu.org）。

（窪田好男）

索　引

（＊は人名）

あ行

アート　44
悪構造の問題　221
アクティブラーニング　3, 97, 101, 177
＊アリソン，グレアム　200
落とし所　41
大人の学問　222
オンライン講義　212

か行

階層別研修　118
科学的証拠　54
学際性　94
学士課程教育における公共政策学分野の参照基
　準　7, 91, 146, 164
確証バイアス　43
官僚の役割　40
疑似体験　4, 98, 169
＊ギューリック，ルーサー　194
教育課程編成・実施の方針（カリキュラム・ポ
　リシー）　75
行政管理予算局情報・規制問題室　56
協働　95
京都から発信する政策研究交流大会　136, 160
ケースメソッド　9, 99, 164
　——自治体政策　164
　——と PBL の相違　168
ゲーミング・シミュレーション　9, 98
ゲーミングの課題　216
ゲーミングの意義　201
ゲーミングの特長　200, 217
研究　39
現実との乖離　217
公共政策学教育・政策人材の育成の方法　8
公共政策学教育ゲーミングに期待される効果
　201
公共政策学教育における PBL　162

公共政策学教育で身につける能力　92
公共政策学における PBL　158
公共政策学の学問固有の特性　92
公共政策学の目的　1
公共政策系学部　89
　——教育　101
公共政策系大学院　67
　——としての嚆矢　68
　——の使命　82
公共政策決定システム　4
公共政策実習 I　139, 159
攻守交替型　187
行動科学　58
合理主義　16
コーディネーター　75
国際政治における公共政策の目的　199
国際文化アカデミー（JIAM）　113
コミュニケーション力　94

さ行

サイエンス　44
＊サンスティーン，キャス　56
＊シェリング，トーマス　200
自己中心的相互調整　22
システミックな政策思考　28
自治大学校　107
　——のカリキュラム　108
市町村アカデミー（JAMP）　111
市町村職員中央研修所　111
実証主義　16
　ポスト——　16
実践　94
実務家教育　73
社会人リカレント教育　73
熟議型民主主義　195
審査基準　135, 138, 145
3ポリシー　75
政策過程の完全な実体験　170

政策系学部　7
政策形成能力の養成　110
政策コンペ　8, 100, 133
　　──による競争　149
　　──の名称　134
政策人材　1, 2, 13, 24, 26, 29, 30, 73, 82, 127
　　──教育の主たる目的　74
　　──の育成　13, 124
　　──的思考・スキルの活用可能性　191
政策的思考　94
政策能力向上研修　119
　　特色ある──　120
政策の究極（最上位）の目的　19
政策立案者　40
政策力　14
政治塾　126, 223
政府機関による政策立案　39
制約条件　31
全国市町村国際文化研修所　111, 113
　　──のカリキュラム　114
全国中学・高校ディベート選手権　180
専門職大学院制度　70
専門大学院制度　70
卒業認定・学位授与の方針（ディプロマ・ポリ
　シー）　75

た　行

大学設置基準の大綱化　69
対面型講義　212
地域公共政策士　96, 223
地方公務員に求められる六つの能力　110
ディブリーフィング　202, 211
ディベート　179
　　──教育の最も重要な効用　178
　　──スキルの悪用　197
　　──の起原　179
　　──の基準　188
　　──の形式　184
　　──の採点方法　189
　　政策──　9, 98, 180
　　調査型の──　184
　　入門型政策──　184
出口の問題　222

テクニカルな留意点　190
典型的なカリキュラム　80
特別研修　118
トップ・リーダー　44
取引民主主義　22
＊ドロア，イェヘッケル　2, 224

な・は　行

ナッジ　58, 59
入学者受入の方針（アドミッション・ポリ
　シー）　75
ハイフレックス方式　209
＊パウエル，コリン　45
藩校　123
パンデミック対応　42
兵庫県自治研修所のカリキュラム　121
ファシリテーション　224
ブリーフィング　209
プログラム認証　79
プロジェクト学習　155
米国運輸省監察総監室　57
ポリシーマインド　2, 14, 126

ま　行

マッチング　49
　　スコア・──　49
　　傾向──　50
　　粗指標厳密──　50
　　マハラノビス距離──　50
門外不出の調査　38
問題解決学習　155
問題分析のプロセス　18

や・ら　行

予測の致命的失敗　24
＊ラスウェル，ハロルド　1
ランダム化比較試験　46
リーダー　74
利益集団自由主義　22
ロールプレイ　171

英　字

PBL　100, 142, 144, 155

索　引

──の課題と限界　161　　　　　　　　　　　｜　　SBL　177

《監修者紹介》

佐野　亘（さの・わたる）

　　1971年　名古屋市生まれ。
　　1998年　京都大学大学院人間・環境学研究科博士後期課程単位取得満期退学。
　　1999年　博士（人間・環境学，京都大学）。
　　現　在　京都大学大学院人間・環境学研究科教授。
　　主　著　『公共政策規範（BASIC 公共政策学）』ミネルヴァ書房，2010年。
　　　　　　『公共政策学』（共著）ミネルヴァ書房，2018年。

山谷清志（やまや・きよし）

　　1954年　青森市生まれ。
　　1988年　中央大学大学院法学研究科博士後期課程単位取得退学。
　　2000年　博士（政治学，中央大学）。
　　現　在　同志社大学政策学部，同大学大学院総合政策科学研究科教授。
　　主　著　『政策評価（BASIC 公共政策学）』ミネルヴァ書房，2012年。
　　　　　　『日本の政策評価』晃洋書房，2024年。

《執筆者紹介》

窪田好男（くぼた・よしお） はしがき，序章，第5章，第7章，終章

編著者紹介欄参照。

足立幸男（あだち・ゆきお） 第1章

編著者紹介欄参照。

福井秀樹（ふくい・ひでき） 第2章

1967年　島根県生まれ。
1997年　京都大学法学研究科博士後期課程政治学専攻研究指導認定退学。修士（法学）。
現　在　愛媛大学法文学部教授。
主　著　An empirical analysis of airport slot trading in the United States. *Transportation Research Part B: Methodological*, 44(3), 2010.
　　　　The impact of aviation fuel tax on fuel consumption and carbon emissions: The case of the US airline industry. *Transportation Research Part D: Transport and Environment*, 50, 2017.
　　　　Evaluating Different Covariate Balancing Methods: A Monte Carlo Simulation. *Statistics, Politics and Policy*, 14(2), 2023.

新川達郎（にいかわ・たつろう） 第3章，第4章

1950年　愛媛県生まれ。
1981年　早稲田大学大学院政治学研究科博士後期課程満期退学。
現　職　同志社大学名誉教授，人文科学研究所研究員。
主　著　『非常事態・緊急事態と議会・議員』（共著），公人の友社，2020年。
　　　　『政治分野におけるジェンダー平等の推進——フランスと日本の女性議員の実情と意義』（共編著），明石書店，2024年。
　　　　『公共政策学教育の現状分析——ポリシー，カリキュラム，授業実践』（共著），明石書店，2023年。

村上紗央里（むらかみ・さおり） 第3章，第4章

2020年　同志社大学大学院総合政策科学研究科博士後期課程修了。博士（政策科学）。
現　在　同志社大学人文科学研究所嘱託研究員，ポートランド州立大学グローバルフェロー。
主　著　『レイチェル・カーソンに学ぶ現代環境論——アクティブ・ラーニングによる環境教育の試み』（共編著），法律文化社，2017年。
　　　　『公共政策学教育の現状分析——ポリシー，カリキュラム，授業実践』（共著），明石書店，2023年。
　　　　「大学生における社会的アイデンティティの成長理論の研究動向」（共著），『名古屋高等教育研究』24，2024年。

池田葉月（いけだ・はづき） 第6章

1992年　兵庫県生まれ。
2020年　京都府立大学大学院公共政策学研究科博士後期課程修了。博士（公共政策学）。
現　在　東京通信大学人間福祉学部講師。
主　著　『自治体評価における実用重視評価の可能性』晃洋書房，2021年。
　　　　「業績測定による評価における指標の質改善のための帰納的情報の必要性」『日本評価研究』22（2），2022年。
　　　　「評価制度の評価による政策過程に利用される評価の実現」『季刊評価クォータリー』68，2024年。

永田尚三（ながた・しょうぞう） 第8章

1968年　東京都生まれ。
1996年　慶應義塾大学大学院法学研究科政治学専攻修士課程修了。博士（人間・環境学）。
現　在　関西大学社会安全学部教授。
主　著　『政策ディベート入門——自治体経営講座』（共編著），創開出版社，2008年。
　　　　『消防の広域再編の研究——広域行政と消防行政』武蔵野大学出版会，2009年。
　　　　『日本の消防行政の研究——組織間関係と補完体制』一藝社，2023年。

玉井良尚（たまい・よしなお） 第9章

1977年　愛媛県生まれ。
2020年　立命館大学大学院政策科学研究科博士後期課程修了。博士（政策科学）。
現　在　立命館大学立命館グローバル・イノベーション研究機構助教。
主　著　『資源地政学——グローバル・エネルギー競争と戦略的パートナーシップ』（共編著），法律文化社，2020年。
　　　　『大学の学びを変えるゲーミング』（共著），晃洋書房，2020年。
　　　　『制水権——軍による水の資源化』国際書院，2021年。

《編著者紹介》

足立幸男 （あだち・ゆきお）

1947年　愛知県生まれ。
1975年　京都大学大学院法学研究科博士後期課程単位取得退学。法学博士。
現　在　京都大学名誉教授，京都府立大学客員教授。
主　著　『公共政策学とは何か』ミネルヴァ書房、2009年。
　　　　Policy Analysis in Japan（共編著），Policy Press, 2015。
　　　　Governance for a Sustainable Future: The State of the Art in Japan（共編著），Springer,
　　　　2023。

窪田好男 （くぼた・よしお）

1971年　京都府生まれ。
1998年　京都大学大学院人間・環境学研究科博士後期課程研究指導認定退学。博士（人間・環境
　　　　学）。
現　在　京都府立大学公共政策学部教授。
主　著　『日本型政策評価としての事務事業評価』日本評論社，2005年。
　　　　「ケースメソッドとゲームの交錯」『福祉社会研究』15，2015年。
　　　　『大学の学びを変えるゲーミング』（共著），晃洋書房，2020年。

これからの公共政策学⑦

政策人材の育成

2025年3月15日　初版第1刷発行 〈検印省略〉

定価はカバーに
表示しています

監 修 者	佐山	野谷	亘志 清志
編 著 者	足窪	立田	幸男 好男
発 行 者	杉	田	啓 三
印 刷 者	坂	本	喜 杏

発行所　株式会社　ミネルヴァ書房
607-8494　京都市山科区日ノ岡堤谷町1
電話代表　075-581-5191
振替口座　01020-0-8076

© 足立・窪田ほか，2025　　冨山房インターナショナル・新生製本

ISBN 978-4-623-08690-0

Printed in Japan

これからの公共政策学

体裁　Ａ５判・上製カバー　（＊は既刊）

監修　佐野　亘・山谷清志

＊① 政策と規範　佐野　亘・松元雅和・大澤　津著

＊② 政策と行政　山谷清志編著

③ 政策と市民　土山希美枝・深尾昌峰編著

＊④ 政策と地域　焦　従勉・藤井誠一郎編著

⑤ 政策と政治　石橋章市朗・青木一益・宮脇　昇・清水習著

＊⑥ 政策と情報　岡本哲和編著

＊⑦ 政策人材の育成　足立幸男・窪田好男編著

―――― ミネルヴァ書房 ――――
https://www.minervashobo.co.jp/